权威·前沿·原创

皮书系列为
"十二五""十三五""十四五"时期国家重点出版物出版专项规划项目

BLUE BOOK

智 库 成 果 出 版 与 传 播 平 台

驾培行业蓝皮书

BLUE BOOK OF CHINA'S DRIVER TRAINING INDUSTRY

中国驾培行业发展报告（2022）

ANNUAL REPORT ON CHINA'S DRIVER TRAINING INDUSTRY (2022)

中国交通运输协会　组织编写
中国交通运输协会驾驶培训分会
木仓科技智慧驾培和道路交通安全研究院　等参与编写

社会科学文献出版社
SOCIAL SCIENCES ACADEMIC PRESS（CHINA）

图书在版编目(CIP)数据

中国驾培行业发展报告. 2022 / 中国交通运输协会
编写. -- 北京：社会科学文献出版社, 2022.7
（驾培行业蓝皮书）
ISBN 978-7-5228-0287-9

Ⅰ.①中…　Ⅱ.①中…　Ⅲ.①汽车驾驶员-培训-研
究报告-中国-2022　Ⅳ.①U471.3

中国版本图书馆CIP数据核字（2022）第106167号

驾培行业蓝皮书

中国驾培行业发展报告（2022）

编　　写 / 中国交通运输协会

出 版 人 / 王利民
组稿编辑 / 陈凤玲
责任编辑 / 李真巧　武广汉
责任印制 / 王京美

出　　版 / 社会科学文献出版社·经济与管理分社（010）59367226
　　　　　　地址：北京市北三环中路甲29号院华龙大厦　邮编：100029
　　　　　　网址：www.ssap.com.cn
发　　行 / 社会科学文献出版社（010）59367028
印　　装 / 三河市东方印刷有限公司

规　　格 / 开　本：787mm×1092mm 1/16
　　　　　　印　张：18.25　字　数：269千字
版　　次 / 2022年7月第1版　2022年7月第1次印刷
书　　号 / ISBN 978-7-5228-0287-9
定　　价 / 168.00元

读者服务电话：4008918866

《中国驾培行业发展报告（2022）》
编撰单位

组织编写单位　中国交通运输协会

主要参编单位　中国交通运输协会驾驶培训分会

　　　　　　　　　木仓科技智慧驾培和道路交通安全研究院

其他参编单位　交通运输部科学研究院

　　　　　　　　　交通运输部中国交通通信信息中心

　　　　　　　　　北京市交通委员会驾培管理处

　　　　　　　　　湖南省道路运输管理局

　　　　　　　　　辽宁省道路运输服务中心

　　　　　　　　　黑龙江省道路运输事业发展中心

　　　　　　　　　广西运输事业服务中心

　　　　　　　　　兰州运输事业服务中心

　　　　　　　　　黄冈运输事业服务中心

　　　　　　　　　宜昌道路运输服务中心

　　　　　　　　　湖南省机动车驾驶员培训协会

　　　　　　　　　安徽省机动车驾驶培训行业协会

　　　　　　　　　河南省机动车驾驶员培训行业协会

　　　　　　　　　北京海淀驾校

江西南昌白云驾校

河北燕赵驾校

四川长征驾校

长春兴隆驾校

贵阳中铁二局驾校

重庆壹鹿驾校

湖北十堰亨运驾校

《中国驾培行业发展报告（2022）》
编写委员会

主 任 委 员	胡亚东
副主任委员	李 刚　李 华
委　　　员	李志强　俞卫江　张燕晨　张柱庭　李晓峰
	张 伟　田汝鹏　范 立　姜占峰　牛文江
	束龙友　邓晓磊　李 茜

编 写 组

主　　　编	刘治国　梁江华
副 主 编	熊燕舞　梁 伟
成　　　员	冯晓乐　周英南　邓晓樵　陈 燕　安道利
	刘俊利　董 强　邢海燕　魏小锋　魏 鹏
	徐小灵　丁 林　陈祖豪　栾德奇　林 钧
	孟兴凯　刘 畅　黄惠珍　曾 波　刘斌凡
	汪 巍　陈 鹏　李道飞　陆海漫　蒲 春
	郧 伟　孙晓飞　彭 慧　胡 莹　罗光明
	方志宏　梁丹涛　高 扬　颜 妍　徐学博
	张雅君

主要编撰者简介

刘治国 中国交通运输协会驾驶培训分会秘书长，中国人民大学高级工商管理硕士。长期从事驾培相关领域研究，发表文章百余篇，在各地运管部门、驾培机构、道路运输协会及行业论坛举办专场讲座多次，著有《驾校教练员教学与服务指南》（主编）、《品牌"智"胜——新时期驾校如何立于不败之地》（专著）。

梁江华 毕业于哈尔滨工业大学，获计算机技术学士学位，拥有 16 年管理经验。现任木仓科技高级副总裁、驾考宝典驾校事业部总经理、驾校业务工作和日常管理核心负责人。

熊燕舞 中国交通运输协会驾驶培训分会副秘书长、交通运输部科学研究院高级工程师、交通运输科技传媒有限公司首席研究员、中国交通企业管理协会专家咨询委员会专家、多地道路运输协会专家库成员。长期从事道路运输业相关领域研究，发表交通运输方面文章千余篇，参编著作多部，在各地运管部门、运输企业、道路运输协会及行业论坛举办专场讲座千余次。

梁 伟 木仓科技商务总经理，主要负责木仓科技商务工作，长期从事新媒体营销研究、互联网商业化探索等方面工作。

摘　要

2022 年是疫情防控常态化的第三年，也是行业调整改革新的一年。在多重因素作用下，驾培行业迎来高质量发展的机遇期和阵痛期，创新发展方式层出不穷。

从行业管理层面看，管理部门的行为深深影响着驾校的规范化管理。有效政府决定有效市场，计时培训等新培训方式有利于市场的健康发展，国外的驾驶培训考试政策作为他山之石仍可攻玉。

从全国市场层面看，C6 房车培训成为驾培市场转型升级的一个新机会；素质教育与应试教育并不完全对立且可以融合发展；驾培市场价格机制和监管机制还可以更好地发挥作用。

从企业微观层面看，优秀驾校业绩依然稳定增长，品牌效用正在放大；驾校职业经理人日益受到重视和重用；驾校多校区运营管理成为行业集约化发展的一个新课题和大方向。

从科技应用层面看，互联网技术和驾校品牌营销正深度融合，微信、抖音等成为驾校招生和品宣的新阵地；驾驶模拟器从被动使用转变为主动应用；机器人教练从新事物日益成为广大驾校辅助教学的得力助手。

关键词： 驾驶培训　驾培行业　驾校　交通安全

前　言

2022 年春季已过，又到了"驾培行业蓝皮书"与读者见面的时候。蓝皮书对驾培行业在过去一年中发展情况的回顾和总结，对政府政策与市场重大事件对行业发展深远影响的分析与探索，以及对中国驾培行业未来发展的展望，已成为众多机动车驾驶培训行业参与者和关注者在新一年的共同期待。

2021 年，在一些地方疫情反复和防控常态化的情形下，我们经历了不平静的一年。可喜的是，随着我国经济社会的持续发展，机动车保有量和驾驶人保有量依然保持高位增长。据公安部统计，截至 2022 年 3 月底，全国机动车保有量达 4.02 亿辆，其中汽车 3.07 亿辆；机动车驾驶人 4.87 亿人，其中汽车驾驶人 4.50 亿人。每年新登记机动车 3000 多万辆，新领证驾驶人 2000 多万人，总量和增量均居世界第一位。与此同时，我国的驾培机构数量多、体量大、资产重，属于劳动密集型教育服务行业，与部分行业一样，在经营中也遇到了供求失衡、恶性竞争等突出问题。在新的发展阶段，中国的驾驶培训事业需要边学习借鉴，边自己摸索、总结，走出一条属于自己的、有中国特色的新发展之路，用新发展理念，构建新发展格局。

由于我国的汽车社会起步晚于一些发达国家，机动车驾驶培训考试方式曾经尝试向日本、欧美国家和地区学习。时至今日，经过 30 余年的发展完善，我国驾培行业的管理体制、市场运营机制逐渐自成体系。当然，我们不能夜郎自大、闭门造车，相反，更需要学习国外先进的安全文明驾驶理念与驾驶培训考试方式及管理的经验和做法，更好地服务于交通强国建设。

我国大部分驾培机构为中小微企业，共吸纳了120多万人就业。随着"放管服"改革的持续深入推进，各地驾培机构（即驾校）的数量快速增加，截至2021年底达到21000余所，产能严重过剩。同时，驾培机构车辆油耗、场地租金、人力成本等经营成本日益攀升，加上持续受新冠肺炎疫情的影响，驾培行业的经营风险势必越来越大。此外，各种压力倒逼行业转型升级、降本增效，驾培行业进入行业洗牌变革时期。要化危为机，驾培机构就必须在教学、服务和管理模式上进行调整，从经验主义转为专业治理，从粗放运营转为精益管理，从分散经营转为集约发展，从无序发展转为行业自律。

为有效应对疫情防控常态化时期复杂多变的市场环境，以下三个方面值得驾培机构经营管理者关注和重视。

第一，提高专业化程度，提升市场竞争能力。

驾培行业经历了20多年的高速增长之后，面临着结构性调整。市场需求井喷式增加带来的市场红利、行政许可门槛降低带来的政策红利及人口红利已基本消失殆尽，驾培行业想靠增量拉动增长几无可能。而驾驶培训由行政许可制改为备案制，使得驾培行业完全市场化，驾培市场从供不应求变为供过于求。

驾培行业是我国道路交通安全的基础支撑产业，驾驶培训是刚性需求。驾培行业的市场需求总量还很大，可以提升的空间也很大。疫情之下，人民群众学车的需求也没有消失，只是部分延迟了。因此，驾校必须精准定位，一心一意谋发展，提升市场竞争能力。只有专注于打造"专精特新"驾校，同时借助人工智能、信息化等科技的力量，走高质量发展道路，驾培行业才有更大的生存空间。

第二，提高教学服务质量，提升学员的满意度。

一些驾校还停留在单纯提供应试教育和被动服务阶段，学员的满意率也有待进一步提高。但是，驾校只要坚持不懈提升教学服务质量，努力为学员提供良好的学车体验，打造口碑优良的品牌驾校，就能以质取胜，获得更大的发展空间。

第三，提高成本管控能力，提升抗风险能力。

当前我国经济下行的压力犹在，驾培机构在开源节流方面还面临着很大的压力。持续十几年的高速发展，导致了驾培行业整体的粗放式经营。从这个角度而言，驾培市场还有一波红利可以利用，那就是管理红利。管理出效益，驾校只有踏踏实实地做好内部运营，解决好细节问题，引入流程化、规范化、科技化管理手段，做到精细化管理，管控好各项成本和现金流，精打细算过日子，才能提升平均利润率，提升企业的抗风险能力。

2022年是驾驶培训考试政策法规密集调整的一年，多部法律法规及配套制度有所修订，这必将进一步推动机动车驾驶培训行业治理体系和治理能力现代化，也将充分发挥市场在资源配置中的决定性作用。驾培行业实质上已经形成了全国统一、开放的竞争市场。当前，驾培行业的进入门槛已经越来越低，但驾培行业的生存门槛将越来越高。

中国交通运输协会驾驶培训分会一直致力于服务驾校、服务行业、服务政府、服务社会，助力驾校茁壮成长、推动行业健康发展是我们义不容辞的责任和担当。今年的行业发展报告，由中国交通运输协会组织编写，中国交通运输协会驾驶培训分会承担具体工作，在胡亚东会长的领导下，由中国交通运输协会驾驶培训分会和木仓科技智慧驾培与道路交通安全研究院的专家团队共同编撰完成，并具体由刘治国、熊燕舞、冯晓乐负责统筹审稿工作。此外，本报告邀请了湖南省道路运输管理局、辽宁省道路运输服务中心、北京市交通委员会驾培管理处、广西运输事业服务中心、黑龙江省道路运输事业发展中心、兰州运输事业服务中心、宜昌道路运输服务中心、黄冈运输事业服务中心等管理部门，以及交通运输部公路科学研究院、交通运输部科学研究院等研究机构参与编写，并得到了地方行业协会，如湖南省驾培协会、安徽省驾培协会、南昌市驾培协会提出的宝贵意见和建议，还得到了人民交通出版社股份有限公司、中国交通通信信息中心等单位的行业专家学者对本报告提供的数据支持。各会员单位和相关企业也鼎力协助，如北京海淀驾校、江西南昌白云驾校、河北燕赵驾校、四川长征驾校、长春兴隆驾校、山西临汾广易驾校、辽宁本溪华航驾校等单位提供的宝贵资料，使得数据更加丰富、案例更加翔实。在此要向参与本报告出版的编写组成员和支持编写工作的相

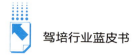
关单位领导，表示诚挚的感谢！

本报告秉承"行业视野、学者观点"的编写方针，对热点问题进行分析，记录和总结 2021~2022 年中国机动车驾驶培训事业发展情况，力求专业性、实用性和可读性。本报告分为总报告、行业管理篇、市场发展篇、运营管理篇、科技应用篇五部分，注重实践，力求精深，兼顾广博，旨在汇集中国驾培界的智力资源，展示中国驾培行业的最新发展动态。除延续历年的风格、更新报告内容外，我们还创新性地增加了优秀驾培机构业绩稳增长的典型案例，并梳理了全国驾培行业的重要会议及活动，力争准确全面地描述一年内我国机动车驾驶培训事业取得的进步和成绩，记录驾培行业在宏观政策、运营管理和前沿科技发展等方面的创新成果，分析驾培行业存在的问题，并提出有针对性的对策建议，对驾培行业未来发展方向做出预测。

在此，还要鸣谢交通运输部运输服务司一直以来对我会驾驶培训工作的关心指导和大力支持，不但每次政策研究制定征求我会意见，车辆管理处冯立光处长等还对协会编写的驾培行业发展报告给予悉心指导，并提出了非常中肯的意见。

我们衷心希望，本报告能够成为一部及时满足社会各界需要的出版物和工具书、一份反映行业最新发展动态的严谨报告，为广大普通读者了解驾培行业的基本面貌提供全面分析，为传统驾培机构的转型升级与互联网化提供有价值的借鉴，为政府监管机构出台行业管理政策及规章制度的建立健全提供有益的参考。

我们更加期望，在交通运输部的带领下，能与行业各界携手共进，以新发展理念为指导，持续提升我国驾培机构运营管理水平，承担应有的社会责任，坚持专业化发展，努力开拓创新，早日全面实现我国驾培行业的高质量发展。

蓝皮书编写委员会

2022 年 4 月 30 日

目 录 ↰

Ⅰ　总报告

Ⅱ　行业管理篇

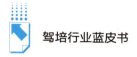

Ⅲ　市场发展篇

Ⅳ　运营管理篇

Ⅴ　科技应用篇

皮书数据库阅读**使用指南**

总 报 告

B.1
2021~2022 年驾培行业发展状况

摘　要：2021~2022 年，驾培行业经受住了疫情和经济下行的双重考验，虽然从业者信心有所下降，但总体而言取得了亮眼的成绩。2022 年是驾驶培训考试政策法规密集调整的一年，多部法律法规及配套制度有所修订，这必将进一步推动驾培行业治理体系和治理能力现代化，也将充分发挥市场在资源配置中的决定性作用。而行业协会也积极发挥在政府和学员之间的桥梁和纽带作用，倡导行业自律，搭建交流平台，指导驾校经营，对提升行业形象及促进我国驾培行业健康发展的作用越来越大。

关键词：驾驶培训　驾培行业　驾培市场　驾培政策

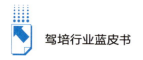
2021 年，驾培行业经受住了疫情和经济下行的双重考验，取得了较为亮眼的成绩。与此同时，随着"放管服"改革的持续深入推进，驾培行业取消行政许可，各地驾校数量快速增加。同时，驾培机构车辆油耗、场地租金、人力成本等经营成本日益攀升，行业经营风险越来越大，各种压力倒逼行业转型升级、降本增效，驾培行业进入深度洗牌变革期。可以说，一批驾培机构正进入高质量发展的机遇期，驾培市场正从之前的"劣币驱逐良币"阶段全面演变为"良币驱逐劣币"的新局面。

2022 年元旦前后，中国交通运输协会驾驶培训分会在全国各地运输管理部门、地方行业协会、会员单位和广大驾培机构的支持下，面向全国开展了"2021~2022 年全国驾培市场运行情况与经营方向抽样调查"。根据来自各地的 1148 份有效答卷，我们得到了反映驾培市场运行情况与驾校生存发展状况的一手调查数据。本报告将结合行业年度重大事件、政策，以及部分地方管理部门发布的公告，来进一步分析 2021~2022 年驾培行业的发展状况，供行业管理部门、驾校经营管理者和社会投资者决策参考。

一　机动车及驾驶人数量增长情况

（一）机动车新注册登记数量及保有量持续增长

公安部数据显示，我国新注册登记机动车数量整体呈上涨趋势，2021 年为 3674 万辆，比 2020 年增加 346 万辆，增长 10.40%。机动车保有量呈稳步增长趋势，2021 年机动车保有量为 3.95 亿辆，比 2020 年增加 0.23 亿辆，增长 6.18%（见图 1）。

有个现象值得注意，中国汽车驾驶员数量与汽车保有量差距逐年增大。2021 年，我国的汽车保有量达 3.02 亿辆（见图 2），汽车驾驶员数量达 4.44 亿人，这在一定程度上意味着我国存在一定规模的"有本无车"驾驶员群体。此外，2014~2021 年，我国新注册登记汽车数量远低于当年新增汽车驾驶人数量，我国汽车驾驶员数量与汽车保有量之间的缺口呈增大趋势。

图 1　2014~2021 年中国新注册登记机动车数量及保有量

图 2　2014~2021 年中国新注册登记汽车数量及保有量

　　就细分品类新注册登记汽车数量而言，2021 年我国新注册登记汽车 2622 万辆，其中新注册登记载货汽车 404 万辆，比 2020 年减少 12 万辆，下降 2.88%。2021 年，新注册登记摩托车 1005 万辆，比 2020 年增加 179.37 万辆，增长 21.73%（见图 3）。2018 年因相关"限摩"政策，新注册登记摩托车数量有所下降，但 2019 年以后保持快速增长。

图3　2017～2021年中国部分细分品类新注册登记汽车情况

就汽车保有量的分布情况而言，目前我国有79个城市的汽车保有量超过百万辆，比2020年增加9个城市，其中有35个城市超200万辆，20个城市超300万辆，其中北京、成都、重庆的汽车保有量超过500万辆，苏州、上海、郑州、西安超过400万辆，武汉、深圳、东莞、天津、杭州、青岛、广州、宁波、佛山、石家庄、临沂、济南、长沙13个城市超过300万辆。

截至2021年底，全国新能源汽车保有量达784万辆，占汽车总保有量的2.60%，扣除报废注销量比2020年增加292万辆，增长59.35%。其中，纯电动汽车保有量为640万辆，占新能源汽车总量的81.63%。2021年全国新注册登记新能源汽车295万辆，占新注册登记汽车总量的11.25%，与上年相比增加178万辆，增长152.14%。新注册登记新能源汽车数量呈高速增长态势。

（二）机动车及汽车驾驶人数量饱和度进一步上升

随着汽车需求的持续增长及城市化进程的持续推进，城镇人口占比逐年提高，交通需求持续增长，我国机动车驾驶人数量也持续增长。

第七次全国人口普查数据显示，全国人口约为14亿人。而公安部数据显示，我国驾驶人数量在2014~2021年稳步增长，截至2021年全国机动车驾驶人数量达 4.81 亿人，同比 2020 年增长 5.48%（见图 4）。驾照持证人数饱和度进一步上升，人均驾驶证持有比例达到 34%。与此同时，虽然机动车驾驶人数量逐年增加，但整体增速呈下降趋势。

图 4　2014~2021 年中国机动车驾驶人数量及增长率

根据公安部数据，目前我国机动车驾驶人仍以中年男性为主，从驾驶人性别看，男性驾驶人达 3.19 亿人，占 66.32%；女性驾驶人为 1.62 亿人，占 33.68%。从驾驶人年龄看，26~50 岁的驾驶人有 3.40 亿人，占 70.69%；50~60 岁的驾驶人有 6966 万人，占 14.48%（见图 5）。

4.81 亿机动车驾驶人中，汽车驾驶人达 4.44 亿人，占驾驶人总数的 92.31%。就新领证驾驶人（驾龄不满 1 年）而言，2017~2021 年平均每年稳定在 2700 万人左右。2020 年受疫情影响，仅为 2231 万人，2021 年全国新领证驾驶人达 2750 万人，占全国机动车驾驶人总数的 5.72%，比 2020 年增加 519 万人，增长 23.26%（见图 6）。

虽然 2021 年全国新领证驾驶人数量比 2020 年增加 500 多万，但这并不代表驾培市场需求大幅度增加，主要原因如下。

第一，2020 年因疫情而受到抑制的驾培市场需求在 2021 年释放。2020 年，

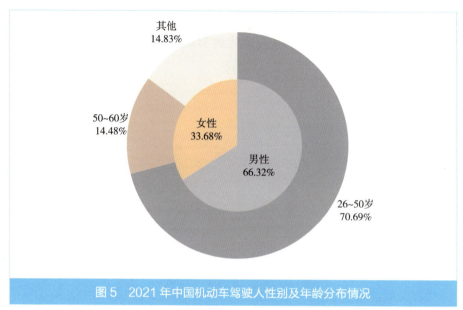

图5　2021年中国机动车驾驶人性别及年龄分布情况

图6　2014～2021年中国新领证驾驶人和汽车驾驶人数量

因疫情防控需要，教育部门对在校大学生进行了严格管控，很多地区人口流动减少，导致不少学生无法报名学车。而2021年由于国内疫情防控整体得力，这一部分抑制的需求得到了释放。

　　第二，2020年的考试积压问题得到了全面解决。2020年，因疫情防控需要，公安交通管理部门对考试场次和考试人数进行了限制，到 2021 年考试方式基本上恢复了正常。由于驾驶培训考试周期最长可达三年，部分学员 2020 年报名学车，等到 2021 年才完成了考试。

第三，老年人市场和摩托车驾培市场的需求在增长，为新领证驾驶人数量的增长做出了贡献。由于自 2020 年底小型汽车取消了 70 岁学车的限制，2021 年部分老年人纷纷走进驾校学车。此外，还有数量可观的摩托车爱好者以及出于工作需要考摩托车驾照的人士，进入驾校学习摩托车驾驶。很多驾校也投资建设了摩托车社会化考场和训练场。

二　驾培市场发展情况调查与分析

据不完全统计，截至 2021 年末，全国机动车驾驶员培训经营业户 21000 余户，机动车驾驶教练员 89.01 万人，各类教练车总共 80.56 万辆，累计完成驾驶培训 2710 余万人次。

（一）驾校整体生存状况调查

根据中国交通运输协会驾驶培训分会《2021~2022 年全国驾培市场运行情况与经营方向调查公报》，可以分析得出驾培市场发展的三大特点。

1. 市场经营艰难，从业者信心不高

虽然驾培市场产能严重过剩，市场总供给远远大于总需求，但 2021 年仍然有社会投资者进入，驾校数量还在增加。而 2021 年反复无常的疫情，对于大部分驾校而言是"屋漏偏逢连夜雨，船破又遇顶头风"，让大家心生迷惘和惆怅。

例如，对于问卷第 1 题"针对 2021 年您所在地区驾培市场的变化，您认为以下哪几个字最能代表您的整体感受？"有 30.75% 的受调查者回答苦苦支撑，有 27.96% 认为市场下行，有 12.72% 认为无序发展，有 11.32% 认为量价齐跌（见图 7）。这些完全负面的评价占比累计达 82.75%，这说明大多数驾校的"日子"过得很不容易。

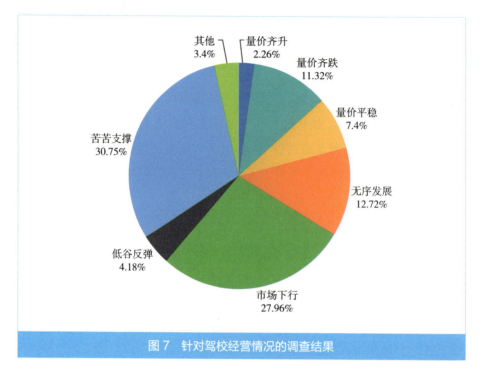

图 7　针对驾校经营情况的调查结果

其中针对 2022 年全国驾培市场信心的调查结论更加印证了这一点，受调查者的信心指数仅为 43.41，如果以其他行业的景气荣枯线 50 作为参考基准，说明驾培行业处于荣枯线以下，即大众对驾培行业的信心明显不足。需要说明的是，这个数据不但低于 2021 年的 57.76，更低于 2020 年的 46.68，说明大家整体持消极态度。

针对驾校 2022 年的投资意向的调查结果显示，22.30% 的驾校选择收缩场地规模、裁员或减少教练车辆，高于 2021 年的 19.28%。10.19% 的驾校选择关停转让驾校，或者转型做其他业务，高于 2021 年的 7.67%。可以看出，由于从业者总体信心不足，一些驾校选择收缩投资规模，或者无意继续在驾培行业发展。

如图 8 所示，选择收购驾校、增加场地或人员的只占 11.15%，低于 2021年的 17.14%，说明大家都感受到了驾培行业的艰难。

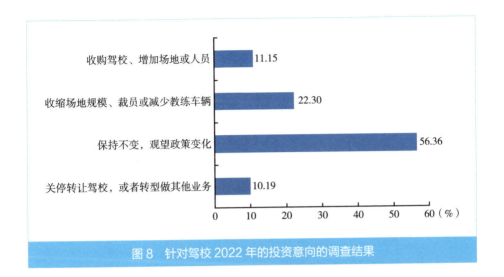

图 8　针对驾校 2022 年的投资意向的调查结果

　　一乘驾校成立于 2011 年，2015 年 12 月在新三板挂牌上市，成为中国驾培第一股。作为长期名列西南地区第一的一乘驾校，在业内享有诸多殊荣，但因前期在省内外的无序扩张，承受了较大的运营成本和管理压力，导致后来经营出现重大亏损，公司股票交易也被戴上了 ST 的帽子。

　　资料显示，2017 年以来，就净利润指标看，一乘驾校除 2020 年外均处于亏损状态，其中 2017 年净利润为 -996 万元，2018 年为 -13900 万元，2019 年为 -20900 万元，2020 年为 648.8 万元，2021 年为 -3532.4 万元。

2. 量价持续齐跌，盈利空间分化，亏损面扩大

　　疫情常态化防控时期，由于经济下行、市场需求增长缺乏后劲，驾培行业从业者逐渐变得理性，不再盲目降价。但一些驾校为了维持稳定的现金流，在市场竞争中不得不陷入价格战泥潭，希望以价换量、以价保量，但结果往往适得其反，量价持续齐跌，盈利空间进一步被压缩，亏损面扩大。也有部分驾校价格已经接近或低于成本，没有了进一步降价的空间和底气，咬牙坚持不降价；还有一些驾校选择迎难而上，不断提升教学服务品质、开展多方面的品牌营销，没有参与价格战，甚至开启了价格上升通道。

　　针对第 4 题"贵校 2021 年的学费与 2020 年同期相比，下降还是上升？"的回答中，有 37.28% 的驾校基本持平，有 47.82% 的驾校下调了价格，有

14.89% 的驾校上调了价格，其中有 3.66% 的驾校价格上升了 20% 以上（见图9）。这说明行业两极分化加速，一部分龙头驾校处在上升态势。

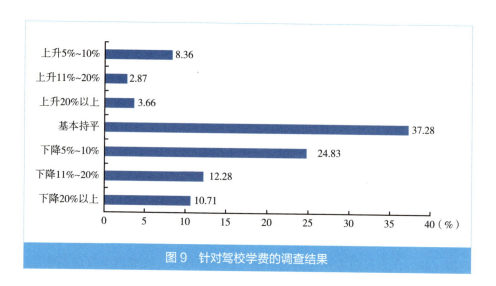

图9 针对驾校学费的调查结果

针对第 5 题 "2021 全年驾校招生的数量与 2020 年相比表现如何？" 的回答中，有 59.15% 的驾校表示招生数量在不同程度减少（见图10）。

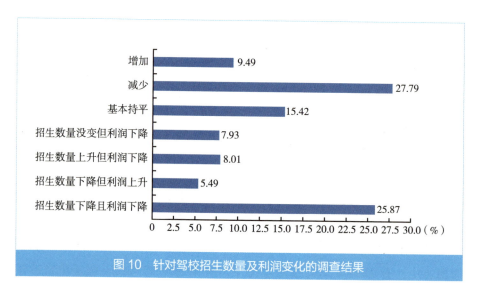

图10 针对驾校招生数量及利润变化的调查结果

随着价跌量缩而来的，是驾校的利润空间继续被压缩，一些驾校直接面临着生死考验。驾培行业全面进入了只有少数驾校赢利的时期。

针对第 9 题 "2021 年驾校全年经营是否赢利？" 的回答中，有 30.58% 的驾校实现了赢利，低于 2020 年的 32.13%。如图 11 所示，有 46.51% 的驾校处于亏损状态，高于 2020 年的 44.87%。这意味着驾培行业亏损面的扩大。

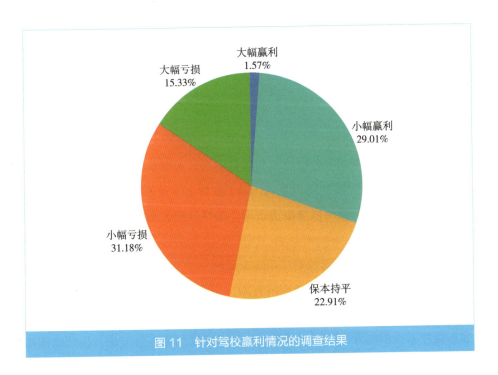

图 11　针对驾校赢利情况的调查结果

如图 12 所示，针对第 8 题 "贵驾校 2021 年经营利润与 2020 年同期相比，情况如何？" 的回答中，有 63.59% 的驾校利润在下降，有 16.64% 的驾校利润有所上升，稍高于 2020 年的 14.32%。

在香港上市的驾培企业向中国际发布公告，预期集团 2021 年度溢利将同比减少不低于 70%。溢利减少的主要原因如下。

（1）集团来自大型车辆及小型车辆的驾驶培训服务业务的毛利率均有所减少。这主要是由于 2021 年第三季度生效的监管政策，使进入行业的门槛降

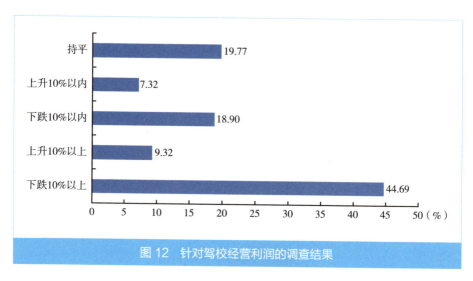

图 12　针对驾校经营利润的调查结果

低,大型车辆驾驶培训服务供应商的数量增加。大型车辆及小型车辆驾驶课程费用于 2021 财政年度期间均下调。(2)疫情之下竞争激烈,通泰驾校及顺达驾校通过调整课程费用以争取市占率,最终导致大型车辆及小型车辆的每小时课程收费下降。

3. 经营压力加大,驾校更注重降本增效

一方面,驾校的价格上调空间有限,企业利润空间被压缩;另一方面,驾校的各项经营成本不断攀升,导致驾校的经营压力持续增加,经营不善或成本管控不到位的驾校,极有可能面临严重亏损的局面。因此,很多驾校都开始精打细算,"勒紧裤腰带过日子"。

针对第 2 题"2021 年贵驾校的总体学费(含考试费)平均在以下哪个区间?"的回答中,有一半的驾校收费不到 3000 元(见图 13)。

针对第 10 题"近年来,贵驾校的经营成本变化情况?"的回答中,41.73% 的驾校表示经营成本在不同程度上升(见图 14)。

可以看出,在市场和现实的压力之下,驾校经营管理者已经把经营重心转移到开源节流、降本增效上。

以东方时尚驾校为例,其 2021 年实现营业总收入 11.99 亿元,同比增长

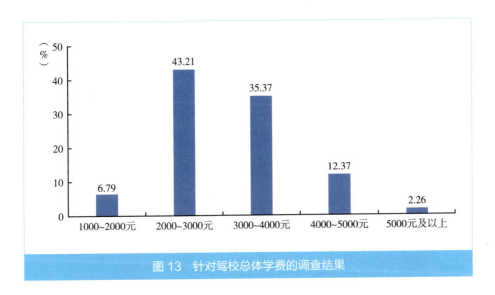

图 13　针对驾校总体学费的调查结果

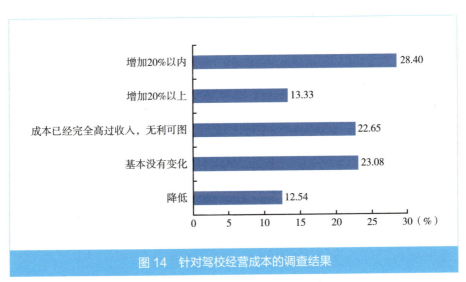

图 14　针对驾校经营成本的调查结果

41.32%；实现归母净利润 1.52 亿元，同比下降 5.42%，降幅较去年同期收窄；每股收益为 0.21 元。该驾校 2021 年营业成本为 5.84 亿元，同比增长 24.16%，低于营业收入 41.32% 的增速，导致毛利率上升 6.7 个百分点。期间费用率为 33.3%，较去年下降 5.1 个百分点。

从业务结构来看，"驾培服务"是企业营业收入的主要来源。2021年，其"驾培服务"收入为10.38亿元，营收占比为86.57%，毛利率为53%。

针对第19题"以下哪些是您最关注的行业话题？"的回答中，有42.77%的人选择了"驾校如何降本增效，进行精细化运营管理？"（见图15）。

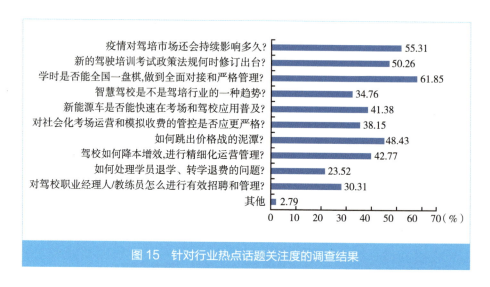

图15　针对行业热点话题关注度的调查结果

2021年，不少驾校呼吁行业协会开展对驾培车辆设备的集中采购，以降低部分经营成本，这在热门的驾校车辆设备的采购价格意向上得到了充分体现。在对第14题"贵驾校能接受的机器人教练价格平均在以下哪个区间？"的回答中，有67.51%的驾校经营者表示只能接受价格在20000元以下的产品（见图16）。

针对第15题"贵驾校能接受的小型燃油教练车辆价格平均在以下哪个区间？"的回答中，有78.40%的驾校经营者表示只能接受价格在60000元以下的车辆（见图17）。

针对第16题"贵驾校能接受的小型新能源（电动）教练车辆价格平均在以下哪个区间？"的回答中，有74.83%的驾校经营者表示只能接受价格在70000元以下的新能源汽车（见图18）。

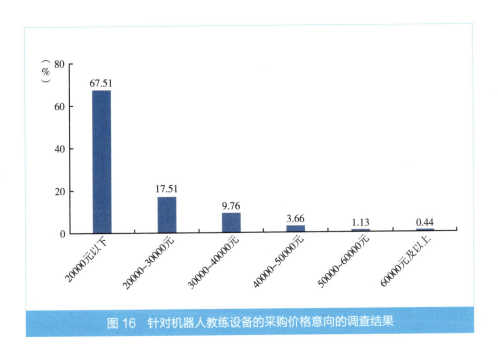

图 16　针对机器人教练设备的采购价格意向的调查结果

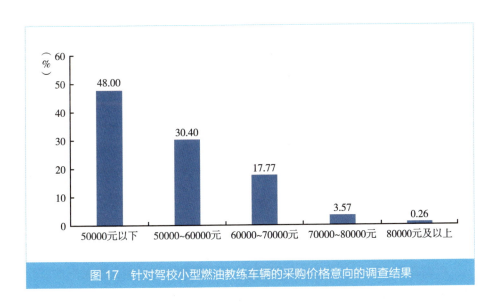

图 17　针对驾校小型燃油教练车辆的采购价格意向的调查结果

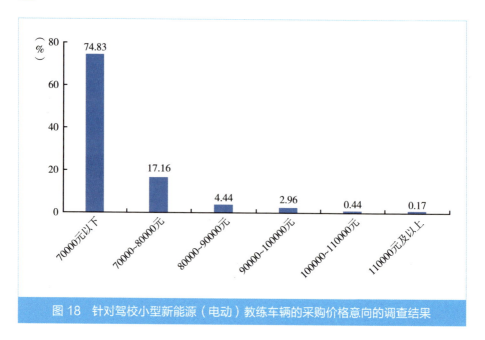

图 18 针对驾校小型新能源（电动）教练车辆的采购价格意向的调查结果

（二）区域驾培市场供求失衡

为了引导社会资金理性进入驾培市场，保持驾培行业的可持续发展，本着对申办驾校投资者负责的态度，减少或避免投资人损失和资源浪费，2021年，全国多地交通运输主管部门定期或者不定期发布本辖区内机动车驾驶培训市场供求情况及市场风险预警信息。

相关公告显示，区域驾培市场明显处于供求失衡状态。多地交通运输主管部门在公告中规劝投资者要结合当地实际，综合评判相关风险，认真做好可行性调查和风险评估，避免盲目投资，以推动区域机动车驾驶员培训行业健康稳定发展。

1. 广东省驾培市场 2021 年供求情况

广东省驾培行业产能利用率为 54%，行业整体产能过剩，供大于求，市场竞争非常激烈，市场风险较大。其中，云浮、珠海、韶关、中山等地的产能利用率低于 40%，供给严重过剩。

如表 1 所示，截至 2021 年 12 月，广东省共有普通机动车驾驶员培训机构 1342 家，比去年同期增加了 47 家，增幅达到 3.63%，比上半年增加了 16 家。驾培机构数量连续 3 年增长。

表 1 广东省各地驾培机构人车场情况统计			
城市	驾培机构（家）	教练车总数量（辆）	教练员（人）	教练场（块）
广州	173	11567	15785	819
深圳	39	6203	7266	374
珠海	64	2908	3445	190
汕头	47	1907	2512	127
佛山	65	7408	10001	594
韶关	32	2534	3257	217
湛江	33	2859	3610	166
肇庆	54	2164	2724	225
江门	56	2635	3035	455
茂名	33	4044	5589	388
汕尾	79	1468	2124	109
惠州	109	4615	5668	349
梅州	47	1968	2932	230
河源	85	3237	4656	308
阳江	36	1275	1783	142
清远	95	4642	5209	146
东莞	68	6697	8923	672
中山	109	7886	8564	354
潮州	31	1322	1823	338
揭阳	61	3068	4426	260
云浮	26	1390	1982	510
总计	1342	81797	105314	6973

注：数据统计时间为 2021 年 12 月 6 日。

全省备案教练车共有 81797 辆，较去年同期减少了 2235 辆，同比减少 2.66%；驾培机构户均教练车 60.95 辆，比去年减少 3.98 辆；全省备案教练员共有 105314 人，较去年同期增加 620 人，整体变化不大。

2. 山西省太原市驾培市场供求情况

截至 2021 年底，太原市普通机动车驾驶员培训机构已达 109 家，其中小店区 29 家，万柏林区 19 家，杏花岭区 15 家，迎泽区 18 家，尖草坪区 7 家，晋源区 4 家，清徐县 9 家，阳曲县 2 家，古交市 3 家，娄烦县 3 家，全市驾校年培训能力达到 20 万人左右。

据统计，2021 年太原市驾校实际招生 12 万人左右，实际报名人数远低于年培训能力，市场供大于求的现象愈加凸显。2016 年至 2021 年，全市驾校增加 46 家，其中 45 家为三级驾校，1 家为二级驾校，培训类别相对单一。

目前，全市共有三级驾校 71 家，普遍存在依靠压价争夺生源的情况，当地驾培行业竞争更加激烈，驾校效益微薄，部分驾校严重亏损，行业发展低迷。

3. 江苏省盐城市机动车驾驶员培训行业投资风险预警公告

盐城市交通运输局发布《2022 年度盐城市机动车驾驶员培训行业投资风险预警公告》。公告指出，全市驾培市场总体处于供给大于需求的状况，2021 年全市产能利用率仅为 40.3%，供需矛盾愈加凸显，市场竞争不断加剧。

公告建议有意申办驾培机构和拟新增培训能力的投资者，务必谨慎决策，对全市驾培市场认真进行调查研究，全面客观评估自身经营管理能力，准确分析投资回报和风险，切忌盲目投资而造成不必要的损失。

4. 江西省吉安市驾培市场供求情况

截至 2021 年，吉安市拥有各类机动车驾驶员培训机构 81 家，其中一级驾培机构 2 家，二级驾培机构 5 家，三级驾培机构 74 家；拥有教练车 2205 辆，按每辆车每月培训 8 位学员计算，全市驾培机构年培训能力已超过 20 万人，但全市驾培机构全年实际招生总量为 76026 人。

吉安市驾培行业生源紧张、培训能力过剩的问题已经显现，学员数量在未来几年内还将呈下降趋势，驾培市场规模将呈逐渐缩小状态。比规模、比硬件、比服务、比价格、比质量，将成为学员择校的重要原则，驾校投入将越来越大。

5. 四川省广元市驾培市场供求情况

截至 2021 年 12 月 22 日，广元市有各类普通机动车驾驶员培训机构 18 家，其中一级驾校 4 家，二级驾校 8 家，三级驾校 6 家；共有教练场面积 1430 亩，教练车 763 辆（其中小型汽车占 86.51%），日平均教练车使用率低于 50%，车辆闲置率较高；全市各类型教练员 742 人；全市现有道路运输驾驶员从业资格培训机构 5 家。

据测算，全市 2021 年最大培训量为 67020 人。根据四川省机动车驾驶员培训公共服务平台数据，截至 2021 年 12 月 22 日，全市驾校新增学员 31561 人，结业学员 30102 人（含往年报名参训学员），目前在培学员 10172 人，整体情况较 2020 年有所好转，但仍处于较低水平。

根据统计数据，2021 年第四季度全市驾培市场产能利用率为 50%。按照产能利用率与预警强度的对应关系，广元市驾培市场处于蓝色预警区间。通过对近几年全市驾培市场供需状况的连续监测和分析可知，各驾校自 2018 年以来招生人数总体呈下降态势，已出现培训能力过剩、教练车闲置、教练员待岗的现象。

（三）驾校生存困境成因分析

冰冻三尺，非一日之寒。驾培市场面临的困境，既有当下疫情和经济大环境的原因，也有行业自身发展的原因。

1. 经济下行，学车意愿下降

2021 年，很多国家在疫情的影响下，经济遭到了严重的打击。虽然中国的疫情防控工作在有序进行，但在经济全球化的今天，中国也很难独善其身，疫情仍对各行各业造成了不同程度的影响。例如，不少大专院校出于疫情防控的需要，实行了封校或半封校政策，大学生未经批准不能外出，这降低了很多大学生的学车需求。一些疫情严重的地区也停考停训，对驾校经营产生了很大影响。

受到全球经济不景气以及国内消费需求下降的影响，一些人的收入增幅明显放缓，甚至还面临失业的问题。而对于应届大学毕业生来说，其就业也面临更大的不确定性。所以，对于工薪族和大学生来说，疫情之下保持现金

流才是"王道",因而会主动或被动推迟学车计划。

2. 供过于求,去产能成为不得已的选择

一方面,驾培市场的需求增长缓慢,甚至出现负增长;另一方面,由于部分社会资金找不到其他好的投资机会,又流向了驾培行业,加之行业准入门槛的降低,也吸引了新的社会资本进入驾培市场,于是,驾培行业供需不平衡的局面进一步加剧,供给远远大于需求,产能过剩更加明显。一些驾校不得已采取了去产能的措施。

针对中国交通运输协会驾驶培训分会调查问卷第 12 题"2021 年,驾校的教练车产能利用率在哪个区间?"的回答中,有 41.72% 的驾校经营者认为产能利用率不到 50%。其中,18.29% 的驾校产能利用率处于 30% 以下(见图 19)。

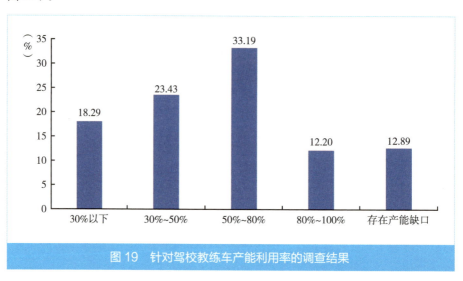

图 19　针对驾校教练车产能利用率的调查结果

在此情况下,很多驾校进行了调整:压缩产能,减少人工。

针对第 11 题"与 2020 年同期相比,2021 年贵校教练员及其他员工的数量增减情况?"的回答中,有 51.74% 的驾校进行了员工规模优化,缩小了员工规模(见图 20)。

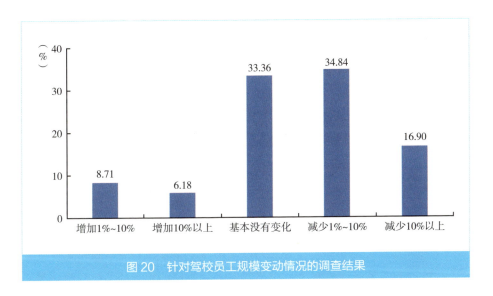

图 20　针对驾校员工规模变动情况的调查结果

3. 成本抬高，各生产要素价格全面上涨

从 2021 年上半年开始，国内物价出现了较明显的上涨，而物价的大幅上涨必然会加大驾校的各项成本支出。

对于第 10 题"近年来，贵驾校的经营成本变化情况？"的回答中，有 41.73% 的驾校成本增加，另外有 22.65% 的驾校表示成本已经完全高过其收入（见图 4）。由于成本居高不下加上增收困难，大部分驾校已入不敷出。

三　行业管理部门改革举措

（一）驾驶培训政策调整

1. 驾培行政许可正式改为备案制

2021 年 6 月 3 日，国务院发布《关于深化"证照分离"改革 进一步激发市场主体发展活力的通知》（国发〔2021〕7 号），并在全国范围内推行。

其中，对于《中央层面设定的涉企经营许可事项改革清单（2021年全国版）》的第71项，决定自2021年7月1日起，依据《中华人民共和国道路交通安全法》和《中华人民共和国道路运输条例》，在全国范围内取消"机动车驾驶员培训许可"，正式改为备案管理，并提出以下监管措施。（1）健全信用管理制度，强化对驾驶培训机构和教练员的信用监管。（2）加强与公安、市场监管部门的信息共享，实施跨部门联合监管。（3）开展"双随机、一公开"监管，对培训学时造假等违法违规行为依法查处并公开结果。（4）严厉打击虚假备案行为，对弄虚作假的培训机构依法予以处理，情节严重的实行行业禁入。[①]

在2021年4月29日，第十三届全国人大常委会第二十八次会议经表决通过了八部法律。其中第一部便是修改后的《中华人民共和国道路交通安全法》，第二十条第一款被修改为："机动车的驾驶培训实行社会化，由交通运输主管部门对驾驶培训学校、驾驶培训班实行备案管理，并对驾驶培训活动加强监督，其中专门的拖拉机驾驶培训学校、驾驶培训班由农业（农业机械）主管部门实行监督管理。"[②]

至此，酝酿多年的驾驶培训行政许可改为备案制终成事实，行业迎来重大变革，昭示着驾培行业将进入一个全新的发展局面。

2021年6月18日，交通运输部发布《关于做好机动车驾驶员培训经营备案有关工作的通知》（交运函〔2021〕248号），明确了到县级交通运输主管部门进行备案的要求，规范了《机动车驾驶员培训备案表》与相关备案材料，并提出各地交通运输主管部门要加强与公安、市场监管部门的信息共享，实施跨部门联合监管，同时要采用"双随机、一公开"等方式，加强事中事后监管，对弄虚作假的机动车驾驶培训机构依法予以处理。[③]

---

① 《关于深化"证照分离"改革　进一步激发市场主体发展活力的通知》，中华人民共和国中央人民政府网，http://www.gov.cn/zhengce/content/2021-06/03/content_5615031.htm，2021年6月3日。

② 《关于〈中华人民共和国道路交通安全法〉等9部法律的修正案（草案）的说明》，中国人大网，http://www.npc.gov.cn/npc/c30834/202104/f2e88cf8379e489dbcffc3d3a2a0dca8.shtml，2021年4月30日。

③ 《关于做好机动车驾驶员培训经营备案有关工作的通知》，中华人民共和国交通运输部，https://xxgk.mot.gov.cn/2020/jigou/ysfws/202106/t20210622_3610138.html，2021年6月22日。

2. 新修改的《中华人民共和国道路运输条例》5 月 1 日起施行

2022 年 3 月 29 日,《国务院关于修改和废止部分行政法规的决定》(以下简称《决定》)公布,自 2022 年 5 月 1 日起施行。《决定》对《中华人民共和国道路运输条例》等行政法规的部分条款予以修改,条例中涉及机动车驾驶培训的主要修改内容如下。[①]

将第七条修改为:"国务院交通运输主管部门主管全国道路运输管理工作。县级以上地方人民政府交通运输主管部门负责本行政区域的道路运输管理工作。"

将第三十九条修改为:"从事道路货物运输站(场)经营、机动车维修经营和机动车驾驶员培训业务的,应当在依法向市场监督管理部门办理有关登记手续后,向所在地县级人民政府交通运输主管部门进行备案,并分别附送符合本条例第三十六条、第三十七条、第三十八条规定条件的相关材料。"

将第五十三条修改为:"县级以上地方人民政府交通运输、公安、市场监督管理等部门应当建立信息共享和协同监管机制,按照职责分工加强对道路运输及相关业务的监督管理。"

将第五十五条修改为:"上级交通运输主管部门应当对下级交通运输主管部门的执法活动进行监督。县级以上人民政府交通运输主管部门应当建立健全内部监督制度,对其工作人员执法情况进行监督检查。"

将第五十七条修改为:"县级以上人民政府交通运输主管部门应当建立道路运输举报制度,公开举报电话号码、通信地址或者电子邮件信箱。任何单位和个人都有权对县级以上人民政府交通运输主管部门的工作人员滥用职权、徇私舞弊的行为进行举报。县级以上人民政府交通运输主管部门及其他有关部门收到举报后,应当依法及时查处。"

将第六十五条修改为:"从事道路货物运输站(场)经营、机动车维修经营和机动车驾驶员培训业务,未按规定进行备案的,由县级以上地方人民政府交通运输主管部门责令改正;拒不改正的,处 5000 元以上 2 万元以下的罚款。备案时提供虚假材料情节严重的,其直接负责的主管人员和其他直接责

---

① 《李克强签署国务院令公布国务院关于修改和废止部分行政法规的决定》,中华人民共和国中央人民政府网,http://www.gov.cn/home/2022-04/10/content_5684392.htm,2022 年 4 月 10 日。

任人员 5 年内不得从事原备案的业务。"

将第七十四条修改为："违反本条例的规定，机动车驾驶员培训机构不严格按照规定进行培训或者在培训结业证书发放时弄虚作假的，由县级以上地方人民政府交通运输主管部门责令改正；拒不改正的，责令停业整顿。"

3. 机动车驾驶培训教学大纲修订发布

2022 年 3 月 24 日，交通运输部与公安部联合发布《关于印发机动车驾驶培训教学与考试大纲的通知》（交运发〔2022〕36 号），新大纲于 2022 年 4 月 1 日起施行。[①]2016 年发布的《机动车驾驶培训教学与考试大纲》（交运发〔2016〕128 号）同时废止。其主要修订内容如下。

一是强化涉及安全驾驶能力培训的基础内容。完善高速公路通行规则常识，增加汽车辅助驾驶功能安全使用常识和新能源汽车技术及使用常识，满足安全驾驶实际需求；增加防范隧道事故、次生事故、自然灾害等情形驾驶应急处置培训内容，提高应急处置能力；汲取近年来事故教训，增加不同行驶状态、典型道路环境等的防御性驾驶方法，强化驾驶员安全文明意识。

二是加强培训与考试制度的内容衔接。新大纲明确了 C6 车型培训内容、学时要求和教学培训项目；根据 C2、C5 车型考试项目调整，相应减少培训学时，保留坡道定点停车和起步培训项目，满足相应场景实际驾驶需求；针对部分车型取消的考试项目，相应调整了教学培训要求。

三是优化调整部分车型培训学时基本要求。针对初学和增驾学员差异化培训需求，对于增加 C1、C2、C3、C4、D、E、F 车型以及变更 C5 车型培训的，明确各省份可适当调整理论培训要求；考虑到大中型客货车驾驶员培训实际需要，未降低其培训要求；明确各省份可结合当地考试实际情况增加培训内容，并相应调整学时。

四是规范培训教学重点环节的服务要求。优化结业考核流程和组织方式，明确各部分考核合格后即可准予结业；考虑到"夜间驾驶""恶劣条件下的驾驶""山区道路驾驶""高速公路驾驶"等部分特殊场景培训教学实际需求，

---

① 《关于印发机动车驾驶培训教学与考试大纲的通知》，中华人民共和国中央人民政府网，http://www.gov.cn/zhengce/zhengceku/2022-03/25/content_5681411.htm，2022 年 3 月 25 日。

将驾驶模拟设备教学学时调整为不超过 6 学时。

五是落实普通货运驾驶员从业资格考试改革部署。落实交通运输部办公厅《关于做好道路货物运输驾驶员从业资格考试制度改革有关工作的通知》（交办运〔2020〕66 号）部署，将普通道路货运驾驶员从业资格相关考试培训内容融入相应等级机动车驾驶培训，方便学员一次报名、一次培训。

4.《轻型牵引挂车驾驶员培训基本业务条件（试行）》发布

为贯彻落实《关于印发机动车驾驶培训教学与考试大纲的通知》（交运发〔2022〕36 号）有关要求，统筹做好机动车驾驶培训与考试制度衔接，规范轻型牵引挂车培训业务，交通运输部组织编制了《轻型牵引挂车驾驶员培训基本业务条件（试行）》（以下简称《业务条件》），于 2022 年 3 月 31 日正式发布。待《机动车驾驶员培训机构资格条件》（GB/T 30340）、《机动车驾驶员培训教练场技术要求》（GB/T 30341）等标准修订实施后，本文件将自行废止。①

《业务条件》共分为六大部分。第一部分规定了《业务条件》的适用范围。第二部分明确了《业务条件》的引用文件。第三部分规定了对开展轻型牵引挂车驾驶员培训业务的驾培机构的基本要求。第四部分明确了对驾驶操作教练员的相关要求，包括教练员应具备条件、驾培机构聘用教练员要求、教练员配置数量等。第五部分明确了轻型牵引挂车教练车相关要求，包括教练车数量、技术参数、技术状况与配置、教练车标识等。第六部分明确了轻型牵引挂车教练场地相关要求，包括场地训练项目设施、设备及道路条件、场地规模等。

5. 其他的行业相关政策文件

2021 年 8 月，为贯彻落实《交通强国建设纲要》相关领域的目标任务，根据交通运输部《关于开展交通强国建设试点工作的通知》（交规划函〔2019〕859 号），交通运输部发布《关于人民交通出版传媒管理有限公司开展道路交通安全文明素质教育等交通强国建设试点工作的意见》，同意在人民交

---

① 《关于〈轻型牵引挂车驾驶员培训基本业务条件（试行）〉的公告》，中华人民共和国交通运输部，https://xxgk.mot.gov.cn/2020/jigou/ysfws/202203/t20220331_3648763.html，2022 年 3 月 31 日。

通出版传媒管理有限公司等单位进行道路交通安全文明素质教育试点。

试点内容涵盖以下几个方面：提升机动车驾驶培训智能化管理水平，探索创新机动车驾驶智能培训模式；打造机动车驾驶培训机构数字化管理体系、学员驾驶培训行为智能分析评价体系；开展道路运输驾驶员精准化线上教育，打造线上安全教育平台，大力发展数字课程；研发道路交通安全文明宣教产品，加大道路运输安全警示教育力度。

预期通过 1~2 年的努力，机动车驾驶培训智能化管理水平逐步提升，机动车驾驶培训机构数字化管理体系不断健全；道路运输驾驶员线上线下安全教育体系初步构建，完成线上安全教育平台与数字课程开发；初步建成道路运输安全警示教育基地和安全小屋；在全民文明交通素质教育方面形成一批可复制、可推广的典型成果，编制形成省级道路交通安全宣传教育提升工程规划，形成全民文明交通素质教育产品。通过 3~5 年的努力，机动车驾驶培训智能化管理水平显著提高；学员驾驶培训行为智能分析评价体系、质量综合测评体系更加完善；机动车驾驶培训机构数字化管理体系初步实现应用；道路运输驾驶员线上线下安全教育体系更加完善，线上安全教育平台与数字课程初步实现推广，交通安全文明素质教育取得显著效果。

2021 年 11 月，为贯彻落实《中共中央 国务院关于推进安全生产领域改革发展的意见》，促进道路运输安全文化建设，日前，交通运输部印发了《道路运输安全警示教育基地建设指南（试行）》（以下简称《指南》）。《指南》旨在指导各地结合实际，推进建设布局合理、定位清晰、功能明确、特色突出的道路运输安全警示教育基地，为道路运输行业宣传安全文化、道路运输管理队伍实施安全警示、道路运输从业人员接受安全培训提供基础保障，推动形成共学安全理论、共树安全新风、共建安全文化、共促安全创建的道路运输安全发展环境。

《指南》坚持问题导向，在深入总结贵州、河南等地警示教育基地建设运行情况的基础上，紧紧围绕道路运输行业安全生产新形势、新要求，紧扣当前警示教育基地建设运行的突出问题，通过明确功能定位、服务对象、警示方式和设施设备等核心要求，指导各地科学合理开展警示教育基地建设。

《指南》坚持服务行业，以促进道路运输行业安全发展为主，同时兼顾社会安全文化宣传教育，突出警示教育内容的警示性、互动性、知识性，通过典型案例情景再现、模拟互动体验等方式，增强全方位感知体验，提升警示教育效果。

《指南》坚持以用促建，指导各地按照多元合作、开放共享的原则，积极推动区域共建、部门协作、政企联动，统筹利用现有交通运输院校、机动车驾驶培训机构、骨干运输企业等资源，形成共建、共享、共学、共促的长效运行机制。

2022 年 3 月 18 日，针对近期我国本土聚集性疫情呈现点多、面广、频发的特点，疫情防控形势严峻复杂，疫情防控难度加大，为认真落实国务院应对新冠肺炎疫情联防联控机制有关部署要求，交通运输部修订形成了《客运场站和交通运输工具新冠肺炎疫情分区分级防控指南（第七版）》，优化了机动车驾驶员培训等领域设施消毒和人员防护举措（见表 2）。

表 2　机动车驾驶员培训疫情防控指南			高风险地区所在区县	中风险地区所在区县	低风险地区所在区县	备注
项目			高风险地区所在区县	中风险地区所在区县	低风险地区所在区县	备注
消毒	驾培机构	学员易接触设施消毒频次：休息座椅、饮水机等	每 1 小时 1 次	每 4 小时 1 次	每日 1 次	若出现人员发热情况，立即对接触区域及教学设施设备消毒
		公共区域消毒频次：报名（预约）大厅、理论培训教室、模拟器培训教室、休息区、办公区、交通安全宣传教育设施、餐厅（如有）、公共卫生间等	每 4 小时 1 次	每 6 小时 1 次	每日 1 次	
		卫生间洗手液配备情况	配备	配备	配备	
	教学车辆、驾驶模拟设备	方向盘、行车和驻车操纵杆、车门把手、安全带、座椅调节按钮、座椅、内后视镜、转向灯操作杆、外后视镜开关按钮等	每 1 名学员使用完	每 6 小时 1 次	每日 1 次	

				续表
项目	高风险地区所在区县	中风险地区所在区县	低风险地区所在区县	备注
驾培机构 报名（预约）大厅、理论培训教室、模拟器培训教室、教练场地、休息区、办公区、餐厅（如有）等公共区域通风时间间隔	持续通风	每2小时1次	每4小时1次	原则上每次通风时间≥10分钟；室外温度等条件适宜情况下，宜持续自然通风
通风 教学车辆 通风时间间隔	每1小时1次	每2小时1次	每4小时1次	每1名学员使用后，必须通风；室外温度和车速等条件适宜情况下，可关闭车内空调，开窗通风；中风险、高风险地区所在区县的教学车辆使用空调时，应当选择外循环模式

	项目	高风险地区所在区县	中风险地区所在区县	低风险地区所在区县	备注
人员防护	学员健康码查验率	100%	100%	100%	
	学员信息登记率	100%	100%	100%	
	学员口罩佩戴率	100%	100%	100%	
	学员体温测量要求	100%	100%	100%	
	工作人员口罩佩戴率	100%	100%	100%	
	工作人员防护手套佩戴率	100%	100%		
	工作人员体温测量要求	每 4 小时 1 次	每 6 小时 1 次	每日上岗前 1 次	
	理论培训教室学员人数占设计容量比重	50%	70%		
宣传	通过广播、视频、海报、宣传栏等开展卫生防护知识宣传	开展	开展	开展	

（二）驾驶考试政策改革

1. 公安部推出更多便民利企新措施

2021 年 12 月 27 日，公安部发布了新制修订的《机动车登记规定》《机动车驾驶证申领和使用规定》《道路交通安全违法行为记分管理办法》3 个部门规章。① 此次修订坚持以人民为中心，统筹发展和安全，推出更多"我为群众办实事"新措施，健全车辆和驾驶人安全准入机制，严密交通管理执法监督制度，深入推进更高水平的平安中国建设。《机动车驾驶证申领和使用规定》自 2022 年 4 月 1 日起实施。

新制修订的部门规章对公安部近年来已推出的 69 项交管改革措施予以固

---

① 《公安部制修订〈机动车登记规定〉〈机动车驾驶证申领和使用规定〉〈道路交通安全违法行为记分管理办法〉3 个部门规章》，中华人民共和国中央人民政府网，http://www.gov.cn/xinwen/2021-12/27/content_5664805.htm，2021 年 12 月 27 日。

化，推进改革成果制度化、法治化，同时再推出9项便民利企新措施。其中，有4项便利驾考领证的新措施。

一是推行大中型客货车驾驶证全国"一证通考"。对在户籍地以外申领大中型客货车驾驶证的，申请人可以凭居民身份证"一证通考"，不需要再提交居住证明。

二是恢复驾驶资格考试"跨省可办"。对驾驶证超过有效期未换证被注销不满两年的，申请人可以向全国任一地区申请参加科目一考试，恢复驾驶资格，更好满足群众异地考试换证需求。

三是优化驾驶证考试内容和项目。对持有小型自动挡汽车驾驶证增驾小型汽车，或者持有摩托车驾驶证增驾其他类型摩托车的，只考科目二和科目三，优化考试程序。

四是新增轻型牵引挂车准驾车型。新增准驾车型"轻型牵引挂车"，允许驾驶小于4500千克的汽车列车，更好满足群众驾驶房车出游需求，促进房车旅游新业态发展。

还推出两项减证便民服务新措施。

一是推行申请资料和档案电子化。实行申请资料电子化采集、档案电子化管理，机动车转籍、驾驶人考试等信息网上转递，实现交管业务办理"减环节、减材料、减时限"。

二是推行部门信息联网共享核查。与税务、银保监、交通运输、医疗机构等部门信息联网，共享车购税、交强险、营运资质、体检等信息，群众办理业务时免予提交相关证明凭证。

此外，严格重点车辆和驾驶人管理。对于大中型客货车驾驶人，严格申请条件，将禁驾大中型客货车的情形由三种增加到七种，新增对有毒驾、再次酒驾、危险驾驶构成犯罪等的人员，禁止申请增驾。严格满分学习，对大中型客货车驾驶人记满12分的，严格满分学习和考试要求，增加学习时间，提高考试难度。

2. 2022年版《机动车驾驶人考试内容和方法》（GA 1026-2022）等五项标准发布

2022年3月29日，公安部批准发布了2022年版《机动车驾驶人考试内容和方法》（GA 1026-2022）、《机动车驾驶人考试场地及其设施设置规范》（GA 1029-2022）等5项行业标准，4月1日与《机动车驾驶证申领和使用规定》（公安部令第162号）同步实施，为新部令贯彻落实提供技术支撑。在公安部交通管理局指导和公安部科技信息化局支持下，公安部交通管理科学研究所联合有关单位完成了标准制修订工作。

（1）《机动车驾驶人考试内容和方法》（GA 1026-2022）主要修订内容如下。

一是增加了轻型牵引挂车准驾车型的考试内容、操作要求和评判方法等要求。

二是删除了大型客车、重型牵引挂车、城市公交车、中型客车、大型货车科目二考试内容中的通过连续障碍、起伏路行驶项目，小型自动挡汽车、残疾人专用小型自动挡载客汽车科目二考试内容中坡道定点停车和起步项目。

三是修改了侧方停车、通过单边桥、通过限宽门等考试项目的操作要求。

（2）《机动车驾驶人考试系统通用技术条件》的第1部分总则（GA/T 1028.1-2022）、第2部分驾驶理论考试系统（GA/T 1028.2-2022）、第3部分场地驾驶技能考试系统（GA/T 1028.3-2022）的主要修订内容如下。

一是修改了考试系统网络部署、软件操作系统、运行管理、信息安全、数据库安全等相关要求。

二是修改了驾驶人考试监督管理、社会考场考试系统建设和管理相关内容及要求。

三是增加了轻型牵引挂车准驾车型考试评判要求，删除了小型自动挡汽车坡道定点停车和起步、大中型客货车通过连续障碍、起伏路行驶等评判要求。

（3）《机动车驾驶人考试场地及设施设置规范》（GA 1029-2022）的主要修订内容如下。

一是修改了考试区物理隔离、考台、监控设施及机房、网络、防作弊设施等科目一和科目三安全文明驾驶常识考试场地及设施设置相关要求。

二是修改了考试区全景监控、考试区标线、"模拟高速公路"标线设置等科目二考试场地及设施相关要求，增加了轻型牵引挂车项目要求图形和尺寸要求。

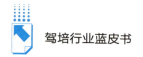

三是修改了单向流量考核、考试路段等科目三道路驾驶技能考试场地及设施相关要求。

（三）学时对接推进情况

交通运输部中国交通通信信息中心驾驶培训工作组对全国驾驶培训数据交换与服务平台（以下简称平台）2022 年 2 月的运行情况进行了分析，具体情况如下（数据均截至 2022 年 2 月 28 日）。

1．平台运行基本情况

平台共收到 31 个省、自治区、直辖市以及新疆生产建设兵团传输的驾驶员培训行业数据，累计收到驾培机构信息 19791 家，教练员信息 99.51 万人，培训车辆信息 81.22 万辆（见表 3）。

本年新增学员 186.32 万人，年度培训学员 349.02 万人，年度结业 38.04 万人。其中，2022 年 2 月，全国驾培新增学员 104.42 万人，参与计时培训学员 228.65 万人，结业学员 16.61 万人。

2．数据结构分析

（1）驾培机构情况。平台共收到驾培机构信息 19791 家，其中一类驾培机构 2340 家，开展计时培训业务的驾培机构 1358 家；二类驾培机构 5328 家，开展计时培训业务的驾培机构 2638 家；三类驾培机构 12123 家，开展计时培训业务的驾培机构 5148 家。

驾培机构数量较多的省份依次为河南省、山东省、河北省，分别为 2242 家（一类驾校 64 家、二类驾校 281 家、三类驾校 1897 家）、1266 家（一类驾校 253 家、二类驾校 371 家、三类驾校 642 家）、1191 家（一类驾校 131 家、二类驾校 372 家、三类驾校 688 家），占比分别为 11.33%、6.40%、6.02%。

（2）教练员情况。平台共收到教练员信息 99.51 万人，其中开展计时培训业务的教练员 19.62 万人，占比为 19.72%。

教练员培训率（开展计时培训业务的教练员在教练员总数中的占比）较高的省份依次为甘肃省（教练员培训率 55.80%）、黑龙江省（教练员培训率 51.36%）、海南省（教练员培训率 49.75%）。

（3）教练车情况。平台共收到教练车信息 81.22 万辆，其中开展计时培训业务的车辆 18.79 万辆，占比为 23.13%。

教练车培训率（开展计时培训业务的教练车在教练车总数中的占比）较高的省份依次为黑龙江省（教练车培训率为 69.63%）、甘肃省（教练车培训率为 60.50%）、福建省（教练车培训率为 59.33%）。

（4）学员情况。2 月新增备案学员 104.42 万人（比 1 月增加 23.89 万人），2 月计时培训学员 228.65 万人（比 1 月增加 4.27 万人），2 月结业学员 16.61 万人（比 1 月减少 4.83 万人）。

2 月计时培训学员人数较多的省份依次是山东省、江西省、四川省，计时培训学员人数分别为 32.48 万人、30.98 万人、23.68 万人。

3．存在问题及建议

现阶段主要存在部分省份驾培监管平台数据上传不及时、数据质量不高的问题，影响了系统应用的效果。

建议建立全国驾培行业学员培训记录互认体系，加快推进全国驾培"一张网"工作，统一标准，统一尺度，在全国层面实现基础信息、学员结业信息、驾培机构及教练员评价信息、处罚信息的发布与共享，打造行业数据化监管的基础；建议开展全国驾培行业数据传输情况的考核与通报工作。

表3　各省份驾培平台关键数据采集情况						
序号	省份	驾培机构数（家）	教练员数（人）	教练车数（辆）	月报名学员（人）	月计时培训学员数（人）	月结业学员数（人）
1	北京	73	7209	10343	27468	36337	10939
2	天津	141	15924	12647	2066	1104	748
3	河北	1191	57760	44141	11681	14969	7885
4	山西	417	15989	15518	1203	632	245
5	内蒙古	722	27921	20753	35146	138474	3462
6	辽宁	597	36306	26582	59767	102587	7251
7	吉林	2	1	2	—	—	—
8	黑龙江	401	16150	11151	42042	116012	8016

续表

序号	省份	驾培机构数（家）	教练员数（人）	教练车数（辆）	月报名学员（人）	月计时培训学员数（人）	月结业学员数（人）
9	上海	194	25346	19459	4750	23570	1106
10	江苏	1043	55259	35786	9682	26075	—
11	浙江	875	55583	44879	12941	35708	—
12	安徽	266	2328	3485	5010	5550	4473
13	福建	648	46171	31514	87069	162392	13745
14	江西	839	38444	30158	124422	309800	2251
15	山东	1266	65957	60103	150586	324811	22024
16	河南	2242	80745	58744	66750	169812	12984
17	湖北	892	34319	32985	38550	35417	4061
18	湖南	1019	17945	15085	3036	2823	—
19	广东	1169	87992	75684	—	—	—
20	广西	817	36449	36221	37508	43837	4739
21	海南	167	9693	8523	19568	50073	6617
22	重庆	429	34070	26683	—	—	—
23	四川	849	64399	50454	106642	236817	7601
24	贵州	522	17971	15388	33272	80406	—
25	云南	856	50178	39455	63733	192554	34758
26	西藏	41	337	880	195	43	—
27	陕西	495	17772	18674	21852	16004	3103
28	甘肃	668	22276	18223	35862	114369	3504
29	青海	147	4697	3707	7298	24120	1627
30	宁夏	86	5221	6193	15667	—	57
31	新疆	710	22986	19810	17721	18024	4768
32	新疆兵团	7	30	26	274	133	3
33	无区划	—	21708	18935	2432	4027	111
总计		19791	995136	812191	1044193	2286480	166078

　　2021年以来，四川等一些省份全力推进学时对接工作和信息共享。2021年7月2日，四川省交通运输厅与公安厅发布《关于进一步落实驾驶培训监

管平台与交通安全综合服务管理平台考试系统联网对接工作的通知》。截至 10 月 18 日，四川省 21 个市州已全部实现平台联网联动，学员需严格完成学时培训后方可预约考试。

业内人士认为，四川联网对接工作将对驾培行业起到六大积极作用。

一是管理措施更加科技。驾校、教练车、教练员、场地、路训线路、学员信息将全面录入监管平台，凡未经备案的驾校和教练车、未报送聘用信息的教练员、未纳入驾培监管平台电子围栏管理的培训场地和路训线路，相应的违规培训数据均不能进入联网系统，管理措施的科技化程度提高。

二是培训监督更加到位。未完成教学大纲规定学时和内容的学员的培训记录，不能通过监管平台审核，学员无法预约考试。因此，联网对接工作可以保证教学大纲的执行更到位，确保培训质量。

三是市场秩序更加有序。社会车辆非法培训、驾校车辆未报备、县（区）驾校跨区域培训等扰乱行业的违规行为，其违规培训数据均无法进入联网系统，学员不能预约考试，有利于规范市场秩序。

四是驾培信息更加透明。学员登录下载"诚信驾培"App 便可及时查询计时培训学时和进度。

五是学员权益得到维护。以 10 月 1 日为节点区分新、旧学员，10 月 1 日后报名的学员，以监管平台审核合格的结果作为预约考试的依据，保证管理方式的平稳过渡。

六是公众安全更有保障。以贯彻教学大纲为基础，坚持以培养安全文明合格驾驶人为核心导向，将安全贯穿培考全过程，筑牢道路交通安全的第一道防线。

四　驾培行业重要活动盘点

驾培行业协会是驾培行业的自律组织，在政府和会员之间发挥桥梁和纽带作用，能够在行业内搭建交流平台，加强行业诚信，完善自律机制，推动行业平稳健康发展。

协会还是同行交流的绝佳平台。借助论坛和会议，业内人士可以面对面针对行业难点、热点问题展开讨论，有利于行业发展。2021 年，全国和地方行业协会克服了疫情的影响和困难，成功召开了一系列行业内部交流会议。现展示部分影响较大的会议内容。

（一）第五届全国驾培行业冬季峰会暨变革管理论坛

2021 年 12 月 22 日至 24 日，由中国交通运输协会驾驶培训分会与中国交通运输协会培训中心共同举办的第五届全国驾培行业冬季峰会暨变革管理论坛在福建厦门召开（见图 21）。本届峰会以"聚焦经营专精特新·优化管理多快好省"为主题，回顾 2021 年行业发展的成绩与艰难，探讨 2022 年的规划与机遇。中国交通运输协会副会长兼秘书长、交通运输部运输服务司原司长李刚发言认为，艰难的时刻恰恰说明驾培行业已经开始步入高质量发展的机遇期。交通运输部运输服务司原巡视员王水平认为，必须提升驾校经营管理专业化程度，进一步提升市场竞争能力，让驾培市场真正形成优胜劣汰的局面。

图 21　第五届全国驾培行业冬季峰会

中国交通运输协会驾驶培训分会秘书长刘治国就驾校专业化经营管理建议大家念好 " 三字经 "，处理好赚钱、分钱与花钱的关系；中国交通运输协会驾驶培训分会副会长、西南驾培集团董事长罗建忠针对驾校经营模式，做了"直营驾校以文化'强管控'，挂靠驾校以新模式来驱动"的专题报告；清华大学职业经理训练中心特聘专家、中国交通运输协会驾驶培训分会专家夏祯针对行业兼并重组和员工长期股权激励，做了"驾校股份制改造的困惑与实践"讲座；南昌白云驾校副校长邬伟分享了"探索多校区集约化管理的方法和得失"的宝贵经验；中国交通运输协会驾驶培训分会专家丁林分享了"驾校中的会议管理体系"；广东驾来也科技有限公司董事长周永川做了主题为"投资人与职业校长的共情、共愿、共生"的发言。

会上，百度地图还发布了与中国交通运输协会驾驶培训分会一起编写的全国首个《新手司机手机导航安全驾驶教程》，以帮助驾校更好地向学员提供素质教育新课程；人民交通出版社信息技术总监姜占峰主持了"驾校金牌服务课程"的首发仪式，这一服务精品课程的推出将有力促进驾驶培训行业客户服务质量的提升。

（二）第七届全国驾培市场创新发展大会

2021 年 6 月 19 日至 22 日，在广大驾培同仁的支持和关注下，我国机动车驾驶培训行业在郑州市迎来了一场期盼已久的盛会——第七届全国驾培市场创新发展大会暨 2021 驾驶培训分会年会。

大会由中国交通运输协会主办，得到了人民交通出版社、河南省交通运输厅、河南省机动车驾驶员培训行业协会及相关企业的倾情支持，大会的宗旨是贯彻驾驶培训考试新政策、新法规，全面开启新起点、新征程，全面落实驾培行业"放管服"改革，构建新发展格局，促进驾培行业高质量发展，进一步探讨驾培市场创新发展、品牌经营、全域营销的方式方法，交流行政许可改为备案管理后的经营对策，分享驾培智能化、信息化的成功经验及社会化考场建设运营中的重点、难点，研讨行业新理念。

中国交通运输协会副会长兼秘书长、交通运输部运输服务司原司长李刚致开幕辞，他认为驾培行业即将迎来重大的变革，预示着我国驾培行业将呈现全新的发展格局。作为交通运输领域业务覆盖面最广泛的国家一级行业协会，中国交通运输协会坚持推进行业的科技进步与创新发展，在推进交通强国建设和促进交通运输安全、智慧、绿色发展中，积极发挥社团组织应有的作用。河南省交通运输厅运输服务中心车辆技术处处长徐彩琴代表河南省厅党组成员、副厅长吴孔军发表了热情洋溢的致辞，发言称未来驾培行业仍将加速从政策主导向市场主导、从粗放经营型向集约经营型、从人工教学模式向人工＋互联网＋智能教学模式转变。现在还存有小格局、旧观念、传统管理和培训模式的驾校势必会被改革的新潮所淘汰，这就需要驾校经营者们打造更高品质、更高性价比的服务体验，进一步提升教学质量，升级管理模式，进行成本管控，提升核心竞争力，最终靠服务、靠质量、靠创新、靠信誉赢得市场。交通运输部运输服务司原巡视员王水平做了大会主旨发言，作为曾经长期从事行业管理的专家型领导，他认为，公安考试部门在认真履行其职责的同时，也需要驾驶培训机构把好安全关，发挥计时培训的功能，提高学员独立驾驶、安全驾驶等方面的能力，真正做到安全驾驶从驾校开始。

通过学习交流，很多校长认为，融合信息化系统与新一代人工智能技术的智能驾培、智慧驾培，成为重要的技术发展方向，也是破解教学标准化难题和降本增效的必由之路。会议还对拉近驾校与学员距离的网络营销进行了深入探讨，很多校长认为利用新媒体、短视频进行招生和品牌推广，是拓展驾校招生渠道的重要途径。

为了让大家更深入地探讨当前市场面临的共性问题和驾校营销全域化、驾校教学智能化等重点、热点问题，会议分别就机器人教练及新能源教练车应用推广和大车（道路客货运）培训市场两个热点专题开设了并行论坛和三场嘉宾圆桌对话。

本次年会以"新形势　新动能　新格局"为主题，会议本身也变革创新，紧贴时代主题，为与会代表奉献了一场精彩纷呈的精神盛宴。

（三）湖南全省优质机动车驾驶员培训机构负责人研讨会

2021 年 6 月 18 日，由湖南省机动车驾驶员培训协会主办的全省优质机动车驾驶员培训机构负责人研讨会在长沙举行，共计 167 家驾培机构参会。

本次研讨会旨在进一步提升机动车驾驶员培训机构管理人员素质，打破驾培行业发展瓶颈，拥抱驾培"新生态"，探讨在智能时代到来的背景下，驾培企业如何通过创新，实现产业转型、经营升级和品质提升。

"如何适应驾驶机动车从生产技能向生活技能的变化、预防和减少驾驶人因素导致的交通事故，不仅是公安交通管理部门需要面对的，更是作为向社会输送驾驶人的驾培机构需要深入思考的议题。"中国道路运输协会副会长、机动车驾驶培训分会理事长闫文辉表示，关于行业未来发展，希望能从应用层面推动科技赋能，加强数字化监管，从管理制度层面理顺纵向管理链条，加强横向监管合力，从价值观层面树立行业价值观，激发社会共识。

湖南沅江驾培集团董事长曹学军在发言中指出了驾培市场联合经营的重要性，如高度的思想共识、合理的利益分配、严格的统一管理等，倡导通过规模化经营、区域内联合经营、特色经营等方式提高服务水平，更加方便学员学车。

湖南省机动车驾驶员培训协会理事长胡莹表示，驾培行业仍处于转型升级的关键时期，需要大家守正创新、变危为机、主动求变，希望通过这次研讨会，开阔视野和思路，更加坚定培训安全、文明、高素质、合格驾驶员的初心，坚守筑牢道路交通安全的第一道防线，做好诚信驾培、智慧驾培、绿色驾培，引导行业尽快走出困境。

（四）第五届机动车驾驶培训与道路交通安全国际论坛

2021 年 6 月 16 日至 17 日，第五届机动车驾驶培训与道路交通安全国际论坛在武汉市举行。论坛聚焦"科技与安全"，来自国内外行业主管部门、驾培机构、科研机构与高校的 300 余名代表通过线上线下方式，共话行业智慧发展。

本届论坛执行主席、东方时尚驾驶学校总经理闫文辉介绍，作为道路交通安全第一道防线，驾培机构也正主动创新求变。目前我国部分驾校已经将 VR（虚拟现实）、AI（人工智能）技术引入教学中，让学车更智能、方便、高效，全面提升学员驾驶技能和交通安全意识。

交通运输部运输服务司二级巡视员孟秋在致辞中表示，目前全国共有驾培机构约 2 万家，驾培机构数量、教练员人数、教学车辆数量较"十二五"末期均有所增长，较好满足了社会公众的学驾需求，培训质量不断提升。当前，驾培行业仍处于改革创新、转型升级的关键时期，要坚持传统培训和科技创新相结合，做到守正创新、双向互济、融合发展。

在主题演讲环节，交通运输部公路科学研究院汽车运输研究中心副主任曾诚介绍，将模拟训练技术应用到驾培教学中去，有助于提升学员应急处理能力，提高个性化训练水平，降低能源消耗。北京航空航天大学教授段桂江认为，在驾培行业数智化转型过程中，数字化是基础、数据化是手段、智能化是表现，人工智能技术正成为行业数智化转型的新动力。

自 2016 年成功举办首届论坛以来，机动车驾驶培训与道路交通安全国际论坛已连续举办四届，共邀请到 10 余个国家和地区的行业管理部门与驾培机构参与，在行业内产生广泛影响。

（五）北京驾培协会"品质驾培助力交通强国"活动

2021 年 4 月 18 日，由北京市机动车驾驶人培训行业协会主办，海淀驾校、公交驾校、丰顺驾校、京都府驾校、盛华驾校、长建驾校六家单位联合承办的"品质驾培助力交通强国"系列活动启动仪式在海淀驾校举行（见图 22）。

图 22 "品质驾培助力交通强国"系列活动启动仪式

活动中，交管部门以"一盔一带"交通安全守护行动的名义，为海淀驾校教练员和学员赠送安全骑行头盔，倡导安全文明出行理念，进一步落实公安部事故预防"减量控大"的要求。

海淀驾校积极响应"碳达峰、碳中和"政策要求，对耗能较高的教练车和班车进行更新，购入 100 辆一汽大众新宝来和 30 辆宇通客车作为教练车和班车，希望能为北京生态环境的改善加油助力。

北京市交通委员会、北京市人力资源和社会保障局对 2017~2020 年北京市交通行业先进集体和先进个人进行表彰。北京市交通委号召广大驾培机构组织好学习宣传活动，要"用身边人、身边事，以点带面，提高全体教练员的水平，提高全行业的服务水平"。

启动仪式上，海淀驾校教练员、"全杰班"负责人、2020 年全国运输服务风范人物刘全杰向全行业发出倡议：做安全文明驾驶的布道者、做文明交通的践行者、做驾培行业新风尚的传播者。

五　结束语

时间和实践是最好的老师。时间从来不语，却给了我们所有的答案；实践总能为行业带来优秀的经验。驾培行业要想真正实现高质量发展，需要政策与市场的支持，既需要两大管理部门、所有行业协会与驾培机构相互配合、同心协力，也需要驾培机构在教学、服务和管理模式上，根据政策和市场的变化不断进行优化调整：从经验主义转型升级为专业治理，从粗放运营转型升级为精益管理，从分散经营转型升级为集约发展，从无序发展转型升级为行业自律。

本文作者为刘治国、田汝鹏、栾德奇、牛文江。刘治国，中国交通运输协会驾驶培训分会秘书长；田汝鹏，北京市交通委员会驾驶员培训管理处四级调研员；栾德奇，吉林省运输管理局从业资格培训管理处规划计划科科长；牛文江，中国交通通信信息中心国交信息股份有限公司总经理。

B.2
2022~2023年中国驾培行业发展预测

摘　要： 本报告对2022~2023年驾培行业的政策和市场变化趋势进行预测。2022年部分省份疫情频发，驾培市场竞争也更加激烈，驾校利润大幅下滑，2021年和2022年驾驶培训考试政策的变化、考试项目的优化以及智慧驾校的探索都将在2022年产生影响。可以说2022年是驾培行业探寻新出路的一个开端。2022年老年市场、大学生市场、C2培训市场、大中型客货车培训市场都将发生新的变革，驾培从业者也开始换代。本报告预计驾校的品牌化、精细化运营将使驾校分化更加明显，区域内生源将被品牌驾校分流。

关键词： 驾培行业　驾培市场　驾培考试　智慧驾校

一　2022年驾培行业政策发展方向及影响预测

（一）《机动车驾驶员培训管理规定》修订

2021年9月，为认真贯彻国务院关于深化"放管服"改革、优化营商环境的决策部署，落实国务院关于机动车驾驶员培训审批制度改革要求，推动机动车驾驶培训行业治理体系和治理能力现代化，促进机动车驾驶培训行业高质量发展，交通运输部起草了《机动车驾驶员培训管理规定（修订征求意见稿）》，预计2022年下半年正式发布。修订的主要内容包括以下几个方面。

1. 落实行业审批制度改革部署

按照国务院关于机动车驾驶员培训许可改为备案管理的改革要求，调整相关制度设计。一是调整了关于机动车驾驶员培训许可依据、许可条件、许可程序、许可证件、许可经营及相关处罚条款内容。二是明确了机动车驾驶员培训业务的备案流程、变更和终止经营等要求，以及备案信息公示等相关要求。三是明确了驾培机构按照备案事项开展培训业务，以及道路运输管理机构对备案事项进行监督检查的要求。四是将其他涉及许可的相关表述统一调整为备案管理。

2. 完善教练员相关管理制度

一是落实职业资格制度改革要求，明确教练员实行社会化职业技能等级认定制度。二是落实驾培机构的主体责任，明确驾培机构应建立健全教练员聘用管理制度和学员评价制度，明确驾培机构定期开展教练员教学质量信誉考核的相关要求。三是规范教练员教学行为，细化了教练员相关行为要求。四是针对残疾人驾驶培训面临的实际问题，优化调整残疾人驾驶操作教练员要求，便利驾培机构开展残疾人驾驶培训业务。

3. 进一步规范培训教学过程

一是明确驾培机构培训教学活动和结业考核相关要求，规范培训考核流程。二是明确驾培机构应当在其备案的教练场地和公安交通管理部门指定的道路上进行教学的要求。三是推进培训考试衔接，明确建立健全机动车驾驶员培训与考试信息共享机制。

4. 进一步提升培训服务水平

一是以学员满意度评价为基础，通过调整完善教练员教学质量信誉考核、驾培机构质量信誉考核相关制度，引导驾培机构提升培训服务水平。二是调整完善驾培机构需公示的相关信息，增加了公示投诉方式、学员满意度评价参与方式等要求。三是鼓励学驾双方签订培训合同、驾培机构为学员提供先培训后付费服务模式，保护学驾双方合法权益。

5. 加强相关管理制度衔接

一是根据《关于废止〈外商投资道路运输业管理规定〉的决定》（交通运

输部令 2018 年第 28 号）的要求，删除了外商投资驾驶培训行业的管理规定。二是适应交通运输综合执法体制改革的要求，在附则中调整完善了相关表述。

6. 对应修订了有关法律责任

一是明确未按规定备案、备案不属实、未按规定变更备案、超越备案事项等的处罚措施，同步删除了涉及许可管理的相关处罚条款。二是调整了对驾培机构未严格按照规定进行培训或者在结业考核中弄虚作假等行为的处罚措施。三是对其他违反规定的行为对应调整了相应处罚措施。

7. 修订了有关附件内容

一是按照备案条款要求，增加了附件 1 "机动车驾驶员培训经营备案表"，明确备案需要填写的信息和提交的相关材料，并从解决行业突出问题的角度出发，结合各类车型培训考试项目的实际需求，在附件 1 中将培训车型分为五类。二是根据本次修订的相关条款要求，对"培训记录"和"学员登记表"进行了相应调整。三是在附件 4 "结业证书"中增加了学员身份证号、法定代表人签字等内容。

作为行业管理的主要法规，该部令的修订发布，是十余年来驾培领域最大的制度调整，适应了新时期驾培行业规范化管理的要求，有利于行业的平稳发展和市场的健康运行。

（二）《综合运输服务"十四五"发展规划》指引行业方向

2021 年 11 月 18 日，交通运输部印发《综合运输服务"十四五"发展规划》，要求以加快建设交通强国为总目标，加快建设便捷顺畅、经济高效、开放共享、绿色智能、安全可靠的现代综合运输服务体系，为全面建设社会主义现代化国家当好先行。机动车驾驶培训是推进交通运输服务发展的重要组成部分。

1. 货运驾驶员培训需求增加

"十四五"时期，旅客出行需求稳步增长，高品质、多样化、个性化的出行需求不断增强。预计 2021 年至 2025 年，旅客出行量（含小汽车出行量）年均增速为 4.3% 左右，高铁、民航、小汽车出行占比不断提升，旅游出行以及城市群旅客出行需求更加旺盛。"十四五"期，货运需求稳中有升，高价值、小批量、时效强的需求快速增加。预计 2021 年至 2025 年，全社会货运量年均增长 2.3%，快递业务量年均增长 15.4%，公路货运量增速放缓，铁路、民航货运量增速加快，水路货运量稳中有升，电商快递将保持快速增长态势。根据这一预测，货车驾驶培训市场将迎来上升期。

2. 安全发展、绿色低碳成主旋律

在全国推进安全发展、绿色低碳发展的过程中，落实碳达峰、碳中和要求，降低运输服务过程污染物及温室气体排放强度，与驾校有着密切的关联。驾校的车辆比较集中，更容易实现绿色低碳要求，将来驾培行业教练车也要符合低碳排放的要求。

3. 进一步提升机动车驾驶员培训质量

（1）推动素质培训。优化驾培机构和教练场技术标准，加强培训质量管理，持续推动素质培训。

（2）推广远程教育，提供多样性服务。推广机动车驾驶培训网络远程理论教学，鼓励开展多样性、定制化培训服务。提升驾培监管信息化水平，逐步推进驾驶培训监管服务平台与公安考试系统信息共享，实现培训与考试的有效衔接。

（3）加强信用管理，打造品牌驾校。加强驾培行业信用管理，完善驾培机构质量信誉考核制度，建立以学员评价为主的服务质量监督评价机制，健全学员投诉处理制度。加强信用管理的过程就是驾培品牌建设的过程，所以打造品牌驾校是行业发展大趋势。

（4）降低门槛，提升素质。机动车驾驶员培训已实行备案制，门槛的降低对应的是从业人员素质的提高。该规划要求实施从业人员队伍素质提升行动，提高职业待遇、落实职业保障、加强权益保护、提升职业荣誉感。深化道路运输从业人员从业资格制度改革，推进从业人员继续教育和诚信考核制度改革，实行区别化的诚信考核记分学习教育制度。实施从业人员职业技能提升行动，协调当地财政、人社部门，合理确定职业培训补贴标准，积极争取专项资金支持。积极推进道路运输驾驶员职业技能等级认定制度，探索实施从业资格和职业技能等级认定"两考合一、一考发两证"等政策措施。

（三）驾考政策调整带来的影响分析

根据社会发展及机动车驾考需要，《机动车驾驶证申领和使用规定》（公安部令第71号）自实施后，在2007~2022年经历了5次修订，每一次优化调整都是以"放管服"为准则，以便民、利民、公平、公正、公开、透明为方向，为更好满足群众美好生活需要而推进的。

2021年公安部发布了新修订的《机动车登记规定》《机动车驾驶证申领和使用规定》以及新制定的《道路交通安全违法行为记分管理办法》3个部门规章，自2022年4月1日起执行，其中涉及驾驶培训的有5项内容。

1. 优化驾驶证考试内容和项目

以往所有增驾准驾车型都得从科目一开始重新考，现在持有C2驾驶证的增驾C1车型，或持有摩托车驾驶证增驾其他摩托车准驾车型的，只需考科目二、科目三，不需要再考科目一和科目四。

随着C2驾驶人比重逐年增加及C2驾驶人考试项目减少、难度降低、周期缩短，C2驾培需求可能有所扩大。这项政策为有需求的人群提供了便利，但对驾培市场影响不大。

2. 大中型客货车驾驶证全国一证通考

以往"一证通考"不包括大中型客货车，2022年4月1日以后，大型货车、重型牵引挂车、中型客车、大型客车、城市公交车驾驶证将和小汽车驾驶证一样，凭身份证即可在国内任一城市申领，无须提交居住证。

目前，全国大中型客货车培训市场相对稳定，有大量外地生源的驾校一般会协助学员办理居住证，所以大中型客货车驾驶证一证通考，对学员而言会更加便利，但对现有驾培市场不会产生很大影响。

一证通考政策对小型汽车培训市场影响明显，但因驾校大中型客货车数量较少、三级驾校不能培训大中型客货车等原因，该政策对大中型客货车培训市场影响不大。2022年乃至后续一段时间大中型客货车驾培市场基本保持现状，生源可能会随着学车人数总量下降而有所浮动。

大中型客货车培训业务量较大的驾校对外地生源依赖性较强，受疫情影响，其外地生源拓展会受到影响，但因为外地学员大多住校培训，所以只要能保证生源渠道，大中型客货车市场也不会受太大影响。

随着大车、小车驾考全部取消居住证制度的落地，驾培行业有望形成全国性的统一大市场。

3. 新增 C6 准驾车型

新规中增加了"轻型牵引挂车"准驾车型，以满足群众驾驶房车出游需求，促进房车旅游新业态发展。新增 C6 车型是促进居民消费及提高幸福度的一个表现，该车型在一二线城市及省会城市有部分市场，但因需求量小，市场份额不会太大。不过，该车型属于增驾车型，学习 C6 车型的学员一般有驾驶基础，因此驾校培训成本会相对较低，所以 C6 车型的培训利润应该比小型汽车有大幅提升。

4. 恢复驾驶资格考试跨省可办

驾驶证超过有效期未换证被注销不满两年的，申请人可以在任一城市车管所申请参加科目一考试，恢复驾驶资格。逾期未换证人员不用回原籍考试，这个对有考场的驾校而言是利好的，也是驾校转介绍招生的一个途径。

5. 大中型客货车准入更严格

（1）准入条件更严格。驾考新规将禁驾大中型客货车的情形由三种增加到七种，将有毒驾、再次酒驾、危险驾驶罪等的人员纳入禁止申领范围。这是对交通安全管理制度的一个补充，有利于交通安全水平的提升。

（2）考试项目更优化。驾考新规将大中型客货车科目二考试项目由 16 个整合优化为 14 个，取消了"通过连续障碍""通过起伏路"，降低了考试难度，可以节约驾校场地空间。科目三道路驾驶考试里程统一为 10 公里，大中型客货车从 20 公里调整为 10 公里，既降低了考试难度，也缩减了考试时间。上述考试项目优化幅度不大，对驾培市场不会产生较大影响。

（3）满分学习考试更严格。对大中型客货车驾驶人记满 12 分的，提高学习考试针对性，延长学习时间，增加考试难度，考试合格后发还驾驶证。大部分驾校没有满分学习业务，有大中型客货车培训业务的驾校可以以此作为交通安全教育的补充内容。

（四）下一步驾考改革方向预测

从历年驾考改革措施来看，驾考改革方向由重机械常识、重驾驶操作，转向重安全意识、重交通规则、重通行安全。理论考试中大幅减少机动车相关知识，场地考试、道路驾驶技能考试逐步减少考试项目，更加注重实用性项目的设置，如在小型自动挡汽车的考试中删除坡道停车起步等不必要项目，提高考试内容实用性。驾考改革将呈现以下特点。

（1）继续向"安全意识＋驾驶技能"方向发展；（2）简化考试流程，继续"放管服"改革；（3）精简考试项目，提高考试实用性；（4）驾考改革继续，大改革没有，小改革常有；（5）全国逐渐统一驾考标准，向"更规范、更公正"方向发展；（6）驾考将越来越科技化、信息化、网络化，人为干扰因素越来越少。

二　驾培行业供给侧预测

（一）驾培从业者规模缩减

2022 年驾校员工数量调研数据显示，50% 以上的驾校员工数量减少，只有 14.89% 的驾校员工人数增加（见图 1），这说明驾培从业者数量正在发生变化。除此以外，驾培从业者还具备以下特点：（1）驾培从业者从原来的低学历向高学历转变；（2）驾培从业者向年轻化发展。

（二）驾校数量增长放缓

从 2016~2020 年驾校数量变化来看，一级、二级驾校数量基本持平，说明驾校规模基本未变。虽然五年时间三级驾校增加了近 4000 家，但三级驾校大部分集中在四线以下城市或者乡镇，其生存环境相对较差，甚至有很多驾校开始关停并转。

据中国交通运输协会驾驶培训分会的调研数据，有 30.75% 的驾校在苦苦支撑，有 46.51% 的驾校处在亏损状态。基于此，预计 2022 年以后驾培行

图 1　2021 年全国驾校员工规模变动情况的调查结果

业的互联网智能化程度将提高，以互联网、云计算、大数据等为代表的信息技术在驾考培训领域中的应用将越来越广泛。信息技术在驾考培训领域的应用能够提高培训效率，降低成本，取得更好的教学效果。例如，驾考宝典等驾培教育类 App 已经是学员理论学习的主要途径。据统计，使用驾培教育类 App 学习理论知识的学员占比为 79.30%。

（三）驾培市场将呈现完全竞争局面

根据中国交通运输协会驾驶培训分会的调研数据，近 90% 的驾校经营者不愿在驾校场地、车辆等硬件设施上扩大投资，部分驾校甚至开始关停转让。这说明驾培市场轻松赢利的现象已经完全终结，驾培市场基本形成市场化竞争局面。

在完全竞争状态下，驾校只能靠精细化管理及运营来实现赢利。今后，驾校更应培养"薄利状态下的生存能力"！成本控制上的轻微失误，都会导致驾校不赢利甚至亏损。

（四）驾校运行呈"小散大稳"趋势

从新增驾校数据来看，自 2015 年开始，新增驾校大部分是规模较小的三级

驾校，这意味着驾培市场开始呈现分散状态，生源地被切割的现象更为明显。

这是因为，随着人们生活水平的提高，学车花费的总体时间越来越被重视，而影响学员选择驾校的时间因素包括两个方面：一个是拿证时长，一个是到校时长。拿证时长一般同一个区域不会差别太大，而到校时长却千差万别，影响到校时长的关键因素就是驾校的地理位置。驾校的地理位置会把生源自然切割，这对靠班车长距离接送学员的驾校的影响非常大！

在驾校增多、生源分散的大趋势下，部分驾校成为当地区域性"生源洼地"。因品牌驾校在学员教学服务及员工方面的投入比例大于竞争对手，品牌驾校的生源会持续稳定，其他小规模驾校的生源会越来越不稳定。区域性"生源洼地"现象会越来越明显。

（五）驾校服务整体升级

驾培行业整体经营利润下滑，除了靠提高培训效率来分摊固定成本外，唯一的办法就是提高服务价值，通过提高服务价值来提高竞争能力和定价能力。而最有效、最长远的方案就是将驾校服务整体升级。驾校服务升级不仅仅要求为员工提供人文关怀，更重要的是为学员提供个性化的服务。

三 人口及城镇化对驾培行业生源的影响

（一）人口增加不代表生源增加

从国家统计数据看，2021年全国新增人口48万人[①]，虽然全国总人口达到了14亿高峰，但人口组成中老年人增加了，年轻人减少了。

公安部发布的2021年全国机动车和驾驶人数据显示，全国机动车驾驶人达4.81亿人，其中汽车驾驶人4.44亿人。[②]2021年新领证驾驶人2750

---

① 《2021年全国出生人口1062万人　人口增加48万人》，中国新闻网，https://www.chinanews.com.cn/cj/2022/02-28/9687728.shtml，2022年2月28日。

② 《2021年全国机动车保有量达3.95亿　新能源汽车同比增59.25%》，中华人民共和国公安部网站，https://app.mps.gov.cn/gdnps/pc/content.jsp?id=8322369，2022年1月11日。

万人，比 2020 年增加 519 万人，很明显 2021 年领证人数中含有 2020 年的存量。

根据出生率分析，2022 年考驾照人群是 2004 年及以前出生的人群。从表 1 可以看出，2004 年出生人口到达了低点，也就是说 2022 年新增机动车驾驶人也会达到低点，会略低于 2750 万人。

表 1 1980~2019 年出生人口数量							
						单位：万人	
年份	出生人口	年份	出生人口	年份	出生人口	年份	出生人口
1980	1776	1990	2373.5	2000	1765	2010	1588
1981	2064	1991	2250	2001	1696	2011	1604
1982	2229.6	1992	2112.6	2002	1641	2012	1635
1983	2052	1993	2119.6	2003	1594	2013	1640
1984	2049.8	1994	2097.7	2004	1588	2014	1687
1985	2195.6	1995	2051.8	2005	1612	2015	1655
1986	2374	1996	2056.6	2006	1580.8	2016	1786
1987	2508	1997	2028	2007	1590.5	2017	1723
1988	2445	1998	1933.5	2008	1604	2018	1523
1989	2396	1999	1826.5	2009	1587	2019	1465

资料来源：国家统计局网站。

（二）大城市生源面临更多不确定性

2010~2020 年我国城镇化率不断提高（见图 2），根据《中华人民共和国国民经济和社会发展第十二个五年规划纲要》，2022 年我国还将继续推进城镇化发展，驾培行业的分流现象将继续存在！

城镇化率的提高意味着有更多的人口由农村流向城市。由图 3 可知，流动人口每 10 年几乎翻一倍，流动人口的增长给驾培行业带来的影响非常明显。流动人口多的城市，生源量基本不会受本地人口影响。但是，疫情也会影响人口的流动，这样省会、副省级城市及一线城市因流动人口多，驾培行业受疫情的影响一般会较大。因此，疫情之下，大城市驾校招生既面临机遇也面临挑战。

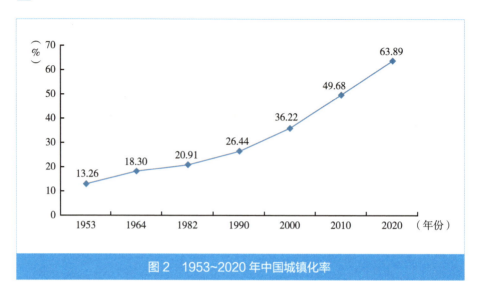

图 2　1953~2020 年中国城镇化率

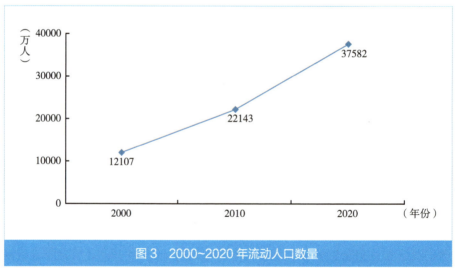

图 3　2000~2020 年流动人口数量

（三）2022年后学车人群基本稳定

第七次全国人口普查数据显示，2000 年户均人口为 3.44 人，2010 年户均人口为 3.10 人（见图 4），这个阶段的户均人口基本没有太大变化，因此 2004 年出生的人口正值 2022 年学车，所以 2023~2028 年的学车人群基本稳定。

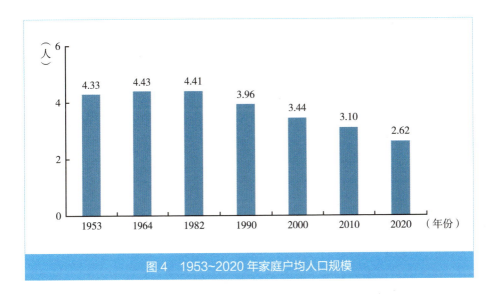

图 4 1953~2020 年家庭户均人口规模

（四）人口大省仍然是学车大省

与 2010 年第六次全国人口普查相比，2020 年 31 个省份中，有 25 个省份人口增加。人口增长较多的 5 个省份依次为广东、浙江、江苏、山东、河南，分别增加 21709378 人、10140697 人、6088113 人、5734388 人、5341952 人。[1] 由此可知，人口大省和新增人口大省有一定重合，而总人口多、新增人口多这两个因素都直接影响驾培人数，且从数据看部分人口大省既是新增人口大省，同时也是新增机动车驾驶人最多的省份。大的驾培连锁机构选择落地省份时，可以在广东、浙江、江苏、山东、河南五个省份中筛选。

四 驾培市场需求侧预测

（一）老年群体市场预测

1. 老年学车市场有拓展空间

第七次全国人口普查的数据显示，我国 60 岁及以上人口的比重达到

---

[1] 《2020 年第七次全国人口普查主要数据》，国家统计局网站，http://www.stats.gov.cn/tjsj/pcsj/rkpc/d7c/202111/P020211126523667366751.pdf。

18.70%，其中 65 岁及以上人口比重达到 13.50%，人口老龄化的主要特点如下。

第一，老年人口规模庞大。我国 60 岁及以上人口有 2.6 亿人，其中，65 岁及以上人口 1.9 亿人。在全国 31 个省份中，有 16 个省份的 65 岁及以上人口超过了 500 万人，其中有 6 个省份的老年人超过了 1000 万人。

第二，老龄化进程明显加快。2010~2020 年，60 岁及以上人口比重上升了 5.44 个百分点，65 岁及以上人口上升了 4.63 个百分点。与上个 10 年相比，上升幅度分别提高了 2.51 和 2.72 个百分点。

第三，老龄化水平城乡差异明显。从全国看，乡村 60 岁、65 岁及以上人口的比重分别为 23.81%、17.72%，比城镇分别高出 7.99、6.61 个百分点。老龄化水平的城乡差异，除了经济原因外，与人口流动也是有密切关系的。

第四，老年人口素质不断提高。60 岁及以上人口中，拥有高中及以上文化程度的有 3669 万人，比 2010 年增加了 2085 万人；高中及以上文化程度的人口比重为 13.90%，比 10 年前提高了 4.98 个百分点。10 年来，我国人口预期寿命也在持续延长。2020 年，80 岁及以上人口有 3580 万人，占总人口的比重为 2.54%，比 2010 年增加了 1485 万人，比重提高了 0.98 个百分点。

随着我国人口老龄化进程的加快和预期寿命的不断延长，驾驶证申领和使用年龄也不断调整优化。在年龄方面，最初设定的机动车驾驶人年龄条件基本为 18 周岁至 60 周岁，重点驾驶人则不得超过 50 周岁甚至 45 周岁。2021 年相继推出放宽 70 周岁老年人申请驾驶证、优化大中型客货车驾驶证申请年龄的改革措施，对申请小型汽车、小型自动挡汽车、轻便摩托车驾驶证人员的年龄不设上限，将大中型客货车驾驶证申请的年龄上限放宽至 60 周岁。因此，我国老年人的学车需求将被激发，老年学车市场仍有拓展空间。

2. 老年学车市场增值空间变大

老年学车市场目前还不是太火爆，老年学员数量也不会骤增，但通过为老年学员提供更加个性化和高水平的服务提高驾校经营的增值空间，是驾培机构可以开发的一个切入口。例如，可以设置老年专属的班别，并提供专属服务。

（二）大学生市场出现分化

1．大学生校区生源减少

对于大学生而言，要么是在校期间在学校所在地学驾车，要么是寒暑假在家附近学。但随着疫情防控的常态化及大学疫情管控力度的加大，大学生市场开始出现分化。

受疫情管控影响，学生难以出校学车，这对纯做大学生市场的驾校有明显影响。这类驾校将面临更紧迫的招生难题。

2．大学生户籍地生源稳定

大学生在家时间延长使得部分大学生及家长将学车地点选择在了户籍所在地。2022 年暑假学生市场仍趋于平稳。

但在户籍地学车和在学校所在地学车，驾校招生策略有所不同。如果在户籍地学车，报名选择权在家长手里，驾校招生靠家长；如果在学校所在地学车，则选择权在学生手里，驾校招生靠同学的转介绍。

（三）驾培市场价格及服务项目演变

1．驾培市场整体价格变化

根据中国交通运输协会驾驶培训分会的调查数据，2021 年有 46.51% 的驾校处于亏损状态，另有 63.59% 的驾校经营利润在下降。同时，有 37.28% 的驾校的学费基本不变。

2022 年部分驾校也因经营不善而退出市场，驾培行业格局不会发生大的变化。所以 2022 年驾培市场价格会保持平稳趋势。

2．针对 C2 车型的驾培服务将更完善

根据中国交通协会驾驶培训分会调研数据，C2 车型学员数量处于持平或增加状态。根据河北省燕赵驾校的调查结果，报考 C2 车型的学员2020 年占比为 11%，2021 年占比为 17%，2022 年第一季度占比为 30%（见图 5）。

受 C2 车型考试难度偏低、学车周期短（C2 车型比 C1 车型少 4 个学时）

等因素影响，报考 C2 车型学员所占比重会呈持续上升趋势。因此，驾校也将相应调整发展策略，不断完善 C2 车型的驾培服务。

图 5　燕赵驾校报考 C2 车型学员占比

五　驾培行业科技发展预测

（一）智慧驾校运营模式将走向成熟

智慧驾校是指驾校应用网络、科技、数字技术实现驾校管理和服务的信息化，这也是基于满足学员需求、提升驾校管理和服务品质的一种创新。

目前智慧驾校的雏形包括驾校管理系统、智能驾驶模拟器、智能教练三个模块，更有领先的智能管理平台可实现智能管理系统与智能硬件产品之间的数据互通、信息互联，为打造智慧驾校提供技术服务支持。

1. 驾校管理系统模块

过去，驾校所使用的系统相对封闭，流程管理混乱、职责不清、分工不明，尤其是约课、分车程序复杂。为解决驾校经营痛点，智慧管理 SaaS 平台升级为闭环的管理和服务体系，包括驾校业务岗位端、驾校管理端、教练端、学员端，学员能从报名到拿证清楚了解自己的进度和学车应知，教练也能全程跟踪学员的练车进度、分析学员的学习水平、预测合格状况,业务岗员工可以实时掌握学员的训练考试操作流程并提供提醒服务。

例如,驾考宝典创新研发智慧生态 PaaS 系统,实现了一站互通、多应用互联、多终端协同办公。平台覆盖学员管理、财务管理、教学管理、人事管理、资产管理、运营管理六大核心场景,可实现招生信息梳理、学员档案管理、考试管理、各科目培训管理、智能设施培训管理、财务分析、运营分析等实际应用功能。平台还打造智能教练、智能模拟器、智能路考仪三大硬件产品,成功实现数据互通和实时查看,真正实现教、学、管三位一体的智慧运营管理。

这种新型 PaaS 系统已经不再是单纯的驾校管理系统,其既包括管理功能,但更多的是提供服务功能和分析功能。大数据分析功能将是智慧驾校发展的关键。

2. 智能驾驶模拟器模块

当前以 5G、VR、数字孪生等为代表的高新技术在智慧驾培领域得到了广泛的认可和应用,成为引领国内驾培行业变革的中坚力量。而智能驾驶模拟器在驾校中的推广和应用,为智慧驾培的发展树立了全新的风向,用智能模拟器辅助实车训练也对教学模式的转变具有极其深远的影响。

智能驾驶模拟器是智慧驾校建设的一个必要组成模块,学员在进行实车训练前先进行不同课时的模拟训练,可帮助学员打好驾驶基础,学车效率和教学质量都会大大提升!此外,智能驾驶模拟器的推广使用还可减少教练车尾气排放量,实现环保、节能、降耗的目的,还可提升学员的道路交通安全意识。

以驾考宝典拥有自主知识产权的智能模拟器"阿尔法幻影"为例,其结合智慧驾校的实际情况,推出了直面三屏、曲面三屏、单屏和 VR 版等多个版本,可满足不同学员的个性化需求。其中,VR 版智能模拟器深受年轻学员的认可和喜爱。在传统学车模式下,学员都需要前往驾校进行训练,距离远、约车难、练习少常常被诟病,而通过智能模拟器练车,学员只需要在室内就能训练。基于 3D 建模、数字孪生技术 1∶1 还原的驾校训练场景,再结合 VR 虚拟现实技术,更是让学员有身临其境的感受,同时还能避免练车时的紧

张情绪和乏味枯燥，让学车变得轻松有趣。

3．智能教练模块

以 AI 为代表的新兴科学技术在驾培行业的应用，将加快驾培行业整体的数字化转型，更好地满足广大用户便捷化、高质量的学习需求。智能教练模块目前虽然可以实现教学功能，但其功能还不能覆盖训练全过程，所以目前大部分驾校是实车训练的后半阶段采用智能教练教学，不但能实现教学、评测、预考一条龙服务，还可以保障教学安全。

而驾考宝典拥有自主知识产权的 AI 智能教练"阿尔法银河"正是将新兴科技与传统教练车深度融合后打造的智能驾培教学硬件。通过加入人脸识别、语音交互、车联网技术等"硬核"技术，一台普通的机动车便拥有了"智慧大脑"，它还可以辅助教练员们对学员练车过程加以提示和监督。在实际教学中，"阿尔法银河"除综合运用高精度定位 RTK 技术、AI、大数据、智能传感等先进技术来进行场地教学培训，还可以分析并识别学员的某些错误操作，并及时提供反馈。此外，其选用的语音交互 NLP 模块，可以实现精准的语音识别、语音合成、语音指令检索，更精准地应用于驾培场景。可以说，AI 智能教练极大提高了驾校的培训效率。

（二）智慧驾校发展阶段分析

1．初级阶段

目前智慧驾校还处在初级发展阶段，这个阶段硬件设施在整个智慧驾校系统中起到主要作用，如智能驾驶模拟器同教练车的配置相近，而智能教练大部分是通过改装教练车打造的。

初级阶段最主要的一个目的是将智慧教学理念贯穿于学车各个环节，让科技、互联网与驾校相融合并形成一个完整的体系。初级阶段因为没有统一的标准，某些硬件或设备是相互独立的，不同智慧系统间可能存在差别，不能拔插式使用。

2．中级阶段

在中级阶段，智慧驾校实施的应该是成熟的智能管理系统 + 智能模拟器 +

智能教练车模式。管理系统是一个大平台，能对接市面上所有模拟器和所有智能教练，每个环节虽独立但又都是共通的，正如现在买哪个品牌的路由器都可以上网一样。

在这一阶段，智慧驾培的标准化建设将达到新的高度，驾校的智慧产品应用水平也将大幅提升。

3．普及阶段

在人工智能大潮的推动下，智慧驾校会被越来越多的业内外人士认可，智慧驾校的数量和质量都将大幅改善。

智能教学产品的应用是智慧驾校的核心工作之一。当智能教学产品能够提升驾校效率、提升学员学车体验、提升教学质量，从而对交通安全环境产生积极影响时，智能教学产品的价值才能充分体现，智慧驾校才有望更大规模普及。

普及阶段的智慧驾校能记录下学员的驾驶习惯，然后评测出最适合学员的学习方式，还能总结有安全隐患的驾驶习惯并予以纠正。

总之，将来智慧驾校和测评考试一定是数据互通的、一体化的。

六　疫情常态化防控对行业影响预测

2022 年，从全球来看疫情仍然处于大流行期，疫情同样也影响着人们学习机动车驾驶培训的意愿和支付能力。

疫情对驾培行业的影响将是常态化的。在过去几年的时间里，驾校在对疫情期间经营、管理、考试、招生等方面已积累一定经验，即使停训停考也将是阶段性、短期的。因此，疫情对管控严格、疫情平稳地区驾校的影响将越来越小。

但是，对人员流动频繁、人口分布密集的省会城市、中心城市等区域的驾培机构而言，疫情还是会产生不小的影响，尤其疫情封控地区的驾校会受到很大的冲击。因各地区疫情管控等级不同，管控较严城市的驾校 2022 年的大学生市场不容乐观，建议积极拓展社会生源，防止现金流断裂。

七　结束语

从 2020 年至今,虽然驾培行业面临生源下降、利润下降、成本增高等考验,新增驾校速度将继续放缓,但智慧驾校带来的效率提升、品牌驾校带来的价值提升,将让驾校趋向高质量发展。因驾校竞争有限、生源相对稳定、政策变化不大,市场格局没有太大变化。教练员年轻化、高学历化,将成为未来趋势,这也意味着驾培行业的换代将越来越明显。

目前行业三大主要教练车及考试车中都没有新能源车型,新能源教练车在驾培行业尚未普及。因自动挡汽车消费市场的变化及考试规则的简化,C2车型的驾培市场将从一线城市向二、三线城市拓展。

我国每千人汽车保有量仅为 200 辆,每百户家庭拥有汽车仅 58 辆,机动车驾驶人占总人口的 32.3%。而欧美发达国家每千人汽车保有量为 500~800辆,机动车驾驶人占比 60% 以上。相比欧美发达国家,我国驾培市场仍有较大的发展空间,群众学车需求规模依然庞大。

本文作者为安道利、邢海燕、姜占峰、邓晓磊。安道利,中国交通运输协会驾驶培训分会专家、山东蓝翔驾校校长;邢海燕,中国交通运输协会驾驶培训分会副会长、河北燕赵驾校董事长;姜占峰,人民交通出版社股份有限公司信息技术总监;邓晓磊,北京行翼科技有限公司副总经理。

行业管理篇

B.3
国外驾驶培训考试管理现状及启示
——以澳大利亚为例

摘　要： 机动车驾驶人培训考试是提升驾驶人素质和严格驾驶人准入的
关键环节。澳大利亚政府在高度机动化和驾驶人保有量较高的
状态下，能够保持较高的道路交通安全水平，与其良好的驾驶
人培训考试管理制度与体系密不可分。为探究澳大利亚驾驶人
培训与考试管理经验，本报告剖析了驾驶人许可制度及相关许
可条件，并对其培训教学内容、驾驶证考试标准及实施情况等
进行梳理。基于此提出强化教练员管理、注重学员危险感知训
练、完善驾驶证实习期管理手段和充分利用好学员教学日志的
建议。

关键词： 交通安全　驾驶培训　驾驶考试　澳大利亚

近年来，我国驾驶人保有量迅速增长，每年新领证驾驶人达 2000 多万。截至 2021 年底，我国驾驶人保有量达到 4.81 亿，占总人口的 34%，远低于部分发达国家和地区，且国内驾驶人交通安全素质仍有待提高。研究表明，我国因不良驾驶行为、不当驾驶操作引发的交通事故数量相对较高。其中超过 90% 的交通事故与不良驾驶行为、危险驾驶行为有着直接或间接的关系，超速驾驶、疲劳驾驶、酒后驾驶、分心驾驶是发生致死交通事故的主要诱因。① 因此，驾驶人的交通安全素质与道路交通安全紧密相关，提高驾驶人交通安全素质尤为重要，而驾驶人培训与考试则是确保驾驶人综合素质的重要手段。

驾驶人培训作为提升驾驶人素质的重要环节，能够有效提高道路交通安全水平；驾驶人考试是获得驾驶执照许可的前置要求，是做好驾驶人准入的关键环节。澳大利亚得益于严格的驾驶培训与考试管理制度，每年因交通事故死亡的人员不足 2000 人，远低于我国交通事故的死亡人数。为探究澳大利亚政府成熟的驾驶培训与考试制度，本报告系统分析了其驾驶人管理法规、许可条件、驾照管理、培训方法、驾驶考试等内容，以期为我国驾驶人培训与考试管理工作提供参考和借鉴。

一　管理法规及许可条件

（一）管理机构及法规

在澳大利亚，Austroads（澳大利亚公路运输和交通机构协会）负责组织协调国家和国际活动，包括澳大利亚与国外驾照的互认，除此之外，还承担着澳大利亚各州和各地区的驾驶许可证颁发机构的认定工作。在澳大利亚，有关驾驶许可证的问题都由州和领地政府直接管理，如澳大利亚首都领地的

---

① 《〈道路交通安全调研报告——2019 年度：不良驾驶行为〉发布》，新浪网，https://k.sina.cn/article_1881124713_701faf6902000pcwc.html，2020 年 5 月 2 日。

驾驶许可证办理事项由道路交通管理局管理、新南威尔士州由新南威尔士州交通局管理、塔斯马尼亚州由国家发展部管理等。由于不存在国家层面的许可，因此不同司法管辖区对颁发许可的规定有所差异，但不同区域的驾驶许可证在其他州和地区也有效。

此外，澳大利亚部分州和地区对驾驶许可证与准驾车型的规定有所差异，部分州与中国相似，持有自动挡驾驶许可证的驾驶人不能驾驶手动挡车辆，而持有手动挡驾驶许可证的驾驶人可以驾驶自动挡和手动挡两类车型；而南澳大利亚则没有这种差异，无论学习自动挡或手动挡车辆，都可以驾驶两种车型。

目前，澳大利亚统一规定驾驶许可证类型分为 C、R、RE、LR、MR、HR、HC、MC 共 8 类，各准驾车型如表 1 所示。

代码	驾驶许可证类型	准驾车型
	表 1 澳大利亚驾驶许可证类型及准驾车型	
C	小车许可证	可驾驶装载时最大允许总质量为 4.5 吨的车辆；允许驾驶汽车、货车、一些轻型卡车、基于汽车的机动三轮车、拖拉机和平地机等，要求车辆的最大载客量为 12 人
R	摩托车许可证	可驾驶任何可注册的摩托车
RE	限制摩托车许可证	可驾驶的摩托车必须遵守功率重量比和发动机总尺寸限制，必须持有此许可证 12 个月后才能获准升级到 R 级摩托车许可证
LR	轻型车辆许可证	可驾驶装载时最大允许总质量为 4.5 吨至 8 吨的车辆；牵引拖车的重量不得超过 9 吨；不超过 8 吨的车辆可搭载包括驾驶人在内的 12 名成年人；持有 LR 许可证的人可以驾驶 C 类车辆
MR	中等车辆许可证	可驾驶有 2 个车轴和超过 8 吨的车辆；牵引拖车的重量不得超过 9 吨；持有 MR 许可证的人可以驾驶 LR 类及以下级别的车辆
HR	重型车辆许可证	可驾驶有 3 个及以上车轴且超过 8 吨的车辆；牵引拖车的重量不得超过 9 吨，还包括铰接式公共汽车；持有 HR 许可证的人可以驾驶 MR 类及以下级别的车辆
HC	重型组合车辆许可证	可驾驶重型组合车辆，如牵引超过 9 吨的拖车；持有 HC 许可证的人可以驾驶 HR 类及以下级别的车辆
MC	多组合车辆许可证	可驾驶多种组合车辆，如公路列车和 B-Double 双挂车；持有 MC 许可证的人也可以驾驶 HC 类及以下级别的车辆

（二）驾照许可条件

澳大利亚学习驾驶的最低年龄限制与所在州和领地的规定相关，但取照时间较长，学驾人员一般需要经历 3 个阶段，获得 3 种证书（学习许可证、临时 P1 许可证、临时 P2 许可证），并在实习期满后方可申请获得正式驾照。当前，澳大利亚没有全国性的驾照设计标准，但澳大利亚管辖内的所有驾照都必须包括驾驶人照片、姓名、地址、出生日期和卡号等一般性信息。

初学者取得学习许可证（L）时，需要在驾驶人的监督下进行驾驶；在取得临时 P1 许可证后，可以独自驾驶。在维多利亚州，最低无人监督驾驶年龄为 18 岁，其他州和首都领地为 17 岁。驾驶人在澳大利亚获得临时许可证后，会面临一定的试用期限制，如在北领地和西澳大利亚为 2 年，在首都领地、新南威尔士州和南澳大利亚为 3 年，在维多利亚州为 4 年。以下以澳大利亚新南威尔士州与首都领地为例，对其学驾流程及相关要求进行分析。

1. 新南威尔士州

新南威尔士州的最低驾驶年龄是 16 岁。各阶段的许可条件如下。

（1）学习许可证

申请人需满足以下条件才能获得学习许可证。（A）达到 16 岁的最低驾驶年龄；（B）通过驾驶人知识测试；（C）提供身份证明；（D）通过视力测试。

在获得学习许可证后，申请人可以在一名获得正式驾照驾驶人的监督下驾驶，驾驶时还会受到以下限制：（A）最高限速 90 公里 / 小时；（B）限制血液酒精含量为 0；（C）禁止牵引挂车；（D）驾驶时必须在车辆外部明显展示黑黄色"L 牌"。

（2）临时 P1 许可证

学习者在持有学习许可证 12 个月后，可以申请临时 P1 许可证。申请临时 P1 许可证时，学习者应满足以下条件：（A）持有学习许可证至少 12 个月；

（B）在教学日志中记录并完成 120 小时的公路驾驶（其中包括 20 小时的夜间驾驶）；（C）通过危险感知测试；（D）通过驾驶考试。

此外，自 2009 年 12 月 16 日起，新南威尔士州规定 1 小时的专业教练员指导可以替代 3 小时的有人监督驾驶时间，但专业教练员指导学时最多累计 30 小时。自 2009 年 12 月 19 日起，25 岁及以上的学习者无须填写教学日志，并免除持学习证 12 个月后才可申请临时 P1 许可证的要求。

获得临时 P1 许可证的驾驶人可无人陪伴驾驶，但驾驶时还会受到以下限制：（A）最高限速 90 公里 / 小时；（B）限制血液酒精含量为 0；（C）牵引挂车重量不超过 250 公斤；（D）交通违法扣分分值不得超过 4 分；（E）驾驶时必须在车辆外部明显展示红字白底 "P 牌"。

自 2007 年 7 月 1 日起，持有临时 P1 许可证的驾驶人在晚上 11 点至凌晨 5 点最多搭载一名 21 岁以下的乘客；发生任何超速行为都将被立即禁驶 3 个月。

（3）临时 P2 许可证

学习者在获得临时 P1 许可证 12 个月后可申请临时 P2 许可证，但驾驶时还会受到以下限制：（A）最高限速 100 公里 / 小时；（B）限制血液酒精含量为 0；（C）交通违法扣分分值不得超过 7 分；（D）驾驶时必须在车辆外部明显展示绿字白底 "P 牌"。

学习者须持有临时 P2 许可证 24 个月后才能申请正式驾照，但在此期间，驾驶人可以升级驾照等级，最高驾照等级为重型组合车辆许可证（HC）。

自 2016 年 12 月起，持有临时 P2 许可证的驾驶人禁止在驾驶时使用手机。任何在持有临时 P1 或 P2 许可证期间被暂停或取消资格的时间都不会计入到升级临时 P2 许可证或正式许可证所需的 12 或 24 个月中。

（4）正式驾照

学习者在持有临时 P2 许可证期间没有被暂停或取消资格的情况下，24 个月后可获得正式驾照。

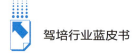

2. 首都领地

澳大利亚首都领地允许学习驾驶的最低年龄为 17 岁，但在获得临时许可证后，持证人在 3 年的试用期内被限制驾驶。与新南威尔士州相同，在首都领地学习驾驶也要获取学习许可证、临时许可证，直到取得正式驾照。

（1）学习许可证

申请人应完成道路安全计划（道路准备）、学习道路规则（至少 10 学时），并接受酒精教育和危险感知培训。申请学习许可证的有效期为 2 年，在获得学习许可证后，学习者必须在持有正式驾照至少 4 年的驾驶人的监督下进行驾驶。

（2）临时许可证

在学习者持有学习许可证 6 个月后可申请临时许可证。在首都领地获得临时许可证的方法有两种。（A）要求与政府认可的驾驶教练员一起进行能力训练，训练包括日志中要求的 22 个驾驶技能，驾驶人通过技能训练后教练将日志移交至澳大利亚交通局，交通局认可后颁发临时许可证。（B）通过一名监督者在日志上记录驾驶经验获得临时许可证，但要求监督者拥有驾驶人所学车型对应的正式驾照至少 12 个月。虽然这一种方法对驾驶时长没有最低限制，但一般建议学习者完成 50 小时以上的学时后再参加驾驶考试。

临时许可证的有效期为 3 年，在此期间，要求学习者在前 12 个月驾驶时展示红色"P 牌"（P1），在后 24 个月展示绿色"P 牌"（P2）。但在一些特殊情况下，驾驶人在驾驶时可以不展示红色"P 牌"，如在获得临时驾照 6 个月后，参加了额外的道路安全计划培训；年满 26 岁并持临时许可证满 6 个月，或曾参加 Road Ready Plus 课程等。

（3）正式驾照

学习者持有临时驾照 3 年后可申请正式驾照。学习者在持有临时许可证期间没有被暂停或取消资格的情况下，可获得正式驾照。

3. 其他地区

澳大利亚的其他地区学习驾驶的流程与新南威尔士州或首都领地基本一

致，只是在驾驶年龄与限制驾驶时间上有所差异。还有一些地区针对驾驶许可证出台了特别规定，如昆士兰州政府规定对老年驾驶人的驾照进行频繁更新，并强制对其进行眼部测试。

此外，澳大利亚的一些地区和州推行数字驾照。南澳大利亚于 2017 年 10 月首次在澳大利亚推行数字驾照，数字驾照可通过 mySAGOV 智能手机应用程序查询；新南威尔士州数字驾照在 2019 年 10 月全面推广，可通过新南威尔士州服务应用程序查询；2020 年，昆士兰州也在进一步推行数字驾照。当前数字驾照可查询的内容包括扣分、到期日期、暂停详细信息和许可证条件等。

（三）暂停或取消驾照的规定

澳大利亚每个州和地区都有一个驾照扣分系统，各地的法规虽有所差异，但道路运输局会共享各地的犯罪信息。除新南威尔士州外，在其他州内持有正式驾照的驾驶人在 3 年内累计扣 12 分及以上的会被取消驾驶资格，新南威尔士州则允许驾驶人 3 年内扣 13 分。但与中国不同的是，澳大利亚政府允许专业驾驶人在规定的分值基础上获得额外加分。

澳大利亚吊销驾照的最短期限为 3 个月，超过限制分值后每扣 4 分额外追加 1 个月，因此大多数州的上限为 5 个月，即额外扣分超过 8 分（正式驾照获得 20 分及以上）。在吊销驾照期间除暂停驾驶外，驾驶人会进入为期 12 个月的"良好行为"期，在此期间大多数州的驾驶人如果再累计扣除1~2分，吊销驾照的期限会变为原来的 2 倍。但维多利亚州则规定在"良好行为"期内禁止驾驶人再有任何罪行；在获得学习许可证（L）或临时许可证（P）期间，扣分超过 4 分驾驶人就会进入"良好行为"期，规定最多扣除 1 分。

在一些极端情况下，大多数州规定立即吊销牌照，一般包括酒驾、药驾、超速行驶。但在昆士兰，政府规定因酒驾被吊销驾驶证的驾驶人可以额外申请工作许可证，如果治安法庭同意并授予工作许可证，则驾驶人在吊销驾照期间也可以继续驾驶车辆。

（四）驾驶教练许可条件

澳大利亚法律要求，学习者在驾驶时必须始终有一名监督者在身边，且要求监督者获得同级别或更高级别的澳大利亚正式驾照。监督者可以是具备正式驾照的驾驶人，也可以是专业的驾驶教练员。相比一般监督者，专业教练员的训练要求及学时有所不同。例如，新南威尔士州规定1小时的专业教练员指导可以替代3学时的有人监督驾驶时间，但专业教练员指导学时最多累计30小时。首都领地允许驾驶人在通过政府认可的专业教练员的技能训练并获得交通局认可后，取得临时许可证，而不需要参加驾驶技能考试。因此，各州和地区也对驾驶教练员规定了许可条件。

新南威尔士州要求申请驾驶教练员时应满足以下要求：（A）至少21岁；（B）申请前4年内，持有正式驾照至少3年；（C）获得新南威尔士州交通局的授权，参加经批准的驾驶指导课程并已通过考试；（D）提供与儿童相关的工作背景调查。

申请流程如下：（A）提供申请表、体检证明、犯罪记录等相关文件；（B）进行理论和实践测试；（C）提供资格证书；（D）参加驾驶教练培训课程。

值得注意的是，申请人应通过关于道路规则的英语知识测试（90题），并且准确率不低于95%，通过驾驶考试后可以获得资格证书。摩托车教练员申请人应以准确率100%的成绩通过摩托车操作员技能测试。全澳大利亚对汽车和重型车辆教练员的资质要求是统一的：汽车的驾驶教练员必须获得运输和物流四级证书（公路运输－汽车驾驶指导）TLI41216或TLI41218或TLI41221；重型车辆的教练员必须获得运输和物流四级证书（公路运输－重型车辆驾驶指导）TLI41316或TLI41318或TLI41321。

目前澳大利亚全国的申请流程基本一致，不同的是昆士兰州要求申请人持有正式驾照1年即可申请，要求摩托车类驾驶员获得运输和物流四级证书（公路运输－摩托车骑行指导）TLI41418或TLI41421。

（五）驾校经营许可条件

在澳大利亚开设驾校只需获得教练员许可资质，然后购买特许经营权即可。以新南威尔士州为例，驾校经营人须满足以下要求：（A）21 岁以上；（B）拥有正式驾驶执照；（C）提供身份证明文件；（D）获得 TLI41216 或 TLI41218 运输与物流四级证书（公路运输－汽车驾驶指导）；（E）通过警察性格检查，没有任何犯罪记录；（F）提供历史交通检查记录；（G）具备 3 年预期驾驶车型的驾驶经验；（H）完成理论评估；（I）医学评估适合驾驶证明；（J）完成实际驾驶评估；（K）如果涉及 18 岁以下的儿童，需提供 WWC（Working With Children）检查证明；（L）保证车辆性能；（M）所有设备都应该正常工作；（N）具备为教练员、学员和其他道路使用者提供指导和保障其安全的设备。

二　培训教学内容及实施

在澳大利亚，法律对学习者应掌握的驾驶技能没有做过多的强制规定，只需要在相应阶段期满后，完成学时要求即可考试，考试通过后进入下一阶段。

当前，澳大利亚仅在学习许可证（L）和临时 P1 许可证申请阶段明确规定了学习及驾驶时长，且要求学习者在获取临时 P1 许可证前，驾驶时必须有监督者陪伴，要求监督者需具备同级别及以上的澳大利亚正式驾照。

澳大利亚首都领地和西澳大利亚州要求监督者获得正式驾照至少 4 年或在合格教练员的指导下进行驾驶；昆士兰州要求监督者获得正式驾照至少 1 年或在合格教练员的指导下进行驾驶；北领地、南澳大利亚、塔斯马尼亚州、维多利亚州要求监督者获得正式驾照；塔斯马尼亚还要求监督者必须坐在前排的乘客位置上，且在过去 2 年内不得有任何暂停驾驶或吊销驾照的情况。其中学习许可证阶段和临时 P1 许可证阶段的学习内容及相关要求如下。

（一）学习许可证阶段（L）

澳大利亚首都领地要求本阶段要完成道路安全计划（道路准备）的学习，这一课程至少有 10 小时，申请人在课程中会学习道路规则，接受酒精教育和危险感知培训，这一般在当地的中学或道路准备中心进行教学，学习者最后要通过计算机进行测试；新南威尔士州要求学习者完成驾驶员知识的学习并通过测试；昆士兰州要求学习者完成道路规则的学习并通过书面测试；南澳大利亚州和西澳大利亚州要求学习者完成驾驶理论学习并通过测试，其中西澳大利亚州还要求学习者接受危险感知测试；维多利亚州要求学习者完成驾驶知识的学习并通过测试。

（二）临时P1许可证阶段

澳大利亚首都领地要求驾驶人与政府认可的教练完成 22 个驾驶技能的训练，或进行实际驾驶 50 小时以上；西澳大利亚州也要求完成 50 小时的驾驶练习；新南威尔士州与维多利亚州要求完成 120 小时的公路驾驶体验，其中还包括 20 小时的夜间驾驶，此外还应进行危险感知的学习并通过测试，维多利亚州还要求通过视力测试；昆士兰州要求完成 100 小时的公路驾驶，其中还包括 10 小时的夜间驾驶；南澳大利亚州要求完成 75 小时的公路驾驶，其中还包括 15 小时的夜间驾驶；塔斯马尼亚州要求完成 50 小时的驾驶练习。

此外，澳大利亚政府正在资助一项针对新手驾驶人的全国驾驶人培训计划，名为"Keys to Drive"。该计划主要为学习者、父母等监督者提供免费的驾驶课程，并介绍实用的学习方法。

三　驾驶考试组织与实施

（一）驾驶考试内容及标准

在澳大利亚只需要在申请临时 P1 许可证时进行驾驶考试，考试包含 25 个固定内容。考试期间，考官将在车内指导驾驶人将车开到哪里、完成什么任务，并在成绩单上记录表现，最后基于驾驶人的表现以及低风险驾驶行为能力进行打分，考试评分表见图1。

当前，所有澳大利亚司法管辖区的实际驾驶考试都包含以下内容：驾驶前检查（后视镜、信号、指示灯、喇叭、安全带等）、变道、定点停车、转弯、道路上的行驶和位置、车辆控制、安全距离、低速机动（倒车、角度停车、点对点倒车、三点转弯）等。

考官根据驾驶人在5类关键领域的表现进行考察，分别为：速度管理（S）、道路定位（P）、决策（D）、应对危险（H）、车辆控制（C），详见表2。

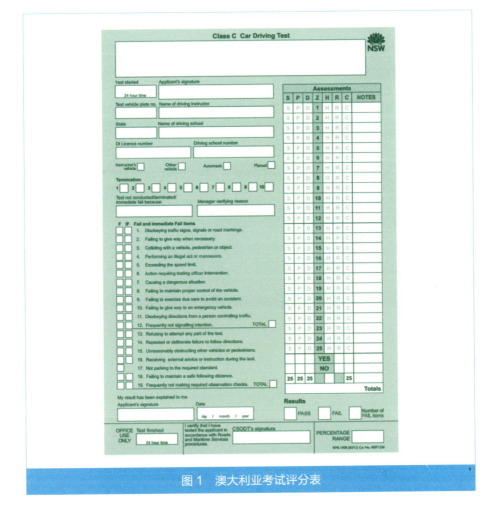

图1 澳大利亚考试评分表

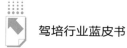

表2　5类关键考察领域及考察内容		
序号	考察领域	考察内容
1	速度管理（S）	保持车距、停止时保持车距、降低速度
2	道路定位（P）	保持侧向缓冲距离、十字路口转弯、机动考试（路边停车、坡道起步、斜向停车等），如果车辆有停车辅助装置，则必须关闭该装置进行倒车
3	决策（D）	安全防撞空间的判断、视野有限情况下的判断
4	应对危险（H）	应对危险的能力（包括刹车、松油门、降车速、变道）
5	车辆控制（C）	操作车辆、驾驶姿势

　　要通过驾驶考试，驾驶人需要获得90%的分数，且没有不及格项目。考试期间若出现"高风险"的驾驶行为则会直接被认定失败，其中澳大利亚规定了19类考试不合格的高风险行为，具体内容及相关示例见表3。

表3　考试高风险行为及示例		
序号	考试不合格行为	示例
1	不遵守交通标志、信号或道路标记	没有在红灯前在停止线上停车；在有条件的情况下未在黄灯前停车；没有在停止线前正确停车；穿过连续的中心线、车道线或不必要的边缘线；不遵守车道标记（公交车道、转向箭头等）；不遵守单向、禁止进入、禁止掉头等监管标志
2	必要时不让路	在路口不给优先行驶的车辆让路；在十字路口不给行人让路；合并或换道进入车流时不让路
3	与车辆、行人、物体相撞	—
4	非法行为或驾驶	在没有标记的道路上错误行驶；在错误的位置或车道转弯；给行人让路时，在人行横道或停车线上停车；未遵守左侧通行规则；违法掉头；环岛转弯车道错误；在人行横道超过静止的车辆；在不安全的情况下进入交叉口；不系安全带；接听电话或使用手机
5	超速	通过学校、超过打转向灯的公交车时限速40千米/小时；L牌限速要求；道路限速要求
6	需要考官干预的行为	—
7	造成危险的行为	—
8	未保持对车辆的控制	起步时溜车0.5米以上；打滑或旋转车轮；空挡滑行；没有保持对方向盘的有效控制

续表

序号	考试不合格行为	示例
9	未注意避免事故	—
10	未给紧急车辆让路	—
11	不服从交通管制人员指示	—
12	经常不表达意图	转弯、起步、停车、变道、分流、离开环岛时不打转向灯
13	拒绝部分测试	—
14	不遵守考官指示	—
15	阻碍其他车辆或行人行驶	驾驶明显过慢；进入拥堵的路段、路口
16	测试时接受外部建议或指导	—
17	未按规定标准停车	停车超过路边一米或阻碍交通；车轮压或超过停车线；倒车停放时距离前方车辆超过 7 米
18	未保持安全跟车距离	—
19	经常不观察路况	—

（二）考试管理要求

1. 考试要求

驾驶人考试前必须具备完整的教学日志，日志应记录考前所需的驾驶经验，同时由监督者在日志中签署"完成声明"。

2. 预约考试

在澳大利亚新南威尔士州，驾驶人可以通过以下方式预约考试并支付考试费用：（A）访问官方网站；（B）致电道路和海事局；（C）在所在地区的登记处、代理机构或新南威尔士州服务中心办理。

驾驶人如要更改或取消考试预订，应在考试日前至少24小时内完成，否则无法退还费用。

3. 补考要求

参加驾驶考试时要求必须有一位持有正式驾照的驾驶人陪同。如果未通过考试，驾驶人不得自行驾车离开，需要有正式驾照的驾驶人陪伴。考试期

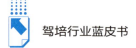

间，除考试官和监考官外，任何人不得在车内。未通过考试的驾驶人可以在7天后重新参加1次考试。考试结束后会收到驾驶考试记录，其中会显示需要改进的地方。

4．行贿规定

向考官行贿或考官向驾驶人索取好处以及驾驶人在未通过测试的情况下获得许可证都是违法的，相关人员将面临罚款和监禁的严厉处罚。驾驶考试的唯一收费平台为 Roads and Maritime。任何驾驶人怀疑的贿赂行为或其他腐败行为，都可以致电道路和海事局或廉政公署进行投诉举报。

四　经验借鉴

（一）强化教练员管理

教练员作为守护道路交通安全第一道防线的核心人员，对新驾驶人安全意识的培养和驾驶技能的提升有着重要影响。澳大利亚各州实行行业许可准入管理制度，对教练员提出了基本的要求，且在满足基本条件的基础上，教练员还要通过政府组织的考试。

当前，我国对教练员的管理以驾培机构为责任主体，驾培机构负责教练员的聘用、培训、考核和辞退等。但由于当前我国驾培机构大部分是三级驾培机构，不具备教练员技能培训和素质提升的师资和能力，致使教练员素质参差不齐，严重影响教学质量。

我国交通运输主管部门应当立足于行业管理和行业需求现状，及时完善相关法律法规和标准规范，重构教练员管理制度体系。积极鼓励第三方专业机构试点开展教练员岗前技能素质培训和考核工作，并做好第三方专业机构考核工作的监督。同时健全试点管理机制，适当给予政策支持。第三方专业机构要完善教练员技能素质考核内容和考核工作规范，严肃考核纪律，要采用理论考核、实车考核和模拟教学考核相结合的方式，重点考察教练员的专业理论知识、不同道路条件下的安全驾驶能力、教学指导能力和风险管控能力，确保进入行业的教练员都具备良好的综合素质。

（二）注重学员风险感知和管控能力培训

良好的风险感知和管控能力有助于使学员养成预判风险、正确处置各类潜在危险的能力，从而养成防御性驾驶的习惯，对安全驾驶有重要的作用。

澳大利亚对学员有一套完整的风险感知和评测体系，并采用情景化的风险场景，培养学员的风险感知和管控能力。当前，我国对驾驶人风险感知和管控能力的培训主要集中在理论培训环节，且仅仅要求学员能发现相应场景下的危险因素，未要求学员掌握应对这些风险的方法。

因此，我国针对学员危险感知和管控能力的培训应当予以强化，在培训内容上应继续完善危险源辨识章节的有关内容，增加各种风险管控的应对措施和要求；应当在教学大纲中明确采用场景模拟驾驶培训的方式进行风险感知和管控能力培训，并对模拟的场景进行标准化设置。

（三）完善实习期驾驶管理手段

实习期是驾驶人从拿到驾驶证顺利过渡至安全驾驶阶段的关键时期。澳大利亚明确了临时许可证的管理要求，要求学员在相应时间内完成相应的驾驶时间，且要求不能超过一定的交通违法分值。澳大利亚临时许可证管理制度类似于我国驾驶实习期的要求，在我国，驾驶人初次申领拿到驾驶证后的 12 个月为驾驶实习期，且我国对驾驶人在实习期内的驾驶车型和上路行驶要求进行了规定，但没有明确驾驶人上路行驶的驾驶时间。

当前，我国绝大部分驾驶人实习期驾驶时间缺失，导致实习期管理规定无法落地。鉴于此，建议我国应当完善实习期驾驶证管理要求，一是增加驾驶人实习期驾驶车辆的时间要求，并明确驾驶人在实习期内必须完成的驾驶时间；二是丰富驾驶人实习期管理要求，明确驾驶人在实习期内的交通违法处罚措施，且对在实习期内未完成规定驾驶时间的驾驶人，实习期要顺延，实习期相关的管理规定也要调整。

（四）充分利用教学日志

教学日志是记录学员驾驶培训过程的载体，是当前我国培训与考试相衔接的重要媒介。澳大利亚明确规定学员在学习许可证和临时许可证时期完成的驾驶培训内容和时间都必须记录到教学日志中，且将其作为申请驾驶证考试的依据和前提条件。

当前，我国机动车驾驶人培训与考试分属于交通运输部门和公安部门管理，教学大纲也明确要求学员培训时要使用教学日志客观记录培训内容和时间，但由于管理机制和体制原因，教学日志仅仅发挥了记录的作用。因此，基于澳大利亚对教学日志的使用经验，我国交通运输主管部门应当督促驾培机构客观记录教学日志，并完善伪造教学日志的处罚措施；同时公安和交通运输部门应当密切协作，在学员申请驾驶证考试时，查验教学日志等材料，以确保学员完成相应的培训内容。

本文作者为刘畅、孟兴凯。刘畅，交通运输部公路科学研究院实习研究员；孟兴凯，交通运输部公路科学研究院副研究员。

B.4
新时期有为行业管理与有效驾培市场的互动

摘　要： 驾培行业的健康发展既取决于行业管理的力度和深度，也取决于市场主体对法律法规的认知度和遵从度。驾校经营者应结合行业管理部门的要求，有效设置运营体系和管理机制，并按照法律法规的要求开展经营和教学活动。本报告以兰州市为研究样本，梳理总结了驾校在日常经营中的工作目标、工作重点以及事中事后监管措施，以优化管理流程，促进行业高质量发展。

关键词： 行业管理　品质驾校　高质量发展

驾培行业经过充分社会化、市场化，已经进入一个新的发展阶段，从高速度发展转向高质量发展。总体来看，行业政策和人口红利基本消失，市场供给过剩，经营者良莠不齐，市场前景不太乐观，挑战与机遇并存。新时期，驾培市场发展的信心和空间取决于行业管理的力度和深度，驾培行业的诚信度和公信度取决于市场主体对法律法规的认知度和遵从度。当前，在驾培行业高质量发展目标的引领下，市场经营者需要审时度势，在夯实"规范经营、优质服务"的基础上以规范化、精细化、品质化为发展方向，迎接新一轮行业调整与变革。

一　规范化管理要求与现状

督导从业经营者提高对法律法规的认知度和遵从度是行业管理部门的首

要任务。行业管理部门应帮助驾校主动遵守交通运输部门各项法律法规的要求，严格按照教学大纲开展教学活动，规范经营，打造品质驾校，走规范化、品牌化、专业化、集约化之路，促进本地区驾培市场良性发展。

所谓品质驾校，是指教练场地建设、管理团队、招生能力以及服务水平等方面都能够较好地满足行业管理部门的要求，并在教学服务、企业管理、企业安全生产、企业自律、信息化建设、社会责任、行业文明创建等方面较为规范和完善的优质驾校。

以兰州为例，2022 年初正常运营的驾校有 50 家，质量信誉考核 AAA 等级的品质驾校有 14 家，其招生总量是全行业的 65%。非品质驾校会因规范化管理程度不高、教学设备置换能力弱、招生能力差等因素逐步被市场淘汰。

（一）合理配备满足运营需求的管理团队

驾校组织机构应健全，各个部门负责人齐全、分工有序、各尽其职。同时，要按照行业要求合理聘用从业人员。例如，按照《机动车驾驶员培训机构资格条件》（GB/T30340-2013）要求，驾校应当配备 11 类基础岗位人员，此外，驾校通常还要设置行政部、业务部、市场部，规模化的驾校增设企划部、技术服务部、客服部（投诉服务）、接送服务部等部门；有多个分支机构的驾校还应设置场地管理部，下设招生部；规模较大的驾校还需设置培训部、人事部、财务部、督查部等部门。

当前，行业管理部门在开展安全生产、教学活动、档案资料整理等方面的管理力度不断加大，对各类资料审核也越来越严，如果部门设置不全、人员聘用不到位就难以落实行业管理部门的要求，驾校也就难以维持正常的运营。

因此，驾校应按照岗位要求配备从业人员，而在配备安全员时，一方面聘用已经取得资格的人员，另一方面鼓励工作人员积极考取安全员资格；在安全管理方面，我们建议每个教练场至少聘用 3 名持有安全员证的工作人员或教练员；在车辆管理环节，教练车管理人员应取得汽车、机械、机电、运输管理等相关专业学历或相关专业初级以上技术职称；鉴于计时管理平台的应用需求，应至少配备 1 名以上具有计算机相关专业大专及以上学历或持有计算机等级考试二级证书的人员，以及时完成计时管理系统中的各项管理任务；在聘用教练员环节，建议驾校对拟聘用教练员进行背景调查。

同时，建议对从交通运输行业其他岗位转来的教练员进行诚信考核（服务质量信誉考核）。招聘方可以通过道路运输便民政务服务系统查询驾驶员的违法行为和积分信息以及服务质量信誉考核等级情况，了解驾驶员的基本情况、安全生产记录、遵守法规情况和服务质量记录等，对等级为 B 级的人员谨慎聘用。

（二）规范开展教学活动

为了规范学时管理，各地交通运输主管部门按照《机动车驾驶员计时培训系统平台技术规范》和《机动车驾驶员计时培训系统计时终端技术规范》要求，督促行业管理部门不断加强对计时培训平台的检查工作，完善人脸识别、车辆动态数据采集、非法数据检测与防范等技术，提高采集真实数据的能力，近两年还加快推进采用活体检测人像识别技术进行签到签退的方式。

在实际工作中，行业管理部门依据职责权限，严厉查处教练员私拆车载计时培训终端设备或外接其他设备等违规行为，不断加强对驾培监管服务平台的应用管理工作。兰州地区每年都要对辖区内驾校报备的教练员、教练车、电子围栏等信息进行一次全面清查，严格学时审核管理，强化对培训过程的动态监管，按照培训科目采取手动 + 自动的方式审核学员培训记录。

部分省份为了确保计时系统的规范化运营，制定了学员档案照片绑定、计时终端绑定车辆、学时教学日记编号等管理规则，系统异常或不符合计时系统规则的情形一旦发生，系统就会终止学时上传。51 条平台逻辑规则涉及行业管理和规范化教学的方方面面。驾校校长和业务经理如果不按规则教学，学员也可以在平台上进行投诉，我们常见的学时问题投诉占到总投诉的 30% 以上。

在严格使用计时系统的情况下，仍然有个别驾校投机取巧。经调查，如果严格落实教学大纲要求的学时和公里数，个别驾校连成本都收不回来，驾校若要保本经营只有诉诸二次收费或乱收费。根据近几年的投诉案件，因乱收费引发的学员投诉占 40% 以上。

（三）有效使用智能、节能教学设施与设备

兰州地区只有部分品质驾校有进一步引入机器人教练与模拟器装备的想法，其他驾校则采取观望态度，保守经营，不愿更换原有的与考试车型不符的车辆，不使用教学管理软件，更不愿使用机器人教练。

2013年，财政部、交通运输部下发了《交通运输节能减排专项资金管理暂行办法》（财建〔2011〕374号），交通运输部对道路运输装备领域、天然气车辆在道路运输中的应用等领域给予了专项资金补贴。兰州地区将机动车驾驶培训模拟装置的应用作为绿色城市、节能减排项目进行推广。

在项目推进过程中，兰州地区所有的驾校进行了申报，每个驾校购置了5台以上的模拟器。管理部门对模拟器教学学时进行了计时系统对接，在教学管理中采取在线抽查、实地检查的方式督促驾校规范使用模拟器，并且在每年的资格条件复核中，管理部门要现场核实模拟器数量和教学情况，但只有不到50%的驾校规范使用模拟器。最后，在项目补贴环节只有30%的驾校拿到了专项资金补贴，其余驾校或因开具的发票不符合要求，或因教学中没有按照要求进行详细记录，没有被纳入补贴名单。

当年通过审核领取专项资金补贴的驾校中，90%为AAA等级驾校，规范使用模拟器的驾校至今仍在模拟器训练环节中因成本降低而具备持续的竞争力。同时这些驾校还在继续扩大模拟器、机器人教练的使用规模，增强了学员上实车的信心，减轻了学员的学驾心理负担，提高了教学效果。

从使用智能培训系统的驾校的使用情况来看，机器人教学过程在保障学员的安全性、学时的真实性、约车的便利性、教学的规范性、疫情防控的时效性等方面有着极大的竞争优势，不仅能提高培训质量、优化服务，还能降低60%以上的教学成本。

但是，使用机器人教学需要行业管理部门从教学大纲乃至政策层面上进行支持。同时，机器人教学所节约的成本绝不是驾校降低招生价格进行恶性竞争的"武器"，这一点需要经营者深刻领悟。

（四）妥善处置土地租用及相关问题

根据国家标准《土地利用现状分类》（GB/T 21010-2017），驾培行业的土地使用性质严格意义上必须是交通站场建设用地或商业用地。在房地产兴盛时期，一般很难找到交通站场用地或商业用地，所以驾培行业一直在"夹缝中求生存"。大多数城市驾培行业用地没有被纳入政府规划，兰州地区驾培行业租用的土地基本是商业用地、工业用地，大多不稳定、没有保障，同时，每年都会有 20% 左右的教练场地因拆迁被强制收回，这种情况已经持续了 4 年。这其中最大的纠纷是遗留学员问题和教练员工作的问题。

近几年，行业管理部门协调失去场地的驾校进行兼并、重组等，不愿意整合或达不到整合条件的驾校停止招生，并着重解决教练车的转、并问题，同时对违规参与训练的教练车由交通执法大队予以查扣。对失地驾校给予 1~3 年的过渡期；同时，鼓励高品质、规模化驾校进行收购，对被收购驾校在车辆过户和招生名额等方面给予政策支持；对坚决不服从安排，甚至一意孤行地转为"黑驾校"的驾校坚决进行查处。

通常，品质驾校因前瞻性、预见性较强，在驾校失地前都会租用第二块甚至第三块合适的土地继续修建场地，也会主动提前告知行业管理部门撤离被占场地的时间。在这种情况下，行业管理部门可在计时电子围栏、招生配比等方面给予政策支持，在经营备案、场地过渡、学员问题疏导过程中给予特殊对待，对决定退出市场的驾校反复研究最佳解决方案，尽可能减少驾校的经济损失，保障学员的学驾需求。而对于故意隐瞒失地及不配合、不服从管理的驾校或教练员，应将其纳入"诚信黑榜"和"黑名单"。

（五）从严开展从业人员培训教育活动

《机动车驾驶员培训管理规定》第三章第二条规定，"机动车驾驶员培训机构应当加强对教练员的职业道德教育和驾驶新知识、新技术的再教育，对教练员每年进行至少一周的脱岗培训，提高教练员的职业素质"。在兰州地区，90% 的驾校不具备全面培训教练员的能力，驾校对教练员的岗前培训往

往缺失或流于形式，教练员培训教育成为驾培行业的难点。

2016年，兰州地区通过行业协会向驾校征求意见后，由驾校委托行业协会通过公开招标确定了2家职业技术学院汽车院系，有针对性地对委托驾校的教练员开展岗前培训，在兰州地区反响良好，效果突出，得到了全行业的肯定。

站在教学与服务的视角，教练员岗前培训不可或缺。教练员应具备驾驶要领讲解、驾驶动作示范和指导驾驶的教学能力，还需要掌握道路交通安全法规、驾驶理论、机动车构造、交通心理学、预见性驾驶和应急驾驶的基本知识，不仅要有扎实的教学能力，还要善于打造良好的"师徒"关系。因此，即便是汽车工程专业毕业的大专生、本科生也需要进行岗前培训，系统学习教学内容、教学重点难点、教学方法、示范动作等环节，而对于在教学服务中应当了如指掌的节能环保驾驶新技术、风险源辨识、汽车常见故障排查、自救方法、急救方法、驾培新趋势等内容也必须应知应会。

在驾培业务人员培训方面，基本素质培训尤为重要，原因如下。一是驾培行业业务繁杂、内容广；二是各类档案数量多、内容专业；三是安全管理资料要求高，内容严谨；四是行业管理部门要求的报表多，数据量大；五是教练员管理难度大，只有熟悉驾培流程和业务的工作人员才能有效地做好各项服务。同时，驾校的经理和业务员还需要非常强的综合协调能力。

（六）稳固人员队伍，保持市场竞争实力

从业人员的流动性反映了驾校的经营现状和规范化管理程度，品质驾校的人员流动率一般不高于3%。品质驾校因其现代化的管理体制、舒适的教学环境和优厚的薪金待遇，不仅能留住优秀的职业经理人和业务人员，还积蓄了一批具备丰富教学经验和职业道德高的优秀教练员，在激烈的市场竞争中拥有胜出的实力。

根据兰州地区信息库中教练员的核查信息，该区域教练员与教练车近三年的流动率为10%左右，其中7%的流动属于驾校之间的资源整合。行业流

动率不高既得益于良好的经营秩序，也得益于近几年交通运输主管部门和公安车管部门对教练车的有效管控。

近年来，除以挂靠为主经营不善的个别驾校外，兰州地区的驾校基本能够保持一定的利润。2021年兰州地区平均每辆教练车配备学员42人。未来几年是驾校精细化发展的阶段，驾校不仅要提升经营环境、推进品牌建设，还要在人才战略方面下功夫，稳固队伍，通过提供规范化服务提升市场竞争力。

（七）积极处理学员投诉，规范经营行为

驾培行业学员量大、学员学驾周期长的特性决定了行业投诉率高是不可避免的，在驾校失地、经营不善的情况下投诉数量也会增加。以兰州地区为例，投诉分为市民热线、信访投诉和省市书记信箱、网络舆情三个等级，对不同等级的投诉，管理部门的处置要求不同，但投诉处理结果必须公正、客观、迅速。

兰州地区对各类投诉设置了解决和答复时限，一般地，投诉后12小时内驾校要有回应，24小时内要解决问题，48小时内要答复到位。为了妥善解决投诉问题，行业管理部门要求驾校建立投诉处置机制，设立投诉流程和处理办法，基于一般驾校投诉退费案件占40%以上的实际情况，行业管理部门还要求驾校明确退费处理办法和流程，并在管理部门备案。通常，行业管理部门以投诉管理为主要抓手，根据投诉反映出的服务质量问题、教学问题、收费问题等，会立刻责令驾校整改，并以此追踪驾校管理问题，对在同一阶段内多次发生的同一问题会责令驾校开展专项治理活动。在质量信誉考核工作中，投诉率是一项重要的考核指标。行政管理部门可根据投诉数量、类别从侧面掌握行业和驾校运营的动态，并及时责令深度整改，防止类似问题再次发生。

兰州地区行业管理部门处理投诉问题的经验如下：一是高度重视各类投诉，每一件都认真处置，不分级别，对最常见的电话投诉、上门投诉，在第一时间妥善解决好，从不随意推脱或淡化处置，将矛盾纠纷化解到源头；二是行业管理部门和驾校设立专岗负责解决投诉问题，管理人员有直接处置问题的权限；三是及时追溯投诉折射的管理问题，对恶性事件会在行业或驾校通报。

对于由经营不善、驾校失地所引发的群体性投诉，行业管理部门基本上采取现场服务的处置方式。特别是在发生法人失联、校长联系不到的情况下，为了解决学驾时限即将到期的学员的学驾问题，行业管理部门会联系品质驾校协调解决。因此，在年度质量信誉考核中，行业管理部门会充分考虑品质驾校在公益事业方面的作为，在管理政策、招生名额配置方面给予一定的支持。因此，驾校校长应当高度重视学员投诉，安排业务能力较强的工作人员专门负责处理投诉问题，做到及时联系学员、及时回应管理部门、妥善处置问题，在投诉环节中展现品质服务、诚信为本的经营理念。

（八）充分认识挂靠经营的弊端

挂靠现象在交通运输领域普遍存在，"挂而不管"现象既是管理部门的心病，也是经营者的梦魇。

如何遏制挂靠和"挂而不管"现象是一个长期没有得到实质性解决的问题，在驾培行业亦是一个难点，这种"挂而不管"的投机行为产生了巨大的政府管理成本，也严重影响了行业的健康发展。虽然倒闭关门的校长受到了诚信惩戒和经济损失，但是这些驾校教练员的生存问题、学员遗留问题最终成为"烫手山芋"。

兰州地区"挂而不管"带来的问题主要体现在周边区县管辖的驾校对城区驾校的经营干扰。因管理视角、方式不同，区县交通运输主管部门的管理模式较松散和粗放。一些在区县交通运输主管部门备案的驾校的教练车入驻兰州地区的非法场地，还低价恶性竞争，给行业带来的负面影响较大。对此，交通运输主管部门应进一步加强区域内的行业联动管理，督导区县交通运输主管部门加强管理，同时督导交通执法大队根据提供的线索，加强执法频次和力度。

（九）高度重视安全管理，积极履行社会责任

多年来，向安全管理要效益是各行各业老生常谈的话题。在兰州地区，行业管理部门注重训练过程中教练车和学员的安全管理，如采取物理隔离、

人车分离、随车指导等细节措施；在疫情防控工作中，注重密切配合、督导驾校履行社会责任。

品质驾校在安全管理方面的工作往往更细致。品质驾校注重安全管理，能够全面落实各项安全管理制度和工作任务，其安全生产管理体系是健全和完善的，而非品质驾校的安全生产管理总有漏洞；品质驾校的教练场地是规范的，而非品质驾校的教练场地多是拼凑的，安全防护和环境卫生总有不达标之处；品质驾校安全员是专职的，而非品质驾校安全员往往一人兼多职；品质驾校严格按照《企业安全生产费用提取和使用管理办法》（财企〔2012〕16号）足额提取和依法依规使用安全生产费用，而非品质驾校提取费用往往不清楚、不规范；品质驾校安全管理制度是结合实际教学活动精心编制的，而非品质驾校往往是从网上下载或转抄的。

疫情之下，安全生产也至关重要。品质驾校已经将疫情防控融入日常工作，充分利用隔离时间，全力通过抖音、小红书、驾考宝典、快手招收学员，并适时在网络上开展科目一和安全文明驾驶常识的在线培训。同时，品质驾校严格按照行业管理部门要求开展各项疫情防控工作，严格坚持"疫情防控条件达不到要求不能复工，各项防控措施落实不到位不能开展教学活动"。在复工前，开展全方位、无死角的消杀工作，同时定期做好学员教室、教练员休息室、教练车等重点场所的清扫消杀，根据要求将生活垃圾分类投放，做到日产日消。

驾校在疫情常态化防控时期也积极履行社会责任。例如，按照行业管理部门要求有序停训、复训，组织全员开展核酸检测、疫苗接种等工作，配合社区要求开展防控事项，定期上报各类报表。行业管理部门对表现突出的企业也会给予政策优惠和支持。2020年，兰州地区政府将爱心捐助、爱心帮扶的企业纳入"疫情防控红名单"，凡涉及行政审批事项的优先给予办理，对涉及银行贷款的优先给予贷款优惠。

同时，行业管理部门在年度质量信誉考核中对开展公益事业的驾校给予加分鼓励，采取增加招生名额奖励、协调降低服务费等方式进行实质性的支

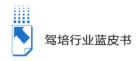

持。所以，公益事业本身是一种双赢行为，行业经营者要在危急时刻、紧要关头勇于担当，主动为政府、为社区尽一份社会责任。

二　当前形势下市场主体的自觉行动

为深入贯彻落实国务院"放管服"改革决策，进一步提升驾驶培训服务质量，提高驾驶员安全文明素质和驾驶技能，根据交通运输部的战略部署，兰州地区驾培行业管理确立的工作核心是"培养安全文明的高素质驾驶员，推动行业高质量发展，为交通强国建设贡献力量"。

因此，作为驾校经营者应紧紧围绕安全、高质量发展的思路，以"服务与提升"调整工作内容，推动驾校规范化、精细化、品质化发展。

（一）认真做好备案申请工作，自觉接受事中事后监管

2021 年 7 月 1 日，交通运输部下发了《关于做好机动车驾驶员培训经营备案有关工作的通知》（交运函〔2021〕248 号），机动车驾驶员培训经营的行政许可改备案工作开始实施。为此，驾校在申请备案时应做好以下工作。

一是认真对照《机动车驾驶员培训管理规定》有关要求准备备案申请资料，确保资料真实、完整、有效。鉴于备案工作专业性较强，为了避免驾校走弯路、多跑路，行业管理部门拟定了备案申请资料目录和提交资料要件，公布了办理流程等工作规则，并就驾校的管理短板进行了针对性辅导。驾校应责成业务人员在行业管理部门组织的辅导会议上认真听课，同时熟练掌握办理流程和时限。

二是提前告知行业管理部门驾校面临的困难，如新增教练车在公安车管部门挂牌的时限、原道路运输经营许可证到期时间等，驾校应根据时间需求把握好备案进度。从目前兰州地区的备案情况看，大多普通驾校因备案资料的准确性和完备性不足等原因未通过审核而延长了备案时间，所以，驾校要本着提高业务水平的思路看待经营备案，这既是对驾校各项规章制度的梳理

和修订，对业务人员来说也是一场实战，驾校负责人应高度重视，亲自跟踪督导。

三是驾校应全程跟踪备案。一般地，备案工作包括备案资料受理及审核、备案告知、抄告、公示、车辆挂牌、存档、计时系统对接等环节。对已经备案的驾校，行业管理部门会在事中事后监管工作中进行资格条件等方面的信息核查，同时监督检查驾校的相关经营业务活动，重点检查教学管理、教练员管理、学员管理、结业考核、档案管理等制度建设情况，教练场地、教练车、驾驶模拟器等教学设施设备使用情况，学员投诉处理机制建立情况，教练员教学质量排行和继续教育、脱岗培训情况。

（二）规范使用计时管理平台

在教学监管中，交通运输主管部门始终坚持确保驾校上传的计时数据真实有效的管理原则，一是在行业管理中按照《机动车驾驶员计时培训系统平台技术规范》和《机动车驾驶员计时培训系统计时终端技术规范》要求，检查计时培训系统平台实际功能的规范化程度，进一步查处违规行为；二是严厉查处私拆车载计时培训终端设备或外接其他设备等违规行为；三是严格学时审核和计时协调逻辑规则应用，以计时、计程管理服务平台为抓手促进教学管理规范化。

计时培训系统是行业管理的主要抓手，也是驾校服务管理的助手。首先，驾校要利用计时培训平台督促学员规范运用计时终端采集的数据；其次，强化教练车培训过程中的动态监管，熟练应用计时管理功能，随时掌握招生情况、教学情况、结业情况，提高驾校管理的规范化程度。

（三）高度重视年度质量信誉考核

质量信誉考核工作是驾培行业有效的管理手段，是一项长期性工作。行业管理部门十分重视质量信誉考核的结果，并将驾校考核等级作为招投标、

新增教练车、扩大经营项目、经营备案、表彰奖励、品牌创建、财政资金补助、省市示范项目申请的参考和依据，以激励驾校不断提升管理与服务水平，积极推动驾校向规范化、信息化、精细化管理发展，促进地区品牌文化形成，并以此带动行业良性发展。

因此，驾校应积极应对质量信誉考核工作。兰州地区交通运输主管部门要求每年6月底前完成考核，8月进行省级平台公示，所以，驾校应在每年的春节之后就着手准备，并注意以下事项。一是做好基础资料的准备工作。质量信誉考核内容包括资格条件、安全生产管理、教学管理、经营管理、投诉与服务等考核内容，驾校应逐条分析研究，提前做好应考工作。二是制定好申请等级目标，根据自身实力申报合理的等级，确保驾校的竞争实力。

（四）完善投诉举报管理制度

行业管理部门通过利用民情通、信访案件、书记信箱、人民网留言等渠道建立和完善投诉举报制度，建立服务投诉管理机制，明确投诉办结时限，规范办理流程，主动接受社会监督。对经投诉举报发现的违法违规行为，严格按照《机动车驾驶员培训管理规定》等相关规定进行处理，涉嫌犯罪的及时移交司法机关追究刑事责任，对违规行为不属于行业管辖范围的，及时移交相关部门查处。

同时，将投诉率纳入质量信誉考核并加大分值权重，对反复出现教学与服务投诉问题的驾校，约谈法人并督促其开展治理活动，对出现影响行业声誉的投诉案件进行通报，对出现恶性事件的驾校进行整改、通报，以整治投诉案件提升教学服务管理，确保学员学驾权益。

因此，驾校应积极建立投诉处理机制，完善投诉处置办法、处理流程和学员回访制度，核查学员满意度和投诉办结率，及时办理和答复各类投诉，对出现的经营问题、教学问题在规定的时限内自行检查、纠正和整改。

案例1　学员恶意投诉案件引发深思

2021年10月13日，某运输服务中心接到市交通委转来的关于"举报'黑驾校''黑教练'殴打学员"的信访投诉件，运输服务中心针对诉求人举报反映的问题，第一时间安排从业培训科进行了调查核实。

一、基本情况

经核查，某驾校分公司由某县公路运输管理所（现某县道路运输服务中心）许可，该公司及学员的计时培训日常管理由某县道路运输服务中心负责监管。之前学员王某曾经通过12345民情通和12328交通服务热线向某县道路运输服务中心反映过其诉求，但因缺少相关证据，均未调解成功。同时，通过核查某运管所投诉件资料，发现学员王某3次投诉均因没有直接证据被某县派出所和某县道路运输服务中心驳回，某县道路运输服务中心在没有办法调解的情况下建议让学员到市交通委进行投诉。

二、协调处理过程

某运输服务中心接到投诉后，于2021年10月13日下午召集A驾校总公司法人、教练员李某和学员王某进行座谈调解。因未提供有效证据，诉求人反映的关于教练员教学过程中殴打学员、驾校接送车不按时不按地点接送等十一项问题目前无法认定。经过核实，学员王某提出的"黑驾校""黑教练"举报诉求不客观，不存在这样的情况。而驾校对于学员要求赔偿数倍的学费、因殴打造成的精神损失以及身体检查和治疗费不认可。运输服务中心在协调学员投诉过程中发现该学员有夸大事实的倾向，所陈述的事情无法进行取证，无法进行协调处置，建议双方走司法程序。

三、案件结果

学员王某除了之前向交通、消协、税务等部门投诉，又借助新闻媒体进行投诉并要求曝光驾校和教练员。2021年12月，某报社发表了"驾校教练打学员"网络新闻，在市驾培行业引起轩然大波。对此，驾校马上找到报社要求报社对不实新闻予以删除。报社核实情况后及时删除了网络新闻。同时，驾校以学员无理取闹、敲诈勒索、影响驾校经营为由，要求赔偿经济损失和名誉损失费，并到法院起诉该学员。法院受理后电话联系学员要求其到法院接受案件调查，学员接到电话后立即与其母亲一起到驾校，态度逆转，接着又到运输服务中心恳请管理部门为他说情，并在现场撤销了向交通、消协等部门的所有投诉。在事实与法律的压力下，学员再次找到驾校，主动承认投诉内容是恶意捏造的，只要驾校撤诉，他愿意承担一切损失，并书面承认错误。出于人道主义考虑，驾校接受了王某的致歉，并按正常学员退学流程和退费标准为其办理了退学，同时驾校到法院进行了撤诉。至此，该案件告一段落。

此案件前后耗时3个月，驾校、行业管理部门也耗费了不少精力进行协调、疏导，占用了大量服务资源，同时也影响了驾校的正常经营和形象。

该案件值得深思，作为驾校经营者，只有制度规范化、管理精细化、服务品质化才能有效应对和化解各类矛盾纠纷，才能更好地促进驾校良性发展。

（五）强化理论教学质量管理

近年来，随着网络教育的快速发展，驾培行业线下理论教学逐年弱化，这是导致学员安全文明驾驶素养降低的原因之一。因此，作为有责任心的驾校，应着力解决驾校教学质量不高、驾驶人文明素养不强的突出问题，严格落实教学大纲，进一步落实培训主体责任，严禁学时造假等违法违规行为，提高机动车驾驶员培训质量。

目前，交通运输部发布了 2022 年版《机动车驾驶培训教学与考试大纲》。遵照新大纲要求，在实际操作中，驾校应强化"安全文明驾驶常识"的教学内容，学员集中培训的课堂教学不得低于 2 学时；严格落实结业考核教学要求，对全部教学内容进行考核，对各科目通过考试的人员，由考核员进行评价并签字，同时规范填写教学日记，考核合格后核发结业证书。各驾校应组织好"学驾第一课"，包括学员须知、学驾流程、学驾权益保障、合同解读，以及教学大纲规定的学时和学员管理制度等内容。

同时，驾校应提升学员"理论培训是核心，实操是载体"的思想，帮助学员形成自觉预防交通事故的安全意识，实现路畅人安；还要督导教学人员有效使用计时培训系统中的教学管理功能，规范使用人脸识别一体机和计时系统终端，确保学时上传的时效性和精准性。

（六）深入推进交通安全警示教育活动

根据相关文件，交通运输主管部门非常重视课堂安全教育。因此，驾校应重拾强化理论培训和警示教育的课题，寻求最佳途径，有效解决学员取得驾照后违章率高、事故率高的突出问题。驾校应积极做好以下工作。

一是应积极组织学员参观政府主导建设的交通安全警示教育基地，推动行业安全警示教育工作体系化发展。二是自建社会化考场警示基地的驾校要严格落实安全警示教育的教学环节，认真开展"五个一"进驾校和学员交通安全体验活动，充分发挥警示教育和交通安全体验活动的积极作用。三是要切实提高对理论教学的认识并有效落实"道路交通安全法律、法规和相关知识"不得低于 4 学时，"安全文明驾驶常识"不得低于 2 学时的教学要求。在坚持便民惠民的学驾基础上，本着"培养安全文明高素质驾驶员，增强安全文明驾驶意识，提升驾驶操作技能，培养良好驾驶习惯"的目的开展教学活动，倡导学员积极参与交通安全体验活动。

（七）强化教学与服务违规行为整治

驾校要按照行业管理部门的要求，大力治理教学服务中出现的问题，重点解决教练员经营服务中存在的突出问题。

一是严查学员投诉多、培训质量和职业道德差、严重违反教学规定、社会影响恶劣的教练员，一经发现落实，由行业管理部门将教练员纳入驾培行业"黑名单"。

二是定期清理有交通违法记分满分记录、组织或参与考试舞弊、收受或索取学员财物的教练员，同时重点关注发生过醉驾、酒驾、吸毒、抢劫的教练员。

三是规范教练员教学行为，强化学员学时管理和结业管理，定期开展教练员质量服务评定与排名；规范电子围栏，做好教练车动态监管，对存在问题的教练车、教练员立即处置。

四是严禁非本校以及周边区县辖区驾校的教练车进入本校场地，严肃查处私自招揽非本校教练车入场训练的现象，积极配合交通执法部门严厉打击"黑场地"。

五是禁止使用技术等级达不到要求、安全设施设备不齐全的车辆开展教学活动。

六是培训必须随车指导，与教学无关的人员不得乘坐教练车，教练员应按照公安交警指定的路线、时间开展道路驾驶教学活动。在接送学员途中，严禁教练员将教练车交给学员驾驶。

七是借用交通执法"双随机"专项检查强化管理要求，对检查中出现问题的教练员及时批评教育。

八是定期开展从业人员和教练员培训教育活动，打造一个运营安全、教学规范、服务优质的管理团队。

（八）规范使用合同文本，确保学员学驾权益

驾校要按照当地发布的机动车驾驶培训服务合同示范文本，规范使用学员合同和服务协议。一方面，在经营场所的醒目位置公示经营类别、培训范围、收费项目、收费标准、教练员、教学场地等信息，与学员签订规范化的培

训合同，合理约定学员和驾校双方的权利义务，明确培训方式、收费项目、收费标准、退学退费等内容，保护学员合法权益。另一方面，严格学员管理，制定驾校学员管理制度，对教学大纲、学驾安全保障措施、驾考流程和学员合同进行解读和宣传，对学员须知、权益维护等常识性内容要在训练场地和理论教室公示，强化学员维权意识。积极引导学员熟悉合同的全部内容，严禁出现不合理条款、陷阱条款和霸王条款，主动向行业管理部门报备使用的合同文本。

三　新时期行业管理部门的积极作为与能力提升

行业管理部门是行业健康发展的关键。如果行业管理部门积极作为，区域驾培市场发展就会走入良性轨道；反之，不作为或者乱作为，就会让区域驾培市场陷入混乱。

也就是说，有为政府才有有效市场，行业管理部门应与时俱进，不断提升行业治理和服务能力。以兰州地区为例，近几年，兰州地区的驾培行业在市委、市政府和市交通运输主管部门的正确领导下，经历了转型期、发展期和稳固期以及当前的改革期，在积极建设驾培行业计算机计时管理系统、开展驾培行业培训能力评估、组织驾校资格条件审查和质量信誉管理、强化教练员培训教育以及狠抓行业综合治理等系列工作中取得了一定成效。

（一）提高驾培行业整体服务能力

驾培行业是一个专业性强、业务流程复杂、矛盾纠纷量大、社会各界关注度高、同广大市民密切关联的服务行业，行业管理部门要始终坚持理论学习与实践并重、走访调研和破解难题并行的工作原则，既要加强对新业态、新模式的学习和了解，又要注重发现问题、提出问题、解决问题的方式，切实提高管理水平，提升服务能力，履行社会职责。

而对于驾校经营者，应不断适应行业管理部门的改革举措和制度要求，善于根据行业管理部门的目标战略安排部署企业规划、调整驾校的发展节奏，最终提高行业整体服务能力。

（二）推进驾培行业"放管服"改革

结合经营备案工作的特点，行业管理部门要着重对学员学驾需求和反映的问题适时开展调查研究，不断推动行业"放管服"改革的纵深推进，彻底给市场经营主体松绑。要不断健全行业信用规章制度体系，做好诚实守信的"加法"，做实违规失信的"减法"，进一步简化、优化服务事项办理流程，努力打造办理效率最高、服务最优的行业环境。

对于驾校，要充分认识经营备案的真正内涵，经营备案既不是随意放开任意发展，也不会减弱减少行业监管，所以驾校要审时度势，进一步谋划、规划好发展轨迹，根据土地使用情况和教学车辆数量，准确定位。

（三）提高驾培行业科技应用水平

近年来，机动车驾驶培训计时系统不断成熟，无论是行业管理部门还是驾校经营者都应该充分用好计时培训系统的管理功能，并以此作为重要的抓手。在强化学时管理的基础上，全面提升行业智能化、标准化、信息化水平。行业管理部门将调整政策支持节能教学、特色教学，驾校则应从适应到主动把握，既要保障驾校常态化运营，还要另辟蹊径寻求更大的发展动力。

目前，一些省份出台了关于智能、节能设备的支持政策（见表1），力求通过创新教学模式，减少对教练员和场地等的依赖，同时强化对学驾人员的安全文明素养教育。

表 1 部分省份出台关于智能、节能设备的支持政策		
时间	主体	支持政策
2020 年 7 月	内蒙古自治区交通运输管理局	《关于拟开展智能机器人教练试点应用的通知》
2020 年 7 月	河北省道路运输管理局	《关于推广应用人工智能机器人教练 促进我省驾培行业转型升级的指导意见》（冀运管驾〔2020〕32 号）
2020 年 4 月	山东省交通运输厅、山东省公安厅	《关于推进驾驶培训监管服务平台与考试系统联网对接工作的通知》
2020 年 4 月	广东省交通运输厅	《关于进一步完善机动车驾驶培训监管机制的实施意见》（粤交运〔2020〕197 号）

案例2　北京鼓励科技创新，试点人工智能驾驶培训

经与交通运输部行业主管部门沟通并报请主管委领导批准，2020年11月开始，北京市驾培行业协会牵头开展人工智能驾驶培训教学试点工作，尝试用VR智能驾驶培训模拟器、实车智能机器人替代实车和教练员开展相关科目训练，通过先进科技提升学员安全意识和安全技能，推进培训质量和服务质量双提升。目前全市共有5家驾培机构参加试点，试用实车智能机器人775台、VR智能培训模拟器326台。

同时，主动加强与交通运输主管部门的沟通，受邀参加有关部门组织的《汽车驾驶培训模拟器》行业标准的修订和《机动车驾驶培训智能辅助教学装置技术要求》项目研究大纲的评审，在顶层设计层面为本市驾培行业发展争取主动。

北京行业管理部门还鼓励并支持东方时尚驾校积极承担社会责任，建成东方时尚新能源智慧驾培园区。据国网北京市电力公司大兴供电公司负责人介绍，该园区安装充电桩1000余个，电容量约为12000kVA，充电桩数量和电容量规模为目前全国单体场站之最。园区布设800余辆新能源教练车，据测算，每年将减少二氧化碳排放量约6000吨。

（四）提升管理人员工作创新的能力

驾培行业管理工作繁杂，诸如教学日志的审核、学员档案的核查、学员矛盾纠纷的处理需要投入大量精力，因此，要通过推动工作方法的改革创新，把精力从事务性工作中解放出来并投入到优化行业服务上去，转变保姆式的管理模式，重点抓制度落实、抓违规行为处置，提高从业人员对法律、法规的认知度和遵从度。

所以，无论是驾校管理还是行业管理，要通过创新工作方式，进一步减

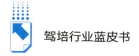

轻、减少工作的繁杂性、复杂性，用精准监管建设科学合理的驾培教育体系和营造良好的行业环境。

（五）多方协同，确保行业健康发展

驾驶培训管理离不开驾驶考试管理。作为驾驶培训的行业管理部门，应主动借助公安交警部门力量，建立联席会议、联合治理制度体系，确保培训与考试有效衔接，共同促进市场有序发展。公安交警部门如果能够定期公布驾校的学员投诉率、考试合格率、学员取得驾驶证后三年内的交通违法率和交通肇事率、违法违规经营行为等信息，就能有效引导公众选择教学质量高、服务品质好、社会信誉度高的驾校。行业管理部门应做好培训质量的源头管理，做好服务管理工作，定期公布市场风险预警信息和质量信誉考核结果，引导驾校经营者提高教学质量，规范经营行为。交通执法部门要加强事中事后监管，主动发现违法线索，依法查处违规行为。驾校经营者要积极适应新发展阶段的要求，聚焦高质量教学，坚持把学员的安全性和满意度作为办校的宗旨，全力向规范化、品牌化道路发展。

案例3　建立联席会议和联合检查机制，确保培训与考试有效衔接

根据国务院办公厅、公安部、交通运输部相关文件精神，自2016年以来，兰州市交通运输主管部门和兰州市公安交警部门建立了联席会议制度和联合检查机制，有效促进了驾考市场有序发展。

根据甘肃省预防道路交通事故专项推进视频会精神，按照市道安办《关于抽调人员成立联合检查组的通知》的相关要求，2020年9月14日至9月27日，兰州市交警支队车管所抽调专人与市交通委道路水路运输服务中心从业培训科工作人员组成联合检查组，对兰州新通力汽车服务有限公司等48家驾校开展了以《机动车驾驶员

培训机构资格条件》《机动车驾驶培训教学与考试大纲》等为主要内容的综合检查工作。

在检查中发现驾校存在以下问题：一是个别驾校相关资格条件文件缺失，存在教学设施设备不全的情况；二是理论现场教学的模式随着信息化的飞速发展而逐步弱化。对驾校管理资料和教学服务经营情况进行检查发现，驾校的企业管理存在较大的差异，公司化、规模化、精细化运营的驾校占到了3/4，其余驾校管理能力有待提高。针对以上问题，公安、交警、交通行业管理干部组织了研讨会议，分析了成因，并形成以下工作思路。

在行业管理方面，一是规范学时传输标准，进一步强化学时审核管理。根据全省普遍存在的学时问题和管理问题，甘肃省运输局下发了《关于进一步规范机动车驾驶培训数据传输有关工作的通知》（甘运人〔2020〕7号），要求各驾校督促学员运用计时终端采集数据，实行上下车签到签退制度，确保学员信息真实有效。从2020年10月1日起，省运管局对没有上传学员签到签退照片的驾校数据将不予传输。二是借土地缺失问题治理，进一步推进资源整合。近两年来，管理部门对资格条件不达标的驾校采取了暂停招生的政策，并定期函告公安交警部门暂停学员档案受理。三是通过综合治理，发现管理短板，重新确定理论培训和警示教育发展方向，有效解决学员拿到驾照后违章率高、事故率高的突出问题。四是进一步强化驾校对教练员的聘用和岗前培训，继续做好教练员岗前职业技能和职业道德培训工作，对违章率、事故率高、醉驾、酒驾的教练员予以清退，情形恶劣的纳入"黑名单"，并对出现问题的驾校给予整改和暂停业务受理处置。

在考试方面，一是借用政府建设的安全教育警示基地和社会化考场的警示基地，督导驾校严格落实安全警示教育教学内容，对现有和将来建设规划的警示基地统一管理，并向其他驾校提供服务。二是积极配合交通运输管理部门强化足额学时审核，共同促进驾校理论和实操教学良性发展。以 2020 年 10 月为契机，对学时不足的学员不予以考试预约。三是依照《中华人民共和国道路交通安全法》和《机动车驾驶员培训管理规定》的相关要求，公安、交通运输管理部门要严格对照各自的职责和分工加强监管，常态化组织联合检查，切实形成监管合力。

四　结束语

有效市场离不开有为政府，有为政府必须依靠市场发挥作用。行业管理部门要充分发挥市场资源配置的决定性作用，积极推进市场体系建设，激发市场活力；积极发挥行业监管的作用，形成闭环管理和良性互动，切实履行监管责任；积极引导企业提升自主创新能力，在技术、模式、服务、教学等方面不断创新，带动行业全面发展。同样地，驾校应以规范教学为核心，不断提高培训质量；以服务能力提升为重点，不断提高学员满意度。此外，还要推动建立行业信用体系，逐步形成"一处失信、处处受限"的信用约束机制，推动行业治理向社会共治转变，从而推进行业规范健康发展，最终实现高质量发展。

本文作者为黄惠珍、高扬、曾波、刘斌凡、汪魏。黄惠珍，高级经济师，从事机动车驾驶员培训行业管理十余年；高扬，高级经济师，从事机动车驾驶员培训行业管理十余年；曾波，黄冈市道路运输和物流事业发展中心主任；刘斌凡，黄冈市道路运输和物流事业发展中心驾培科科长；汪魏，黄冈市道路运输和物流事业发展中心驾培科科员。

B.5
黑龙江计时培训与联网对接工作分析

摘 要: 本报告对 2018 年黑龙江省开展的计时培训项目进行了详细的调研与分析,这既是对国内驾培行业普遍存在的问题的一次解读,也是对黑龙江省计时培训推广过程中存在问题及解决方案的全面梳理。本报告还对行业目前存在的问题及未来的发展思路进行了研讨。

关键词: 驾培行业 计时培训 联网对接 监管服务平台

计时培训的意义极为重大。它可以确保驾培机构在统一的标准下竞争,杜绝非法培训,防止随意设置教练场与开展恶性竞争;它可以助推服务升级,塑造品牌,使创新发展与方便学员成为驾校自我变革的动力;它可以加大学员的自主选择权,学员可以自选驾校、自选教练、自选学车时间;它可以提升驾培机构对挂靠经营的管理能力,提升行业的组织化水平;它还可以强化主管部门的管理手段,使行业发展更有序。

但是,多年来,驾培行业计时培训人人说好,但实施起来人人烦恼,很多省份的相关工作总是陷入泥潭,伪造教练车轨迹、跑马机空刷、乘坐副驾或后排打卡等学时弄虚作假行为屡禁不止。

从 2018 年 2 月黑龙江省下发《省交通运输厅和省公安厅关于加快推进机动车驾驶人培训与考试监管平台联网对接工作的通知》(黑交发〔2018〕31 号)以来,黑龙江全省范围内的省级驾培与考试监管平台联网对接工作快速推进,在经历了诸多挑战之后,取得了不错的成绩。截至 2022 年 3 月,黑龙江省累

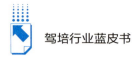

计完成404家驾培机构的数据上报（全省共有406家），确保了培训质量、净化了驾培市场、促进了行业发展。

战斗未有穷期，黑龙江省主管部门和相关机构还在持续努力，争取让计时培训工作更上一层楼，本报告将对黑龙江省计时培训工作进行全面分析。

一　驾培行业计时培训相关政策

培训与考试系统联网对接始于2004年公安部、国家发改委、交通部、农业部、国家安全生产监督管理局联合发布的《预防道路交通事故"五整顿""三加强"实施意见》（公通字〔2004〕33号）。其中第一部分第（二）项指出，"交通、公安部门建立驾驶员培训和考试环节的衔接机制，加强监督制约"。随后，大部分省份的学习培训记录开始尝试进行人工对接。

为了培养安全文明合格驾驶人、提高机动车驾驶人培训考试工作的服务管理水平、推进驾驶人培训考试制度改革，2015年，国务院办公厅转发《公安部、交通运输部关于推进机动车驾驶人培训考试制度改革意见的通知》（国办发〔2015〕88号），文件强调"严格按照国家标准和规定配备教练车、教练员和教学设施，严格按照教学大纲规定的学时和内容进行培训，确保培训质量"。

2016年，《公安部、交通运输部关于做好机动车驾驶人培训考试制度改革工作的通知》（公交管〔2016〕50号）发布，提出"应督促机动车驾培机构和教练员严格执行教学大纲，落实培训内容和培训学时要求，在驾驶培训考试中增加防范隧道事故和二次事故、应急处置、急救实训等内容，提高驾驶人职业素质能力。加强培训质量监管，制定机动车驾培机构质量信誉考核办法，实行严重交通事故驾驶人培训质量、考证发证责任倒查制度。推动驾培机构监管平台与考试系统联网对接，实行培训与考试信息共享"。

2016年5月12日，交通运输部紧密结合驾驶培训考试制度的改革要求，以问题为导向，从信息化顶层设计出发，按照"监管分离、规范市场；软件升级、硬件兼容"的原则，完成了《机动车驾驶员计时培训系统平台技术规范》及《机动车驾驶员计时培训系统计时终端技术规范》的修订工作。

二 驾培行业计时培训普遍存在的问题

驾驶员培训学时监管是落实《机动车驾驶培训教学与考试大纲》的基本手段，是培养安全文明驾驶员的根本保障，是提升培训质量的先决条件。正视驾驶培训行业中现存的问题，严格学时管理、统一监管尺度是确保行业健康有序发展的头等大事。

2017 年，在交通运输部的指导下，相关部门完成了全国驾驶培训监管平台建设和全国驾驶培训数据交换与服务平台架构设计，实现了全国驾培机构、教练车、教练员及计时平台、远程教育平台的统一编码管理，完成了省级驾驶培训监管服务平台数据交换功能模块的开发及数据交换接口测试及压力测试工作，实现了 31 个省份的技术对接与部分省份的数据实时对接。

全国 31 个省份都建设了省级驾驶培训监管服务平台，利用人脸识别、电子围栏等技术手段，建立了严格的学员学时审核制度，杜绝了场外培训与"黑驾校""黑教练"的出现，为保障驾培行业市场有序发展提供了基础。截至 2022 年 1 月 31 日，全国驾驶培训监管服务平台共收到 31 个省、自治区、直辖市以及新疆生产建设兵团传输的驾驶员培训行业数据，累计收到驾培机构信息 19791 家，教练员信息 99.51 万人，培训车辆信息 81.22 万辆。

可以说，在推进计时培训与学时对接工作中，技术已经不再是障碍，拦路虎就是一些"矛盾"，有效化解这些矛盾，才能运用信息化开放、共建、共享的方式，真正建成全国驾培监管服务一张网，构建新的行业治理体系。

根据调研，这些矛盾主要有以下四个方面。

（1）产能过剩与计时培训的矛盾。在产能严重过剩、竞争激烈的市

场环境下，没有品牌效应的驾培机构面对行业成本的增长，只能被动采取价格战等低级竞争手段来应对，行业陷入"越打价格战经营环境越差，市场越差越要降价谋生存"的怪圈。低价竞争势必导致学时减少、培训质量下降。

（2）应试教育与计时培训的矛盾。从驾培机构的角度看，在没有形成品牌的情况下，降价招生成为惯性，降价就要降成本，降成本最直接的手段就是减少培训学时，很多地方的学时已经减到学员基本能够通过考试的最低线。而从学员角度看，大多数学员学车仍以能够尽快通过考试为目的，而非熟练掌握驾驶技能，多学一个学时就会增加时间成本或者经济成本，"拿证后，有时间再去练"是大多数学员的真实想法。

（3）挂靠模式与计时培训的矛盾。长期以来，挂靠经营在驾培行业极为常见。经过多年的演变，挂靠教练员成了招生主体，驾培机构成为收管理费和场地使用费的主体，丧失了自主招生能力与企业管理话语权。在这种以教练员为主体的培训机制下，"尽快让学员拿到证"成为培训主旨，教练员指使、引导学员进行学时造假的情况非常普遍。

（4）想计时与难计时的思想矛盾。部分正规化办学的驾培机构非常愿意进行计时培训，明白这是杜绝低价竞争、规范市场行为、打击非法培训的有效手段。但目前，受到各地监管尺度不同的影响，迫于成本压力、学员流失压力，一些驾校难以严格按学时开展培训。

并且，部分地区的驾培机构仍然没有自主选择计时平台的权利，相关机构圈定计时平台及终端的选择范围，好处在于防止驾培机构自主选择可配合造假的计时厂家，弊端在于收费偏高、服务无法保障、厂家难以更换，引发了驾培机构的抵触。

但是，黑龙江省驾培市场的监管服务模式改革势在必行，主要有三个原因。

一是黑龙江省驾培行业已经进入供大于求的新阶段。随着近年汹涌而来的学车热潮，大部分学车群体存量已消化，驾培市场的人口红利已基本消失，有些地区驾培机构的培训能力已严重过剩，买方市场已经形成，部分驾培机构已出现生源不足的现象。

二是驾驶培训质量普遍不高。大多数驾培机构的设备标准不断提高，但基础管理、人才素质、诚信服务、创新能力等软实力较为落后，驾培机构的规章制度、档案管理、岗位职责划分等管理制度几乎成为了应付检查的工具。教学上也未建立起规范的体系，从业人员素质偏低，教练员多凭经验教学，对学员的指导能力不足。目前，多数驾培机构的理论教学靠学员自学。

三是低价招生难以持续。在效益降低的压力下，同质化竞争加剧，驾校竞相压低招生价格，严重扰乱了市场秩序，损害了学员的合法权益，不利于行业健康发展。

三　监管服务平台部署快速推进

为满足交通运输部《机动车驾驶员计时培训系统平台技术规范》要求，2017 年 10 月 1 日，黑龙江省机动车监管培训服务平台顺利进行了基础功能开发。

2018 年 2 月，黑龙江省交通运输厅和公安厅下发《关于加快推进机动车驾驶人培训与考试监管平台联网对接工作的通知》（黑交发〔2018〕31号），要求从 5 月 1 日开始，在全省范围内实现省级驾培与考试监管平台联网对接，并要求公安交管部门在受理申请机动车驾驶证考试时要依据省级驾培监管平台传输的数据安排考试。据此，黑龙江省陆续对黑河市、鸡西市、绥化市的驾培机构培训系统进行了更新升级与二次开发。相关网络拓扑图如图 1 所示。

当时的做法是，首先做好平台信息导入工作，保证新老学员都能适应新平台；其次，在正式对接前安装已经通过监管平台运营商符合性检测的车载计时培训终端设备，各县（区）级驾培管理部门要会同监管平台运营商及时划定教练场电子围栏，各驾培机构将相关基础信息（驾培机构、经营范围、经营许可证编号、教练车、教练员、考核员、安全员、终端设备等信息）和

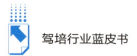

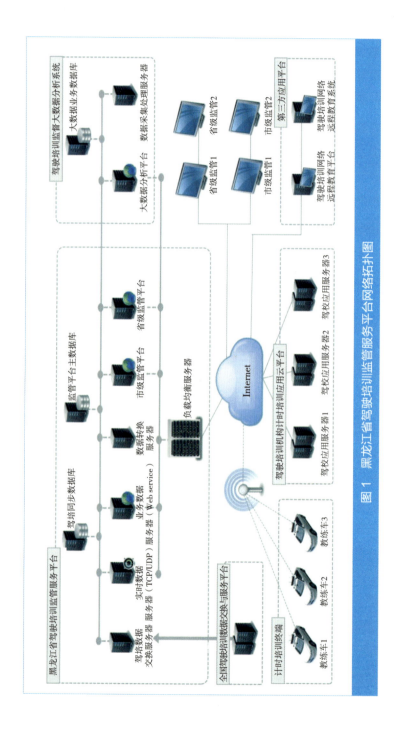

图 1 黑龙江省驾驶培训监管服务平台网络拓扑图

培训能力录入；最后，县（区）级驾培管理部门按照有关规定，严格审核辖区内驾培机构上传信息的真实性和有效性，并进行最终确认。

监管服务平台运用人脸识别、卫星定位技术，通过对教学过程中的教练员信息、学员信息、教学区域、教学车辆行驶状态、教学实景抓拍分析等功能，实现了对学员学时的真实性记录与审核，可以有效保障学员真学真练的合法权益。

监管服务平台的应用使得学员培训过程更加公开、透明，流程更加简洁明了。学员按照交通及公安部门的管理要求到驾校报名后，就可以开始科目学习，当学员的科目学习达到教学大纲要求后，驾校会对所学学时进行初审，审核通过的学员的信息才会上传至运管部门复审。审核通过的学员可通过接口把数据上传到互联网交通安全综合服务平台；未通过审核的学员，驾校会收到审核结果，学员可按照审核结果继续补充学时，如图2和图3所示。

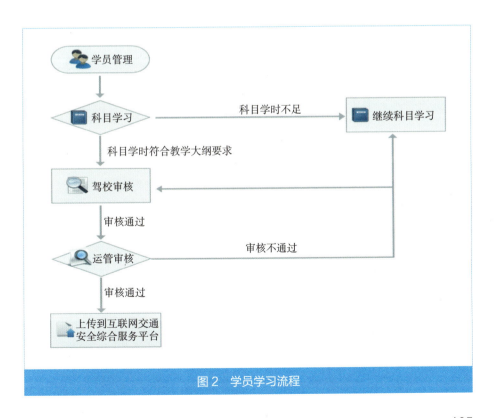

图2　学员学习流程

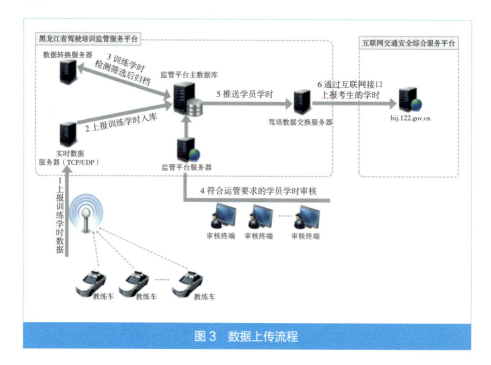

图 3　数据上传流程

　　按照黑龙江省交通运输厅、公安厅《关于加快推进机动车驾驶人培训与考试监管平台联网对接工作的通知》的要求，经黑龙江省机动车驾驶员培训管理办公室与黑龙江省交警总队商定，2019 年 3 月 1 日起在黑河市、鸡西市、绥化市三个试点地区启动机动车驾驶人培训与考试监管平台联网对接试点工作。为了保障培训与考试监管平台顺利联网对接，下发了相关的通知。

　　一是做好信息导入和备案审核工作，各驾培机构要尽快将相关基础信息和培训能力录入新的黑龙江省驾驶培训管理系统。县（区）级驾培管理部门要按照有关规定，严格审核辖区内驾培机构上传信息的真实性和有效性。

　　二是对于试点地区，许可机关要督促驾培机构立即使用已安装终端设备的教练车开展科目二和科目三的教学工作，以便及时发现并处理问题，避免系统对接后给驾培机构和学员造成不必要的损失。加强对驾培机构开展的培训活动的现场检查和指导，并做好问题记录，及时上报至市级驾培管理部门。市级驾培管理部门要收集汇总监管平台和计时培训终端设备运行过程中出现的问题，并向省办反馈。许可机关要指定专人负责对监管平台自动识别的异常、可疑教学信息进行甄别和处理，并对符合要求的电子培训记录进行审核，及时传送至公安考试系统。有关试点市要协调监管平台运营商和终端设备运营商对驾培管理部门、驾培机构业务人员进行操作培训，包括计时培训系统操作和数据上传要求、学时审核规则等内容。终端设备运营商应及时安排技术人员处理终端设备、信号传输等出现的故障。

此外，各驾培机构应按照教学大纲规定的内容和学时进行培训，要严格按照已核定的培训能力进行规范培训，确保培训质量。若驾培机构减少培训项目和学时，伪造和篡改培训记录等，则由驾培管理部门按照相关规定对其进行处罚，并将其列入违法失信名单。

2019 年 9 月 1 日平台启用，并逐步规范化进行完善和功能迭代。在黑龙江省交警部门和交通部门的合力引导与支持下，该平台已实现与交警总队数据的共享和对接，也实现了与交通运输部交通通信信息中心数据的共享和对接。

通过监管服务平台，各培训机构、教练员、教练车、学员、安全员、考核员都可按照学时要求和全国平台进行信息共享，对驾培机构服务水平的提升起到了积极作用，并取得了斐然的成绩。

2019 年，全省地市统一对接后，累计完成 374 家驾培机构的数据上报，累计审核录入 9976 名教练员、953 名考核员、835 名安全员及 8581 辆教练车信息，同时录入 195090 名学员信息（见图 4），其中 7631 台计时终端设备完成了与教练车的有效绑定并产生了训练学时。

试点地区系统全部完成更新升级后，省内其他驾培机构也于 2020 年 3 月陆续与新的监管平台完成对接。截至 2022 年 3 月，累计完成 404 家驾培机构的数据上报，累计审核录入 14786 名教练员、1106 名考核员、946 名安全员及 9958 台教练车信息。

2016 年，黑龙江省转发《交通运输部工商总局关于印发〈机动车驾驶培训先学后付计时收费模式服务合同（示范文本）〉的通知》，2021 年，结合当

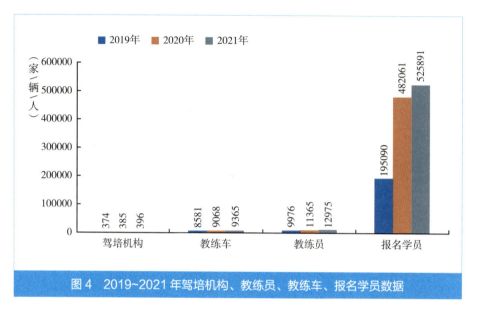

图4　2019~2021年驾培机构、教练员、教练车、报名学员数据

地驾培行业的实际情况和管理需求，并针对驾校和学员发生的一些纠纷和矛盾，黑龙江省利用平台管理功能，制作了驾驶培训服务电子合同模块。学员在报名时，必须与驾校签订正式合同方可完成报名流程。电子合同为处理学驾双方纠纷提供了可靠依据。

另外，计时培训平台还开设了网络远程教育功能，学员可以通过手机端远程观看理论教学内容。教学内容质量高、形式丰富多彩、学习效果好，相比传统课堂，网络教学更受学员欢迎。

四　黑龙江省监管服务平台取得的重要成果

一是确保了培训质量。培训与考试系统联网对接后，学员必须学满国家要求的基本学时后方可预约考试，保证了培训时间，考试合格率大幅提升。同时，联网对接后，驾培机构主动改变传统的教学方式，积极探索定制课程、一对一服务等特色教学，学员普遍反映训练时间充足、服务质量明显提高，驾培机构盈利水平也普遍增长。

驾培机构的良性发展状态在牡丹江地区表现得较为明显。计时培训实现联网对接后，当地改变传统的培训方式，通过监管服务平台进行日常数据分析，不断调整教学方式，真正做到真学实练，保证了培训质量。

当前，人力成本和燃油费逐步走高，驾校经营成本压力加大，但是牡丹江地区通过计时培训工作的顺利开展，告别了竞相压价招生的模式，注重提高培训合格率与学员满意度，不但提高了驾校盈利能力，也引导本地区驾培机构健康发展。

二是净化了驾培市场。驾培机构必须备案，教练场地、车辆和教练员必须符合规定，教练场必须划定电子围栏，教学车辆须通过车载终端传输有效学时记录，这些平台要求从根本上杜绝了非法驾培机构和教练车的出现。

在计时培训工作开展之前，齐齐哈尔地区"黑驾校"有很大的生存空间，他们甚至跑到驾校门口发名片截取生源，并在驾校不知情的情况下以驾校名义招收学员，一些"黑驾校"的教练员甚至随便圈块地私自教车。不固定的培训场地、不明确的手续、大幅低于市场价的收费标准、繁杂的收费名目等，这些"黑驾校"对当地驾培市场带来了巨大破坏。据统计，当时"黑驾校"招收的学员总量已经远超正规驾校，占到了整个市场招生人数的70%以上。

计时培训与考试系统联网对接以来，此类情况得到了有效遏制。首先，学员想完成大纲要求的学时必须在报名时将基本信息录入到监管服务平台，由于"黑驾校"没有平台系统，这就从根本上限制了非法招生。其次，平台对驾培机构场地进行电子围栏规划。正规的驾培机构都有符合标准的培训场地，未在平台规划的围栏场地内进行培训的学时是无效的，也不可能上传到考试系统。最后，"黑驾校"的教练车上没有计时设备，学员信息、培训过程等信息都不能传输至监管服务平台。

三是促进了行业发展。计时培训与考试系统联网对接后，行业管理部门从技术和行政手段上加强了监管，通过监管平台对学员培训的有效学时进行采集和分析，能够有效扼制学时造假、篡改数据等不良竞争手段。

平台还可以通过自动识别、自动审核的方式对有学时造假行为的驾培机构停止接收其上传的学时，并同时作废假学时，初次发现作假停止接收数据15天，二次发现停止接收数据30天。这促使驾培机构依法经营、文明教学，进而引导驾培机构向规模化、职业化方向发展。

根据《交通运输部关于做好机动车驾驶员培训经营备案有关工作的通知》（交运函〔2021〕248号），机动车驾驶员培训机构应按照备案事项开展相应培训业务。此通知下发后，监管服务平台起到了至关重要的作用。首先，平台可以通过电子围栏、卫星定位等科技手段，完全掌握驾培机构地址变更情况；其次，平台与公安系统联网，能实时获取车辆真实信息，从而净化培训环境。

五 推进过程中的棘手问题及解决方案

计时培训与联网对接工作难度很大，在推进过程中也遇到了很多阻碍。这里列举几个常见的问题，希望给行业带来一些新鲜的案例，也希望给同行一点借鉴。

首先，解决老学员难题。在推进全省培训监管服务平台前，省内存量老学员数量较大，各驾培机构学员积压情况严重。学员早已报名但一直未能考试，这种情况特别容易引发甚至是激化矛盾，给社会增加不和谐的因素。

经过省机动车驾驶员行业管理办公室与省公安交警部门协商，决定以市（地）为单位，分批次向省交通安全综合服务管理平台推送老学员数据。省机动车驾驶员培训管理办公室发布《关于进一步做好全省驾驶培训监管服务平台与黑龙江交通安全综合服务管理平台联网对接工作的通知》，要求各级管理部门高度重视，抓好组织落实，自觉承担起本地区联网对接工作的主体责任，明确各市（地）老学员数据推送时间，分批次组织各市（地）相关驾培机构将原有已经完成培训的老学员信息录入新系统。要求各市（地）管理部门明确将具备联网对接条件的驾培机构和老学员名单录入监管平台，并且驾培机构将老学员名单通过电子邮箱上报至许可机关，许可机关再上报至省机动车驾驶员培训管理办公室，共计录入 704251 人。

在交警部门的大力配合下，监管平台运营公司协助将接收到的老学员名单和系统内已录入学员的信息进行核对，无误后由其将信息按照要求推送至公安考试系统，确保新老系统无缝对接。在计时培训和联网对接工作过程中，对于前后新老学员信息对接问题，采用"老人老办法，新人新办法"的原则解决问题，既维护并保障了老学员的考试权益，也加快了新学员按照最新要求进行学习与报考的进度。

其次，解决数据量的问题。以全省为单位的培训监管服务平台数据量巨大，全省一起启动数据上报会导致过多数据同时涌入公安平台，对平台运转造成极大负担。因此，必须分批次、分地市进行联网对接，以避免大量数据同时上传而造成的系统崩溃。

六　给行业带来的启示与建议

（1）高度重视，精心组织。各级驾培管理部门要充分认识计时培训与联网对接工作的重要意义。推进系统联网对接是贯彻落实国务院要求的一项重要举措，也是解决当前各省份驾培行业存在的各种乱象的有效手段。各级驾培管理部门要站在促进驾培行业健康发展的高度，精心组织，认真实施，确保系统对接稳步推进。

（2）协同管理，健康发展。驾培管理部门与公安交警部门作为驾培行业的职能部门应共同推进驾培市场的良性发展。两个职能部门应按照职责分工认真履行各自对驾培行业的管理职能，同时建立定期会商机制，积极探索优化驾培市场服务和管理的新举措和新机制，确保各项政策措施及时有效落实，共同推进驾培市场健康可持续发展。

（3）加强宣传，营造氛围。各级驾培管理部门要通过电视、网络新媒体等多种形式广泛宣传培训与考试监管服务平台联网对接工作的目的

和意义，备案机关要到驾培机构走访，面对面地为驾培机构答疑解惑，争取绝大多数驾培机构的支持和理解，为系统联网对接创造良好的舆论环境和氛围。

（4）创新升级，科技为本。提高信息化应用水平和创新水平是驾培行业提档升级的必要条件。近年来，随着"放管服"改革的持续深入，许可权的下放、教练员资格证的取消、"两随机一公开"、"最多跑一次"、"先学后付"等有利于促进市场活力的各种政策的实施，使驾培行业已经进化为完全市场化的经营模式。传统管理方式已经无法对驾培市场进行有效管理，传统的经营模式也无法满足学员个性化的学驾需求。开展计时培训和联网对接、网络远程教学、模拟器教学等信息化建设是驾培行业适应新形势和新要求、实现新发展的必要且唯一的手段。大家应该放弃幻想，切实维护对接工作，从根本上改变管理手段和经营理念，提高服务水平。

（5）协会引领，自我规范。目前，驾培行业无序竞争现象普遍，行业缺少带头人和引领者，缺乏创新发展驱动力，因此必须发挥协会的带动作用。例如，哈尔滨市成立行业协会，发挥行业协会作用和功能，通过行业自律、自我监管、自我革新的方式增强驾培机构活力和发展动力。

（6）强化培训，优化服务。学员的满意度是影响驾培机构声誉的关键要素，驾培机构应主动改变传统的教学方式，树立"一切以学员为中心"的服务理念，关注学员的多样性需求，积极探索特色化教学方式。只有给学员们提供更多富有人性化的服务才能树立良好的口碑，最终实现品牌化、规模化经营。

同时，驾培机构要履行主体责任，不断提高教学管理水平，逐步实现科学化和规范化管理，制定必要的管理制度，按照教学大纲要求保障学员的学车权利，提高培训质量，确保考试合格率维持在较高水平。

（7）加强考核，提升信誉度。目前，行业质量信誉考核工作流于形式，质量信誉考核无法真实反映驾校实际培训、服务质量。尤其是在信息化、科技化管理手段被普及之后，原有质量信誉考核方式已不适用于当前驾培行业。

对此，在推进计时培训与联网对接工作时，应该改变质量信誉考核的重点和方法，更侧重于考核驾校诚信服务水平和服务质量，同时对社会公众公布考核结果。

本文作者为熊燕舞、陈鹏。熊燕舞，中国交通运输协会驾驶培训分会副秘书长、交通运输部科学研究院研究员；陈鹏，黑龙江省道路运输事业发展中心培训办主任。

市场发展篇

B.6

C6 驾照培训市场分析

摘　要： 本报告从 C6 驾照的由来谈起，对 C6 新准驾车型进行全面剖析，并介绍了国外对于旅居挂车驾驶资格的管理模式，最后从旅游业相关政策、房车销售状况、房车受众人群的变化等层面，对 C6 驾照培训市场前景进行了论述并对国内房车销量与保有量进行预测。

关键词： 驾培市场　C6 驾照　房车

　　一石激起千层浪。2021 年 12 月 27 日，公安部发布全新修订的《机动车驾驶证申领和使用规定》（公安部令第 162 号），定于 2022 年 4 月 1 日正式实施，其中新增的 C6 车型为"轻型牵引挂车车型"，即总质量小于（不包含等于）4500kg 的汽车列车。文件对 C6 车型与 A2 车型（重型牵引挂车，总质量大于 4500kg）的功能定位进行了明确划分，其中 C6 车型属于"促进产业发展和服务群众生活的轻型牵引挂车车型"。[①]2022 年 3 月 26 日，央视财经第一时间节目报道了 C6 驾照的"上线"将带火驾校房车培训的新闻，在全国范围内引起热烈反响，不少地方媒体纷纷跟进报道。

如今，国内旅游已经全面进入自驾游时代，以"人车一体"为关键特征进行的位移消费，形成了一个跨地域、跨行业的大产业生态圈。全国自驾游人数约占国内旅游总人数的 80%，自驾游人数占比增速超过 20 个百分点。[②]在自驾游时代，房车成为户外爱好者的新宠，"车外是世界，车内是我家。"驾驶房车出游，不仅解决了旅途中的吃住问题，同时还可以实现旅行自由，减少了跟团旅游走马观花的遗憾。驾驶房车出游，有着"带上家，向美好出发"的浪漫豪情，正在成为一股不可忽视的生活方式。

一　C6 驾照的由来

艾媒咨询数据显示，2019 年中国旅游业总收入占 GDP 的 11.05%，达到 2014 年以来的历史新高。从 2014 年的 10.39% 到 2019 年的 11.05%，中国旅游业对 GDP 的贡献度稳中有升。[③]

疫情之前，我国已经稳步进入大众旅游新时代，房车旅行是大众旅游的细分市场，"十四五"政策导向也绝对利好这一细分市场。驾驶旅居车辆（包括自驾式旅居车和拖挂式旅居车，俗称"房车"）旅游成为发展潜力大的新兴消费模式。

但长期以来，旅居车特别是拖挂式旅居车面临正常通行受限、受阻，准

---

① 巩建国：《我国机动车驾驶人管理制度变革特点与经验》，《道路交通管理》2022 年第 2 期。

② 数据由中国旅游车船协会提供。

③ 《旅游行业数据分析：2019 年中国旅游业综合贡献占 GDP 总量 11.05%》，艾媒网，https://www.iimedia.cn/c1061/71341.html，2020 年 5 月 9 日。

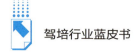

驾车型不明确等棘手问题。喜欢拖挂式旅居车的车友这样在网上调侃："拖挂房车上路难，走着走着就被拦。需跟交警慢慢谈，沟通无果最心寒。……吃透法律都不行，没有依据不安宁。"

房车兼顾"房"与"车"的双重属性，但其根本还是车，必须遵从车辆管理要求，办理上牌手续后方可上路。但由于现行法规相对滞后，没有明确规定拖挂式房车驾驶技术要求与所对应的驾照类别，造成我国房车属性不够明确。在很多地区，拖挂车在高速公路上行驶受到限制，故驾驶拖挂式房车常被认定为违反交通法规。国内很多地方房车上牌照、上高速困难重重。例如，北京虽已明文允许拖挂式房车上高速，但收费要比普通小客车高一个等级。某些地方还存在对车辆保有量和特种车运营的限制。[1]

为贯彻落实《关于促进旅游业改革发展的若干意见》（国发〔2014〕31号）的有关要求，2015年4月8日，公安部交通管理局下发《关于规范旅居挂车上路通行管理工作的通知》，要求各地公安交通管理部门切实保障旅居挂车[2]的通行权利，准确理解"全挂拖斗车"的概念，认识旅居挂车与其他载货挂车在乘坐人数、运载质量、行驶路线、运行规律等方面的区别，明确规定"拖挂式房车不属于全挂拖斗车"，解决了"高速公路不让拖挂式房车上路"的问题，因为全挂拖斗车是不允许进入高速公路的[3]。

另外一个棘手的问题是，拖挂旅居房车的小客车属于汽车列车[4]，在这种情况下对小客车驾驶技能的要求与单独驾驶小客车不同，那么究竟应该由具

---

① 鲁岩平：《中国房车行业分析及对策研究》，湖南大学硕士学位论文，2014。

② 《汽车和挂车类型的术语和定义》（GBT3730.1-2001）2.2.3.1规定，旅居挂车是指能够提供活动睡具的中置轴挂车。《机动车运行安全技术条件》（GB7258-2017）3.3.4规定，旅居挂车是指装备有睡具（可由桌椅转换而来）及其他必要的生活设施、用于旅行宿营的挂车，包括中置轴旅居挂车和旅居半挂车。按照国际惯例，依靠SUV、越野车、小轿车等牵引车行进的拖挂式房车在行驶的过程中不可以坐人。

③ 《中华人民共和国道路交通安全法》第六十七条规定，行人、非机动车、拖拉机、轮式专用机械车、铰接式客车、全挂拖斗车以及其他设计最高时速低于七十公里的机动车，不得进入高速公路。高速公路限速标志标明的最高时速是不得超过一百二十公里。

④ 中华人民共和国国家标准《机动车运行安全技术条件》（GB7258-2017）3.4规定，汽车列车由汽车（低速汽车除外）牵引挂车组成，包括乘用车列车、货车列车和铰接列车。

有 A2 驾照的人员驾驶还是由具有 C 类驾照的人员驾驶呢？由于当时我国尚未形成统一、完善的拖挂式房车管理规定，一定程度上阻碍了房车旅游业的发展。

2016 年 11 月 7 日，国家旅游局、国家发改委、工业和信息化部、公安部、财政部等部门印发《关于促进自驾车旅居车旅游发展的若干意见》，其中第五章提到"安装符合国家标准牵引装置的小型客车，可以拖挂重量不超过 2.5 吨的中置轴旅居挂车上路行驶。研究改进旅居车驾驶证管理制度"。这一规定部分改善了这一窘境。一般地，拖挂式房车长度小于 6 米、总质量小于 4500kg 的，需 C 类驾照；拖挂式房车长度大于 6 米，需 B、A 类驾照。但在具体操作层面，车管所、高速公路收费站工作人员、交警等工作人员对政策理解程度不一，导致拖挂式房车上牌照、高速收费等问题突出。

五年来，不仅一些人大代表在两会期间呈上诸多房车准驾的提案，旅游业人士与自驾游爱好者针对"尽快解决房车行路难、房车标准、上何种车牌、使用何种驾照、高速公路收费标准、安全标准"等问题也一直进行着意见反馈。对此，相关部门快速反应，进行了多轮调研，并对国外相关规定进行了对比分析，最终促成了 C6 驾驶证规则的出台。

二 深度认识 C6 准驾车型

房车（Recreational Vehicle，RV），意即"供娱乐消遣用的车辆"，在欧洲常称 Caravan，意即"大篷车""宿营拖车"。根据我国相关行业标准《旅居车》（QC/T 776-2017）①、《旅居挂车技术要求》（GB/T 36121-2018），"旅居车"和"旅居挂车"是自行式房车与拖挂式房车的正式名称。进入 C6 驾照时代，业内人士一般还是用"房车"来指代自行式房车，而在谈到拖挂式房车时，一般用"旅居挂车""拖挂房车"来表示。

根据造型和制造工艺的不同，参考国外尤其是美国百年来的房车发展经

---

① 该标准对旅居车的定义为车厢装有隔热层，车内设有桌椅、睡具（可由坐具转变而来）、炊具、储藏品（包括食品和物品）、卫生设施及必要的照明和空气调节等设施，用于旅游和野外工作人员宿营的专用汽车。

验，目前最为常用的是依据车辆自身有无驱动力，将房车分为自行式房车、拖挂式房车两种，另外还有不太常见的移动木屋类房车。自行式房车可细分为 A、B、C 三类，拖挂式房车也分为若干类型，详见图 1 至图 3。

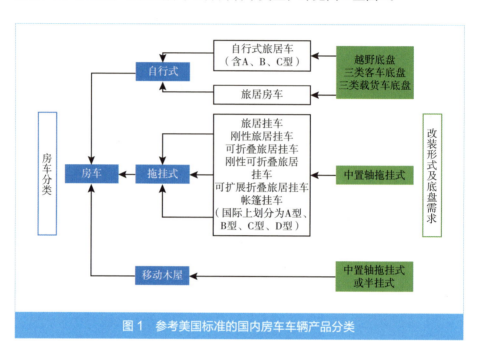

图 1　参考美国标准的国内房车车辆产品分类

图 2　自行式房车

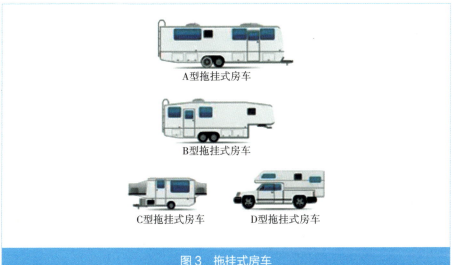

A型拖挂式房车

B型拖挂式房车

C型拖挂式房车   D型拖挂式房车

图3　拖挂式房车

（1）自行式房车拥有发动机和底盘，具体包括以下三种车型。

①A型自行式房车，俗称"大巴房车"，是自行式房车中体积最大的一种，一般长8~15米，豪华舒适，有一个经过特殊设计的底盘。

②B型自行式房车，俗称"MPV房车"，一般指露营篷车，长4~6米，在常规篷车顶部添加一个上升顶棚。

③C型自行式房车，即MINI型房车，通常在底盘上附加一个车厢，一般长5~9米，对停车位和车库要求较高。

一般地，B型、C型自行式房车，基本上是按照蓝牌标准制造，如果符合车长在6米之内、核载6人（含6人）的标准，C本驾驶员即可驾驶。

（2）拖挂式房车需要机动车牵引，但不需要和牵引车永久连接，具体包括以下四种车型。

①A型拖挂式房车，指常规的旅居挂车，它借助缓冲器或连接装置与汽车、越野车或卡车连接，并以其作为动力源；全部重量集中在中置轴车轮上，是一种用连接器和挂钩就可以悬挂在其他车辆尾部的拖车。

其外形大多规则、对称，一般为长方体或近似长方体、泪滴状或椭圆状，车内设有起居室、厨房、卧室、盥洗室等区域，家具、橱柜齐全，热水器、空调、影音娱乐系统、冰箱、微波炉等一应俱全，是按照一定比例缩小的集装式别墅。由于大部分私家车都能拖挂，所以此类房车非常受普通家庭欢迎。

②B型拖挂式房车，即低五轮拖挂车，其通过一种特殊的连接装置连接并拖曳到卡车上，在美国被称为五轮拖挂或鹅颈房车，在我国常被称为旅居半挂车。它由皮卡或拖头牵引，最明显的特征是主体的一部分向前车的上方延伸，形如鹅颈，这种构造缩短了车辆和拖车组合的总长度。

它属于中置轴车辆和半挂车之间的产品，外形庞大，对前车的车载重量和牵引力都有比较高的要求。

③C型拖挂式房车，即折叠野营拖挂车，是一种轻量级拖车，两侧可折叠，便于拖曳和存放，也可称其为折叠旅行拖车、弹开拖车或帐篷拖车，大多用于露营。此类房车重量较轻，大多数汽车甚至小型迷你汽车都可以拖动，缺点是设施简单，仅适于温暖季节使用。

④D型拖挂式房车，即皮卡驮挂房车，是一种小型拖挂车，通常可以装载到卡车的车厢或底盘上，也叫驼背式房车、背驮式房车、卡车房车，其特点是没有单独车轮，全部依赖牵引车。一般用于路况不好的露营地、景点，在国内比较罕见。

在满足"牵引车+轻型挂车的总质量小于4500kg"的条件下，持有C6驾照的人员一般能够驾驶A型和C型拖挂式房车，持C1、C2驾照的人员一般能够驾驶D型拖挂式房车，B型拖挂式房车一般需要A2驾照。总之，拖挂式房车均为中置轴类型（如图4），属机动车范畴，必须挂牌才能合法上路。

按照本次C6驾驶证改革的基本精神，轻型牵引挂车分为乘用车列车与中置轴挂车列车，并非仅限于房车一种类型（见表1）。其中对准驾车辆进行的重量限制是牵引车+轻型挂车的总质量小于4500kg。根据目前我国轻型挂车的设计和规格，基本上能满足这一要求。

如果要凭C6驾照开蓝牌轻卡拖挂，就得保证整车（主车+挂车+货物）

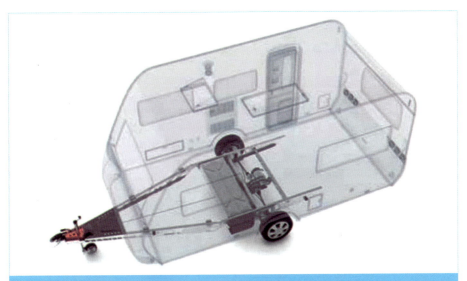

图 4   中置轴拖车结构

注：基本全部的重量集中在中置轴车轮上，前面的挂钩作用在牵引车上，没有垂直载荷或者垂直载荷很小，有点像天平，两边是均衡的，它有别于半挂车，大部分私家车都能实施拖挂。

总重小于 4500kg，其运载能力并不大，所以中置轴挂车 + 蓝牌轻卡的组合估计很难流行，C6 驾照真正适合的人群必然还是某些旅居房车玩家和越野娱乐玩家。

表 1 轻型牵引挂车的分类	
分类	要求
乘用车列车	自动挡小型载客汽车与中置轴挂车的组合，车长大于或等于 10m、总质量小于 4500kg
中置轴挂车列车	自动挡轻型载货汽车与中置轴挂车的组合，车长大于或等于 10m、总质量小于 4500kg

三   国外对于旅居挂车驾驶资格的管理

美国和日本对挂车驾驶资格的管理规定详见表 2 和表 3。

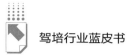

驾驶证类型	牵引挂车要求	申请条件	考试要求
商用 A 类	总质量大于 10000 磅（约 4.5 吨）的挂车	商用类：州内雇佣；从事州内运输需满 18 周岁，从事跨州运输或者危化品运输需满 21 周岁 非商用类：18 周岁以上	商用类：理论考试（根据驾驶证类型及签注类型分类），实际道路考试（含出行前检查、技能测试以及 45~60 分钟的市区 + 高速路考）
非商用 A 类	总质量大于 10000 磅（约 4.5 吨）的旅居挂车；总质量大于 15000 磅（约 6.8 吨）的 5 轮旅居挂车		
商用 B 类	总质量小于 10000 磅（约 4.5 吨）的挂车		
非商用 B 类	总质量小于 10000 磅（约 4.5 吨）的挂车；		
商用 C 类	牵引车自重 4000 磅（约 1.8 吨）以上时，可拖挂以下车辆：总质量 9000 磅（约 4 吨）以下的		
非商用 C 类	旅居挂车、总质量 10000 磅（约 4.5 吨）以下的旅居挂车；空车重量在 4000 磅以下的机动车辆不得拖拽任何总重量为 6000 或以上的车辆		

表 2   美国挂车驾驶资格管理规定

资料来源：公安部交通管理局。

表 3   日本挂车驾驶资格管理类型

驾驶证类型	牵引挂车要求	申请条件	考试要求
小型驾驶证	总重量在 750kg 以下的车辆（不需要牵引执照）；750kg 以上的车辆（需牵引执照）	18 周岁以上	牵引车驾驶证考试：场地：干线车道和环绕车道行驶（按指示速度行驶、环绕弯道、定点停车）、十字路口通行（左转右转、信号通过）、通过人行横道、通过岔道、通过曲线车道、变向、通过障碍物场地；路考（根据主驾驶资格，一般为 6~7 项）：信号通过或临时停车、左转右转、通过人行横道、路面停车和起步、行驶距离（4.5km 以上）、纵向停车、后方间隔、通过障碍物设置场地
中型驾驶证	总质量 750kg 以下的车辆（不需要牵引执照）；750kg 以上的车辆（需牵引执照）；牵引 2000kg 以下车辆时可使用小型拖车限定执照	20 周岁以上	
大型驾驶证		21 周岁以上，须持有小型或中型驾驶证 2 年以上	
大型特殊驾驶证（专用车，如轮式机械车）			
牵引车驾驶证	牵引总质量超过 750kg 的车（750kg 以下不需要牵引车驾驶证）	已取得相应驾驶证（牵引运输类必须年满 21 周岁，持有主驾驶执照 3 年以上）	

资料来源：公安部交通管理局。

可以看出，美国和日本单独管理挂车车型的驾驶资格，且申请条件严格，除符合年龄等条件外，有的还需持有同类普通驾驶证后才可申请挂车驾驶资格。另外，考试管理也比较严格，单独设置挂车驾驶资格考试或要求考试时使用牵引挂车。

四　C6 驾照培训市场前景分析

随着我国私家车保有量的迅速增长、高速公路的不断完善、旅游业政策的激励，房车旅游在国内一些地区快速兴起。房车空间更大，乘坐舒适性好，还能满足一家人的住宿需求，提升了家庭出游的丰富性与趣味性。房车旅游作为高端出游形式，天然地被赋予了精品小团定制的特性，私密性强、用户体验佳。

这里将从旅游业相关政策、房车销售状况、房车受众人群的变化等层面对 C6 驾照的市场前景进行详尽分析。

（一）旅游业相关政策支持房车旅游业发展

近年来，我国旅游产业社会综合效益更加凸显，其发展愈发受到政府的高度重视，相关支持政策不断出台。

2009 年，国务院颁布《关于加快发展旅游业的意见》，把房车纳入国家鼓励类产业。

2013 年 2 月，国务院办公厅印发《国民旅游休闲纲要（2013—2020 年）》，提出发展家庭旅馆和经济型酒店，支持汽车旅馆、自驾车及房车营地、邮轮游艇码头等旅游休闲基础设施建设。

2014 年 8 月 22 日，国务院发布 2014 年第 31 号文件《关于促进旅游业改革发展的若干意见》。在大力推动常规旅游业发展的同时，文件明确指出要"积极发展休闲旅游度假"，并首次将房车露营产业提升至国家层面，强调"建立旅居全挂车营地和露营地建设标准，完善旅居全挂车上路通行的政策措施"。

2017 年，国家六部门联合下发《关于促进交通运输与旅游融合发展的若

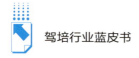

干意见》，对交通运输与旅游产业的融合发展理念、发展方式与发展载体等提出了更高的要求，各级政府同步颁发了一批重磅政策。

2018 年，《国务院办公厅关于促进全域旅游发展的指导意见》下发，要求加快建设自驾车房车旅游营地，推广精品自驾游线路，打造旅游风景道和铁路遗产、大型交通工程等特色交通旅游产品。鼓励在国省干线公路和景区公路沿线增设观景台、自驾车房车营地和公路服务区等设施，推动高速公路服务区向集交通、旅游、生态等于一体的复合型服务场所转型升级。

2019 年，中共中央、国务院印发《交通强国建设纲要》，强调加速新业态、新模式发展，深化交通运输与旅游融合发展，推动旅游专列、旅游风景道、旅游航道、自驾车房车营地、游艇旅游、低空飞行旅游等的发展，完善客运枢纽、高速公路服务区等交通设施旅游服务功能。

2019 年，国务院办公厅印发《关于进一步激发文化和旅游消费潜力的意见》，着力开发自驾车房车旅游产品，并推出了提高消费便捷程度、提升旅游环境、推动景区提质扩容等措施，帮助房车旅游业更快、更好发展。

2020 年 6 月，交通运输部办公厅印发《关于做好交通运输 促进消费扩容提质有关工作的通知》，提出加强高速公路与景区交通的衔接，推动高速公路服务区因地制宜拓展旅游、消费等功能，结合地域特色配套房车车位、加气站、新能源汽车充电桩等设施设备，推动高速公路服务区向交通、生态、旅游、消费等复合功能型服务区转型升级。

2021 年，中共中央、国务院印发《国家综合立体交通网规划纲要》，强调推进交通与旅游融合发展，完善公路沿线、服务区、客运枢纽、邮轮游轮游艇码头等旅游服务设施功能，支持红色旅游、乡村旅游、度假休闲旅游、自驾游等相关交通基础设施建设，形成交通带动旅游、旅游促进交通发展的良性互动格局。

国家针对旅游业的系列规划与政策揭示了自驾游行业的美好未来，房车旅游作为自驾游产业的重要组成部分，是整个自驾游行业不可忽视的增长点，也可能成长为下一个大型产业。

（二）自驾游热度大涨，推动房车产业发展

根据 2020 年 11 月中国旅游研究院、携程旅游大数据联合实验室的调查结果，超过四成的被调查者首选自驾出游，这意味着在疫情防控常态化时期的旅游市场，自驾游将扮演十分重要的角色，而房车游将是自驾游升级的必然选择。在疫情常态化防控形势下，国内的短途自驾游也成为很多高收入群的新选择，这也促进了国内房车市场的增长。

根据中国旅游车船协会统计，2020 年全国自驾游人数占国内出游总人数的比重达到 77.8%，全年自驾游规模为 22.4 亿人次。[①]

由图 5 可知，全国自驾游人数占比从 2017 年开始连续四年超过 60%，自驾游群体成为国民出游的主体。疫情加速改变了人们出行的习惯和偏好，而自驾游因为随停随玩、身处户外人员密度低、疫情传播可能性小等优点，迎来了从萌芽期到成长期的重要节点，这也将带动房车产业的发展。

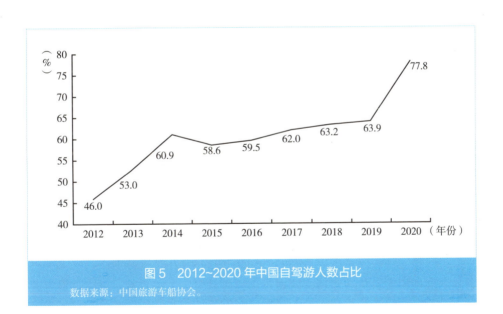

图 5　2012~2020 年中国自驾游人数占比

数据来源：中国旅游车船协会。

---

① 数据来自《中国自驾车、旅居车和露营旅游发展报告（2020—2021）》。

另外，露营产业的快速发展也将为房车产业的发展带来重大利好。《2021五一出游总结报告》显示，2021 年"五一"节假日期间，上海、北京、南京、西安、成都的居民最爱周边游，近 9 成游客选择自驾、高铁为主要出行方式。周边亲子游最为火爆，从度假内容来看，乡村旅游成为主力，农家乐、乡村采摘、房车露营的体验式旅游受到带娃家庭追捧。①

按照现在的发展速度，中国的露营行业十年后将形成 1.5 亿人规模的常态露营人口，即使每人年均露营消费 1000 元，年均收益将达到 1500 亿元。未来，中国的露营行业经营规模将达到万亿元。

美国、欧洲的房车露营文化发展已经有百年历史。截至 2019 年，欧洲各国的营地数量已超过 4 万个，美国建有营地近 5 万个。加拿大露营地约 0.4 万个；澳大利亚拥有约 0.25 万个露营地；日本房车露营地约 0.3 万个。这些营地从最早的只提供加油、加水和停车等简单服务，发展为集食宿、游乐、休闲度假、汽车保养与维护、汽车租赁等功能于一体的复合型多功能营地和房车旅游接待地。

反观中国，运营中的露营基地约有 1254 个，在建 191 个（截至 2020 年年底数据）。为了吸引游客，部分营地引入了自行车骑游、卡丁车体验、水上亲子乐园、高空滑索等娱乐项目，并配套徒步、登山、垂钓、滑雪、航空、赛车、马术等户外运动，不断丰富营地休闲产品。部分旅游景区、休闲农庄、乡村旅游点也关注到房车营地的发展潜力，引入房车体验、帐篷及木屋露营等业态。中国房车市场发展的潜力巨大。

（三）房车销量增长势头仍然强劲

我国房车制造起步较晚，1998 年开始有企业做房车研发，2001 年首辆拥有自主知识产权的自行式房车上线。20 年来，房车产业一直摸索，终于形成了一个发展速度较快的市场。随着近年挂牌政策、上路政策、过路收费等政策的逐步规范，房车市场具有很大的成长和上升空间。

---

① 《五一出游报告：小众目的地受青睐，上海市民出游热情最高》，搜狐网，https://www.sohu.com/a/464672203_561670，2021 年 5 月 5 日。

2021 年作为"十四五"开局之年，在进一步促进大宗消费、重点消费等相关政策影响下，国内旅游市场全面复苏，房车露营市场也延续上一年强势复苏的发展势头。相关统计数据显示，2021 年全年共有 182 家房车企业申报 567 款新车，其中包含 449 款自行式房车与 118 款拖挂式房车；而在销售数量上，2021 年 1 月至 11 月，国内自行式房车销售数量由 2020 年的 7760 辆飙升至 11360 辆，同比增长 46.4%。2021 年中国自行式房车年度销量（前 11 个月）、全年公示车型数量双双突破新高。

如表 4 所示，2021 年全年公告车型中包含 449 款自行式房车（占比 79.2%）与 118 款拖挂式房车（占比 20.8%），相较 2020 年的 299 款自行式房车与 123 款拖挂式房车来说，分别增长了 50.2%、-4.1%。自行式房车仍呈现强劲的发展态势，拖挂式房车的增长速度则有所回落。

表 4 2016~2021 年房车公告车型数量						
车型	2016 年	2017 年	2018 年	2019 年	2020 年	2021 年
自行式房车（辆）	195	386	273	291	299	449
拖挂式房车（辆）	58	70	80	106	123	118
自行式房车占总数比重（%）	77.1	84.6	77.3	73.3	70.9	79.2
拖挂房车占总数比重 (%)	22.9	15.4	22.7	26.7	29.1	20.8
总数（辆）	253	456	353	397	422	567

不难发现，大家似乎更钟爱自行式房车，这是因为过去拖挂式房车模糊的管理规定劝退了不少车友。相信随着 2022 年 4 月 1 日 C6 驾照的"上线"，这一情况或许能得到改善。

（四）房车受众群体正在逐步扩大

据几家专业媒体的统计数据，从 2019 年购买房车的用户分布上看，50 岁以上的人群依然是购买房车的主力，其次是 40~50 岁的用户。而 2018 年，50 岁以上的购买人群达到了 54%，2019 年下降至 43.23%，比 2018 年下降了 10.77 个百分点，同时 40~50 岁购买人群增长了 5.17 个百分点，显示了房车购

买群体的年轻化趋势。

可以说，关注房车的人群比购买房车的人群整体更年轻，30~50 岁的人群关注房车比较多，占所有关注人群的 76.89%，而房车的主要购买人群年龄在 40~60 岁。据路程网统计，目前国内购买房车的用户中有 50% 为退休一族。退休人员虽然是房车购买主力军，但是目前驾照新政对年龄有很多限制，也应值得主管部门深思。

从购买人群来看，国内目前主要是资深驴友或玩家以及租赁运营商，这也是年轻一族追求自由、个性、活力、自然的生活方式的反映。同时，中国的中产阶级日益成熟，据统计，目前我国符合中产阶级要求的至少有 3000 万人，这些人受过高等教育，主要从事脑力劳动，他们将是房车的主要消费群体。

链接 1：C6 驾照生源在哪里？

1. 60 岁以下有积蓄、有稳定经济来源、有大把时间的"三有"群体。

2. 自由职业者、自媒体从业者、以房车为载体的商人、辞职创业群体、专业摄影师等工作不受时间地点限制的群体，以及因业务需要而满世界跑的人士。他们的时间相对宽裕，工作地点相对自由。

3. 旅游相关职业的群体，如开旅游公司、旅行社、汽车露营地的人员以及相关服务人员。

4. 不能或不愿买房的群体。这类群体集中在大城市，他们有工作但是收入有限。

5. 其他财富自由群体，如明星、高管、老板等具有一定决策权的群体。

6. 向往自由的年轻一代，或者有娃夫妻（二孩、三孩家庭）。

7. 拖挂式房车生产制造企业的老客户。

（五）国内房车销量与保有量预测

根据中国汽车流通协会 2021 年发布的信息，2016~2019 年国内房车年销量以 25%~45% 的速度增长。国内房车保有量由 2016 年的 5 万辆增长到 2020 年底的 16.28 万辆。

2020 年，新冠肺炎疫情对全球贸易、服务业造成严重冲击。受此影响，我国全年实现房车销量 45225 辆，同比略有下滑。其中，国内销售 23505 辆，出口 21720 辆（以帐篷式房车为主）。按照车型细分统计数据，2020 年登记上牌的房车为 13505 辆（其中自行式房车 8714 辆，拖挂式房车 4791 辆）。

近两年受疫情影响，房车产业热度不断攀升。据统计，2021 年全国自行式房车销售总量达 12582 辆，同比增长 43.2%，月均销量超过 1000 辆；拖挂式房车销售数量为 3543 辆；二手旅居车交易 1975 辆。预计拖挂式房车销量会因为 C6 驾照的放开而爆发式增长。[①]

2020 年，美国市场有 1300 多万辆房车，而国内仅不到 20 万辆。美国拥有房车的家庭达到 11%，其中平均每户家庭使用频次达到每年 50 天。我们如果能达到每 200 个家庭里有一辆房车的标准，按照 2021 年全国家庭户 4.941 亿户、集体户 0.2853 亿户来计算，预计房车保有量就是 260 万辆。由此看来，中国房车产业的发展空间非常巨大。

若以日本房车千人保有量作为参照，综合考虑中国经济及汽车工业发展水平、人口密集程度等因素，估计稳定状态下，中国房车每千人保有量可达到 0.8~1 辆，即总保有量将达 110 万~140 万辆，市场规模约为 3000 亿元，约为目前的 50~75 倍。据此，以 15~20 年的房车使用年限估算，稳定时期中国房车年销量将达 6 万~7 万辆。[②]

---

① 《C6 驾照即将上线　房车驾驶培训火了！》，爱卡汽车网，https://aikahao.xcar.com.cn/item/1162679.html，2022 年 3 月 29 日。

② 《中国房车：蓄势待发的小众市场》，搜狐网，https://www.sohu.com/a/294827618_170401，2019 年 2 月 14 日。

五　结束语

C6 驾驶培训作为机动车驾驶培训市场一种新班型，正在成为一个新的行业增长点。不少驾校尤其是大车驾校已经开始积极布局这一业务，目前全国 C6 驾驶培训的费用在 3000 元到 9000 元不等。虽然房车培训不会像小型汽车培训那样普及，也不是刚性需求，但随着消费升级的加速、自驾游时代的到来与拖挂式房车的普及，加之市场的培育和政策的引导，这个小众需求很可能成为普遍需求，发展势头不可小觑。

综上，国内经济的快速增长、人民消费水平的提高及房车配套基础设施的升级完善，让驾驶培训的个性化消费俨然成为新浪潮。中国正处在乘用车普及的"第三个十年"，房车与生俱来的个性定制和"移动的家"的特性，承载着人们对诗与远方的美好生活的向往，受到人们的喜爱也是大势所趋。当然，需求小众、投入成本高的特点，也会让各省新设 C6 培训的驾校不会很多，竞争不会太激烈。但 C6 驾驶培训市场暗流涌动，假以时日生源数量将相当可观。

本文作者为熊燕舞。熊燕舞，中国交通运输协会驾驶培训分会副秘书长、交通运输部科学研究院研究员。

B.7
驾培市场收费方式与监管分析

摘　要： 随着驾培行业准入门槛不断降低，驾培机构发展不均衡的问题逐渐凸显，驾培收费已成为当前社会关注度较高的热点问题。当前驾培市场普遍存在恶意压价、收费不透明、隐性变相收费、收费后培训时长不足等现象，学员和驾培机构之间的矛盾纠纷时常发生。本报告主要以广西和湖北宜昌地区为例，对驾培市场收费和监管方式进行分析，找出存在问题，提出解决对策，推动驾培行业规范发展。

关键词： 驾培市场　计时收费　第三方资金监管

自 2004 年以来，我国机动车驾驶员培训行业管理实行"考培分离"模式。价格机制在市场经济中是经济主体利益的体现和保证，是供求关系的调节手段，是推动竞争的有力工具，也是推动技术进步的有效途径。价格和收费作为广大学员关注的焦点问题，在驾培行业中历来是改革的重点。

2015 年以前，全国驾培机构实行政府指导价，2016 年 1 月，交通运输部、公安部联合印发了《关于做好机动车驾驶人培训考试制度改革工作的通知》（公交管〔2016〕50 号），文件要求驾培机构要改变一次性预收全部培训费用的模式，实行计时培训计时收费、先培训后付费的收费方式，并提供现金、银行卡和网上支付等多种支付方式，供学员自主选择。此后，先培后付正式成为驾培收费模式之一。同时，文件明确"驾驶培训费用实行市场调节

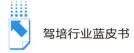

价。驾驶培训机构应在服务场所、互联网等公开费用项目和标准，不得额外收取培训信息卡费、结业证书费等其他费用"。于是，驾培行业政府指导价正式退出历史舞台。

可见，驾培行业的收费情况一直以来都是政府、驾培机构、学员十分关切的问题。本报告主要研究驾培成本构成和收费方式，并分析监管方式，试图找出存在的问题，为驾培市场的健康稳定发展提供对策建议。

一　驾培费用及成本构成

（一）驾培费用构成

以 C1 车型为例，驾培费用大致可分为三部分。

第一部分：考试费用，包括代公安考试部门收取的考试费和制证费。

第二部分：代收取的体检费、场地租赁费。

第三部分：培训费用，含折旧费、维修费、人工费、燃油费、保险费、场地费、管理费。

第四部分：驾培机构提供的食宿、车辆接送等服务收费。

需要指出的是，以上费用构成并不绝对，现实中的收费项目因地而异、因校而异。其中一个影响因素是计时培训系统与考试系统未能有效对接，驾培机构通过"以考代培"的方式开展培训学习，从而使费用增加。另外一个影响因素就是部分驾培机构存在挂靠经营现象。在挂靠经营的驾培机构中，教练员一般为教练车的实际所有人，教练员自主招生、自由定价，而驾培机构按考生人数向教练员收取管理费，协助其办理考试手续。这样，每人 200~500 元的管理费也是费用构成的重要部分。

（二）驾培成本构成

驾校的培训成本，按照会计核算原则，主要包括固定成本和变动成本；

按照时间的先后顺序，也可以分为前期投入成本和后期运营成本。由于各驾培机构成立时间、地理位置和服务方式等不同，同种车型培训成本略有差异，其中 C1 车型培训成本差异最大。

结合湖北宜昌的市场实情，我们对创办驾校的投资成本和三级驾校 C1 和 C2 小车的培训成本进行了调研，培训成本包括教练车燃油费、教练员劳务费、车辆保险、年检费等，根据培训成本可测算出人均培训成本，再按照固定成本和可变成本可测算出培训价格。C1、C2 驾校投资成本测算结果见表 1，小车培训成本测算结果见表 2。

表 1　驾校投资成本测算					
C1、C2 驾校投资成本测算（自购土地）					
类别	①土地购置费用（万元）	②场地和"五室一厅"建设	③教学设施设备（万元）	④车辆购置及税费、保险费（万元）	总投资额（万元）
一级驾校（80 辆车、3.2 万平方米）	17000	场建 300 万元及二层教学楼 400 万元	60	7.5×80=600	18360
二级驾校（40 辆车、1.7 万平方米）	9000	场建 180 万元及二层教学楼 400 万元	45	7.5×40=300	9925
三级驾校（20 辆车、1 万平方米）	5300	场建 100 万元及二层教学楼 400 万元	30	7.5×20=150	5980
C1、C2 驾校投资成本测算（场地租赁）					
类别	①场地租赁费用	②场地和"五室一厅"建设	③教学设施设备（万元）	④车辆购置及税费、保险费（万元）	总投资额（万元）
一级驾校（80 辆车、3.2 万平方米）	每年 237 万元	场建 300 万元及简易板房 60 万元	60	7.5×80=600	1257
二级驾校（40 辆车、1.7 万平方米）	每年 122 万元	场建 180 万元及简易板房 40 万元	45	7.5×40=300	687
三级驾校（20 辆车、1 万平方米）	每年 72 万元	场建 100 万元及简易板房 40 万元	30	7.5×20=150	392

驾培行业蓝皮书

表2　小车培训费成本测算				
测算依据：三级驾校20辆车，年招1000人(50人/车·年)				
序号	项目	非主城区成本（元）	主城区成本（元）	解释	数据测算
1	教练车燃油费	657	657	科目二16学时，平均油耗2升/小时；科目三24学时，平均油耗2.5升/小时。油价7.14元/升	7.14×（16×2+24×2.5）≈657
2	教练员劳务费	1800	1800	按教练员年劳务费9万元	9000÷50=1800
3	车辆保险、年检费	110	110	年保险费4100元，车管年检2次、运管年检2次共约1400元	（4100+1400）÷50=110
4	车辆折旧	200	200	车辆采购及改装10万元（含税），按10年报废进行折旧	100000÷10÷50=200
5	车辆维修、保养	120	120	维修2000元、保养两次4000元	（2000+4000）÷50=120
6	驾校管理人员成本	650	650	正规驾校配置13人（理论教学负责人1人，驾驶操作训练负责人1人，结业证考核人员2人，教练车管理人员2人，计算机管理人员1人，安全管理人员1人，培训机构负责人1人，驾驶操作教练员1人，设备设施管理员2人，档案管理员1人），单人工资+社保约5万元	（50000×13）÷1000=650

续表

序号	项目	非主城区成本（元）			主城区成本（元）			解释	数据测算
7	驾校场地、设备折旧	200			200			按场地投资100万元，10年折完；设备投资50万元，5年折完。	1000000÷10÷1000+500000÷5÷1000=200
8	办公及耗材费	15			15			每年1.5万元	
9	场地租赁、卫生、维护	250			400			年租分别为25万、40万	
10	杂费（宣传、营销、差旅、培训、接待等）	100			100			每年10万元	
11	流量卡费	80			80				
12	增值税	41.82	125.46	250.92	43.32	129.95	259.92		
13	城建税、地方教育附加	5.02	15.66	30.11	5.20	15.60	31.19		
	合计	4228.84	4323.12	4463.03	4380.52	4477.55	4623.11		

2014 年，湖北省宜昌市物价局对驾校小车培训的指导价是 3470 元。时隔多年，随着物价上涨，培训成本不断增高，培训价格反而上涨得不是很明显。

驾校要生存，效益是根本。为了在竞争中存活下来，不计成本地降低培训费用，相互打价格战，只会让利润减少、口碑变坏，驾校又得继续降价，从而陷入恶性循环，最终导致部分驾校经营困难，无法生存。

二　驾培收费方式

（一）一次性收费

如表 3 所示，驾培机构一次性打包收费的占比为 44.08%，如加上收费几种方式并存的驾培机构，采用一次性收费的驾校占比达到 72.56%。经分析，一次性收费大多分为三种情况。

135

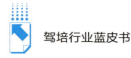
普通班：包含培训、考试费用，若考试不过，按次收取补考费和复训费用，此种收费价格较低。

全包班：包含培训、考试费用，若考试不过，不需要缴补考费和复训费，此种收费较普通班略高。

VIP班：包含培训、考试费用，培训时两人一车或一人一车，若考试不过，不需要再缴补考费和复训费，此种收费相对较高。

表3　2021 年驾培机构对学员的收费情况		
选项	填写人次	占比
一次性打包收费	506	44.08%
分几部分收费	84	7.32%
分阶段收费	97	8.45%
先学车后付款	55	4.79%
代收考试规费	49	4.27%
几种方式并存	327	28.48%
其他	30	2.61%
本题有效填写人次	1148	

（二）计时收费

相对于一次性收费，计时收费即先培训后付费具有以下优势。一是便于开展定制驾培服务。此种收费方式使收费更加透明，也便于驾培机构提供差异化培训服务，为学员提供多种学车模式，学员也可以根据自己学车过程中的短板，通过网上预约课程，反复训练，提高驾驶水平。二是便于学员随时学车。这种收费方式克服了学员训练时间不足的弊端，学员可以自由安排自己的学车时间，而不需要迁就教练的时间。三是便于维护学员权益。在这种收费方式下学员在培训过程中的话语权较高，学员可以自主选择教练，先学后付费也有利于减少学员投诉及退费问题。四是便于学员规范学车。学员可以在网上预约课程，清清楚楚地知道应该学习的课程，从源头上遏制驾培机构学时造假问题。

但是相对于一次性收费，计时收费也存在如下弊端。一是会增加驾培机构的成本和风险，因此驾培机构会将价格定得较高，所以，选用先培训后付费服务模式的学员数量占比极低。二是影响学习的连贯性。学习驾驶技能如同上学，一个人驾驶技能的形成是通过连续的训练获得的。因此，学员若频繁更换教练员，将影响其学习效果，变相延长了学习过程。三是学员不知道后续还要训练多少小时，担心陷入费用"无底洞"。从消费者角度来看，他们肯定是"怕吃亏"的。

（三）各地收费标准

由表 4 和表 5 可以看出，2021 年，驾培机构的总学费主要在 2000~4000元，占比为 78.58%；2021 年驾培机构的学费与 2020 年同期相比，下降的占47.82%，没有上升的占 85.10%。

驾驶培训行业价格分布不均，学费水平总体达到行业顶点。

表 4　2021 年驾培机构的学费情况		
选项	填写人次	占比
1000~2000 元	78	6.79%
2000~3000 元	496	43.21%
3000~4000 元	406	35.37%
4000~5000 元	142	12.37%
5000 元及以上	26	2.26%
本题有效填写人次	1148	

表5　2021年驾培机构的学费变动情况

选项	填写人次	占比
上升 5%~10%	96	8.36%
上升 10%~20%	33	2.87%
上升 20% 及以上	42	3.66%
基本持平	428	37.28%
下降 5%~10%	285	24.83%
下降 10%~20%	141	12.28%
下降 20% 及以上	123	10.71%
本题有效填写人次	1148	

以广西为例，虽然广西各驾培机构基本制定了相应的收费标准，但是从调研数据来看，广西机动车驾驶培训行业价格分布不均，受市场供需情况影响较大，不同车型的收费价格区间差异明显（见图1）。总体上看，A1车型利润率在15%~30%；A2车型利润率在15%~25%；B2车型利润率在15%~40%；C1、C2车型利润率在15%~50%。

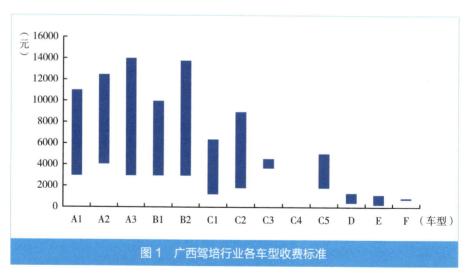

图1　广西驾培行业各车型收费标准

由于驾培机构的收费标准为自主制定，不需要向相关行业管理部门报备或者审批，所以各地驾培机构收费标准的差异性很大，即便是相同车型在不同地市或不同驾培机构也存在显著差别。表6为广西各市驾培行业收费标准。

表6　广西各市驾培行业收费标准

单位：元

城市	A1车型	A2车型	A3车型	B1车型	B2车型	C1车型	C2车型	C3车型	C4车型	C5车型	D车型	E车型	F车型
南宁	6000~11000	6500~9800	9000~10000	8000~10000	6600~10000	2000~4380	2000~4900	3680		3680			
柳州	9000	9000		9000	6500~7500	1785~5300	2375~9000				625~1000	525~900	
桂林	3000~9000	4000~8500	3000~9000	3000~7800	3000~8000	1500~4800	1800~5000			1800		650	850
梧州	8000~9800	9000~12500	9800		7350~9500	1760~6120	1960~5000				406~1350	306~1200	
北海						4200~4400							
防城港	8020	9400	10240	6940	9900~10100	2800~5390	3200~4750						
钦州	8800~10800	9300~11800	13980		9800~13620	4000~5800	4500~5580				500~750	450~650	
玉林	8800~9600	7600~9600	9600~11760		5600~13800	1250~6500					400~500	300~650	
贵港	5500~7800	6000~8500	5500~8600	5500~7800	5500~8000	1200~5500	3200~5338			5000	450~900	400~850	750
百色	10000	10000	10000	10000	10000	2200~6380	2400~6000			5100	1000	680~800	

续表

城市	A1车型	A2车型	A3车型	B1车型	B2车型	C1车型	C2车型	C3车型	C4车型	C5车型	D车型	E车型	F车型
河池	5580~7500	9500	7300~9000	6500~7500	6000~7860	2300~4600	3000~4500	4600		3600	500~950	500~650	
贺州	8500~9500	9500~10500			8500~9000	3800~4810	3800~4800			4500			
崇左	8500~9800				8500~9800	1600~4000	2000~3800						
来宾	7000	7000	7000		6000~7500	3300~4500					590~790	590~690	
总体情况	3000~11000	4000~12500	3000~13980	3000~10000	3000~13800	1200~6500	1800~9000	3680~4600		1800~5100	400~1350	300~1200	750~850

三 收费问题分析

（一）价格战愈演愈烈

市场经济学有一个朴素的原理，那就是供求影响价格。虽然驾培行业在我国的发展已有多年历史，但整个行业仍处于市场发展的初级阶段，市场竞争机制不完善，企业服务品牌意识不强，驾培机构发展不均衡，市场竞争方式仍以价格竞争为主要手段，各驾培机构间的价格战从未真正停止过。既有新驾培机构急于收回投资，不惜大幅压价扩招生源；也有小型的驾培机构为降低成本实行承包制扰乱市场。时间一长，正规、老牌驾培机构也顶不住价格压力，只得跟风降价。由于驾培行业属于一次性消费行业，因此靠提升服务质量来吸引学员的驾培机构反而缺乏市场竞争力。另外，部分投资者在没有进行充分市场调研的基础上，完全不考虑市场饱和度及人口红利锐减等因素，盲目进入驾培市场，使得驾培市场供大于求的势头愈演愈烈，整体盈利水平和能力显著下降。

前些年，随着私家车数量的猛增，驾培市场异常火爆，学驾需求呈现"井喷"式增长，出现"学车难、学车贵"等现象，驾校经营者尝到了甜头，于是，不断扩大培训规模，扩建教练场、增添教练车。随着驾考政策放宽、驾培市场放开，更多投资者创办驾校，致使市场供给远超市场需求。而随着人口红利的逐渐减弱，学驾人数也在减少，驾培行业这块蛋糕由原来的"一人吃饱"变成"几人分多人抢"。

为了维系场地租金和员工工资以及其他开销，一些驾培机构不惜以保本经营的方式招收学员，有些甚至毫无底线地恶意降价。

在考试与培训管理脱节的现实下，驾培机构比拼的不再是服务质量、教学水平、管理规范度，取而代之的是更短的培训学时和更低的收费金额。驾培行业陷入"缩短培训学时—降低收费金额—再缩短培训学时—再降低收费金额"的恶性循环。价格战进一步压缩了驾培机构的生存空间，驾培机构已进入微利甚至无利亏本状态，部分驾培机构出现拖欠人员工资、拖欠租金、

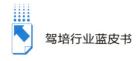

无法缴纳代收考试费等情况，整个行业陷入"饿死同行、拖死自己、坑死学员、弄死行业"的困境。

低价格还导致投诉增多。驾培机构在低价招收学员后，通过加收培训费、提档费、场地费、服务费等手段实施二次收费。有些驾培机构甚至在低价招生后，注销原驾培机构，重新备案新的驾培机构，对已缴费的学员不管不顾。低价格带来的低服务质量甚至不作为，导致行业内投诉率居高不下。价格战不仅扰乱了市场秩序，也影响了社会的和谐稳定。

（二）驾培机构存在抵触计时收费的现象

一次性收费是驾培机构以往收取培训费用的主要方式，这可以让驾培机构在短时间内预先获得未来一段时间内的全部收益，驾培机构可以把这些资金用于建设发展等用途。而计时收费这种先培后付的模式对驾培机构资金链和现金流转带来较大冲击。所以部分驾校对计时收费方式存在抵制情绪。

一方面，驾培机构为实现培训费用快速归集流转，对一次性支付全部培训费用的学员给予一定的优惠，学员更愿意选择一次性付款方式。另一方面，驾培机构的信息化管理理念落后，认为计时收费对信息化管理的要求高、成本高、太麻烦，不愿意配合。以 C1 车型收费为例，科目一和科目四为 50~80 元 / 学时，科目二和科目三为 100~120 元 / 学时，再加上公安考试部门的代缴费和驾培机构的管理费，总共约 8000 元，比传统的一次性缴费模式（约 3200~3500 元）要高出一倍多。

（三）驾培行业存在巧立名目变相收费的问题

驾培行业费用按市场调节价管理，其收费标准由经营者按照生产经营成本和市场供求状况等自主制定。但现实中很多驾培机构巧立名目，变相收费，如向学员收取宣誓费、安全文明教育费。其中最为严重的是场地适应费问题。场地适应费（或考场训练租赁费）是考生在非考试期间，为了提高考试的合格率，使用考试场地、车辆等设施进行适应性练习时，由考生向考场经营单位支付的费用。

由于部分学员认为学车就是为了快速拿证，错误地认为驾驶技能是在有车后慢慢摸索、总结而获得的，因此部分驾培机构也顺应这一想法在"快"中招生，强调训期短、成绩平、出校快的"短、平、快"特色。"萝卜快了不洗泥"，一试过关，皆大欢喜，不求实用。久而久之，"以考代训"风气弥漫整个市场，教练员平时不在教练场地好好教学，而是迎合市场需求盲目追求考试通过率，想尽办法多次带学员到考点以适应场地为名进行教学，并多次收取场地适应费。

还有部分学员在选择驾校时，盲目在收费低的驾校报名缴费。谁料在培训中遇到各种附加收费条件，驾校以各种理由层层加价，结果是低价报名高价拿证，反而为之付出更大的代价和更高的金钱成本。

（四）驾培行业存在不收费制度不透明问题

一是驾培机构和学员没有签订正规培训合同。部分学员甚至直接转钱给教练，加上学员法律意识淡薄、维权意识落后，缴费后只拿到一张非税收发票或收据，导致合法权益难以得到保障，极易造成纠纷。二是培训机构没有落实公示制度，没有在收费场所的醒目位置对本机构所有服务（含代收费）项目进行收费公示。收费公示制度不阳光、不透明，缴费的学员在不知情的情况下也只能硬着头皮缴费，这为驾培机构、教练员牟取不当利益提供了可乘之机。三是对于考试不合格的学员，培训机构没有按照实际培训学时和学时收费标准据实收费，而是违背学员意愿强制收取复训服务费。四是对于学员退（转）学的，驾培机构没有按照培训进度和实际成本进行核算后退费，而是一刀切，只退还极少的费用，甚至以各种理由不退费。

湖北省交通运输厅统计 2019 年全省"12328"电话系统运行管理情况时，特别指出机动车驾驶培训类投诉举报量为 752 件，比上年增长 2.5 倍以上，且投诉主要集中在收费不合理、退费等方面。据不完全统计，宜昌市 2020 年处理回复驾培行业来自"12345"、"12328"、政风行风热线等

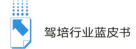

渠道的投诉举报58件，其中关于收退费类31件，占比为53.4%；2021年处理回复117件，其中关于收退费类67件，占比为57.3%。投诉举报率大幅上升。

四 驾培行业监管分析

（一）职能部门在行业管理上衔接性不足

"考培分离"的模式虽然在一定历史时期内，使行业管理走向了正规化的道路，并加速了行业的市场化进程。但是，我们也应该看到这一决策给行业发展带来的负面影响。行业管理职能分散在交通、公安等不同部门，客观上造成管理标准和行业管理的混乱。

从管理目标上来说，交通运输主管部门侧重于对组织的管理，强调管理驾培机构；公安交通管理部门侧重于对人的管理。二者在本质上都是为了确保道路运输安全。二者作为独立机构，依法各司其职本是理所应当的事情，然而，由于部门间业务沟通与协调不足、信息共享率不高，管理标准衔接性不良，阻碍了驾培行业协调发展。另外，由于部分地市公安交通管理部门未完全按要求执行"自主预约"考试制度，不理会道路运输管理部门是否签发"培训记录"，允许虽经驾培机构培训却未完成培训学时的学员"自主预约"考试，导致驾培机构无法约束学员完成规定学时。这一管理漏洞导致了包括变相收费在内的一系列问题。

（二）部门改革影响行业发展

目前全国正在进行道路运输管理机构大改革，许多地方成立交通综合执法机构，部分交通运输管理机构的人员分流到执法机构，原本稳定、成熟、平衡的管理体制被打破。原道路运输管理机构的驾培管理部门负责从准入到事中事后"一条线"监管，但现在准入事项归审批部门，事中事后监管归运管部门，执法归交通执法部门，存在多头管理，谁都能管，但谁都管不好。

改革后，市、县级运管机构管理人员普遍紧缺，虽然各市级运管机构均设有驾培科负责辖区内驾培行业管理工作，但所配备的管理人员明显不足，个别地市仅一人负责整个辖区内驾培行业管理工作，部分县（区）运管机构甚至出现一人身兼多职的情况。管理人员不足严重影响行业管理能力和水平，对行业监管和指导工作非常不利。

（三）计时系统和考试系统没有实现对接

一方面，自驾考改革以来，在计时系统和考试系统未对接的情况下，公安部门大力推行"自主约考"试点，学员无须通过学时审核就可直接参加考试，导致学员训练学时不达标、大纲贯彻落实不到位和驾培机构恶意低价竞争等情况的发生，给道路交通安全埋下了深深的隐患，更不利于行业平稳、健康、有序发展。而交通部门单方面强调使用计时系统，两部门协调度低，一定程度上造成驾校管理上的混乱。

另一方面，部分地市机动车驾驶员计时培训系统与省级监管服务平台对接缓慢，部分地市计时培训系统及终端设备仍在更新，未能实现全程有效监控。而已完成对接的地市，也存在基础数据未进行有效维护的情况。另外，基层运管机构缺乏专业信息技术人员及配套经费，无法有效解决监管服务平台与计时培训系统数据对接工作中出现的问题，这也是行业信息化水平提升缓慢的主要因素。

五 建议与对策

（一）强化部门沟通，促进培考衔接

加强公安与交通管理部门的沟通协调，落实好有关要求，切实推进机动车驾驶员培训考试制度改革各项工作落地。

一是加强信息系统的互联互通工作，强化机动车驾驶员培训与考试数据对接，推进两部门监管信息共享和公开。引入第三方支付平台，学员先将费用存入第三方平台，培训结束后，再由第三方平台将费用支付给驾培机构，

从而解决驾培机构的后顾之忧。二是公安和交通管理部门应以运管机构签发的"培训记录"和驾培机构颁发的"结业证书"作为"考生完成培训"的凭证，避免学员在培训过程中缩短培训学时或未参训全部培训项目情况的发生。公安和交通管理部门要以培养合格驾驶员为己任，双管齐下，合力维护驾培行业健康发展的新秩序。三是运管机构应主动将学员的培训情况按期向公安和交通管理部门通报，协助公安和交通管理部门做好约考工作。

案例1 日照市道路运输服务中心强化驾培管理

近年来，日照市道路运输服务中心按照国务院办公厅《关于推进机动车驾驶人培训考试制度改革的意见》，率先在全省开展了驾驶培训监管服务平台与考试系统的联网对接，实现了数据共享，取得了良好成效。在此基础上，行业与银企合作，研发了"日照好学车"驾培考一体化便民服务平台，2021年10月1日正式上线后，开启了日照市机动车驾驶培训先培后付、联合监管的全新服务模式，入选山东省智慧城市"优政"场景智慧监管优秀案例榜单。

一是实现了"计时培训，先培后付"。在驾驶培训监管服务系统与公安考试系统联网对接的基础上，又开发对接了学费清分结算系统。学员在报名时，只能通过手机或驾校端口录入信息，学费直接缴到驾校在协议银行事先开具的监管账户，但驾校暂不能自由支配。学车期间，学员可以根据驾校的培训计划进行预约，等培训结束、学时符合教学大纲要求时，系统会自动发起结算申请，审核确认后，培训费拨付到驾校的自由支配账户。如果没有有效学时或学时不够，系统不会进行结算，这就实现了资金的有效监管和先培后付。这样既保证了学员资金的安全，倒逼驾校和学员必须按照教学大纲计时培训，也实现了资金流向的可追溯，有效解决了学员因转学、退学等引发的费用纠纷问题。

二是实现了"部门联动，联合监管"。平台将所有教练员、学员纳入闭环管理，交通、交警、市场监管等部门可实现信息共享、联合监管、精准服务。交通、交警部门可以根据后台数据，有效掌握驾培机构招生数量、存量学员及驾校和教练员的考试合格率等情况，及时核定和调整驾校的培训能力，避免出现学员长期积压等问题。平台将所有班型、价格也全部向公众公示，学员与驾校签订合同，并严格按照公示的价格收费，低于公示价格不能录入信息，这样低成本恶性竞争、价格串通、教练员额外索要钱物等乱收费问题失去生存的土壤。"黑教练"和"黑教练车"已无处遁形，进入"黑名单"的教练将无法就业；"以考代练""交钱包过"等行业乱象得到根本遏制。

据统计，全市 25 家驾校 1800 余辆教练车（含模拟设备）、1715 名教练员和 95 个开办班型全部纳入闭环管理并向公众公开，受理审核了 16000 余名学员信息，监管学员培训资金 5700 余万元，预计全年完成监管资金 1.5 亿元，服务学员 5 万人左右。

（二）加大监管力度，维护行业公平

各级机动车驾驶员培训行业管理部门和执法部门应加大对行业违法违规行为的查处力度，加大检查频次，对于各种违反规定的行为，严格按照相关规定进行处理，保证驾培机构依法依规开展经营服务活动。行业主管部门对因收费、退费等问题发生有责投诉的，将其纳入年度质量信誉考核，降低驾培机构考核等级。对发生严重违规行为的驾培机构，应依法取消其经营资格，强制其退出驾培市场。监督检查结果要及时通过各种媒体向社会公布，以增强震慑力。另外，行业主管部门还可以主动作为，直接或间接推动实行预付款第三方资金监管。

案例2 福州推出驾培收费第三方托管新模式

为进一步保障消费者驾驶培训权益，避免出现学员缴费被挪用、退费困难等纠纷，2020年12月，福州市道路运输综合服务中心在福建省率先推出驾驶培训缴费第三方资金监管新模式。

学员在驾校报名参加驾驶培训时，与银行、驾校签订三方合同，将学费缴存到银行专用监管个人账户上，由银行进行资金托管。培训期间，银行按照行业管理部门审核后的学员培训完成情况，划拨相应学费给驾校，确保预缴学费资金安全。

福州北城驾校是最先试行该模式的一家驾校，目前已与中国光大银行合作开展驾培缴费第三方资金监管，学员选择学费监管后，学费将存在学员名下的中国光大银行指定资金托管账户。缴费当天，银行将划拨学费的10%（即报名费、履约保证金等费用）给驾校，学员完成科目一、科目二和科目三培训，且培训学时经过行业主管部门审核通过后，银行才会按合同分次拨付30%的学费给驾校。

福州市道路运输综合服务中心相关负责人表示："驾培学费托管是驾培行业发展的创新举措，将更有利于学员保障自身的合法权益，也将刺激驾培行业以学员为中心，不断提升服务质量，形成良性竞争。行业主管部门将鼓励引导此类多元化的驾培消费模式，让学员有多种选择，同时，进一步加强驾校服务质量监督管理，推动驾培行业更好地发展。"

福州北城驾校负责人江校长表示："这种新模式的推出将消费主动权回归到买方（学员）手中。资金存在学员托管的银行个人账户名下，驾校提交的培训学时只有在行业主管部门审核通过后，驾校才会收到银行划转的相应学费，这将倒逼驾校诚信经营，努力提高服务质量，促进驾培行业良性竞争。"

福州市消委会积极推动与中国光大银行的合作，取得了预付款资金第三方监管消费模式的初步成功。

（三）实行品牌战略，带动行业升级

管理部门和驾培机构要增强品牌意识，加强品牌建设，以行业品牌争优带动行业转型升级。一是通过建立健全品牌的培育、发展、运用和保护机制，采取建章立制、重点指导、维权保护、落实奖励等多项措施，为品牌驾校的成长创造条件。二是驾培机构通过提升自身的管理水平、人才素养、科技含量、营销能力和服务质量，创建有特色、高品位的企业文化和机构品牌，培育学驾人员的认知度、忠诚度。三是通过设立示范驾培机构推动驾培市场共建行业品牌。通过评选"文明驾校"或"星级教练员"等方式扩大品牌影响力，实现驾培机构从增数量向提质量发展的转变。

（四）适时宏观调控，逆势谋求发展

当前，驾培行业面临生源下降、经营成本攀升以及行业恶性竞争等多重压力，正确判断驾培行业走势，有利于准确把握行业发展方向，促进行业健康发展。一方面，要调整驾培机构的区域结构，对于培训能力过剩的地区应暂缓驾培机构准入，对于培训能力弱的地区应鼓励增设驾培机构。同时，对规模小、资质差的驾培机构，可以推行驾培联合体建设，实现资源整合，促进驾培市场健康有序发展。另一方面，要建立科学的市场退出机制，对于一些不适应驾培市场发展、无法达到驾培行业基本备案条件的驾培机构，或者内部管理严重缺乏、管理混乱的驾培机构，要引导其退出驾培市场。

（五）发挥协会作用，实现行业自律

一是成立驾驶员培训协会，充分发挥行业协会的桥梁和纽带作用，协助行业主管部门开展质量信誉考核等工作。协会应制定行业自律公约，规范经营行为，强化行业治理，通过建立健全行业自律机制，维护驾培市场的经营秩序。通过举办学习论坛和讲座，帮助驾培机构提高经营管理水平。

二是引导驾培机构加强内部管理，自觉遵守《中华人民共和国价格法》《中华人民共和国反垄断法》《中华人民共和国反不正当竞争法》《中华人民共

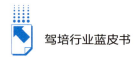

和国消费者权益保护法》《关于商品和服务实行明码标价的规定》《禁止价格欺诈行为的规定》等法律法规，自觉增强社会责任感，遵循合法、合理、公开、公平的原则，树立品牌意识，做到依法守法、诚信经营。

三是要完善培训合同条款。协会可以帮助驾培机构完善培训合同相关条款，并形成统一范本（有条件的驾校可以形成电子合同），要求学员必须留存一份，提醒学员认真阅读合同条款。

合同应明确为学驾人员提供教学大纲规定的培训学时和培训服务，并约定收费、扣费、退费标准，明确驾校和学员的责任、权利与义务，更好地保护双方合法权益。

六　结束语

近年来，随着培训考证需求存量逐渐释放，驾培市场年需求量已稳定在一个较低水平，驾培行业的各种隐疾逐渐显现出来。学员重视拿驾照的速度，轻视培训质量和服务质量；驾培市场无序扩张，各驾培机构压学时省成本，竞相压价，导致培训收费混乱；行业存在多头管理，各部门之间联动性不足。

机动车驾驶培训学校作为特殊的教育行业，是培养安全文明驾驶人的源头，涉及千家万户，社会影响面大，事关人民群众生命和财产安全，担负着一定的社会责任。对于驾培行业在收费方面存在的问题相关管理部门要高度关注和重视，并通过强化部门沟通、加大监管力度等手段进一步规范驾培机构的收费问题，营造一个健康、和谐的市场环境。

本文作者为李道飞、陆海漫、蒲春。李道飞，广西道路运输发展中心科长；陆海漫，广西道路运输发展中心副科长；蒲春，宜昌市公路建设养护中心。

B.8
驾校素质教育与应试教育的融合发展

摘　要： 本报告主要探讨驾培机构突破应试教育瓶颈，实现素质教育与应试教育融合发展的思路和方法，这是驾培行业亟待解决的重大课题，具有深远的社会影响。要想使应试教育和素质教育融合发展，驾校要积极承担社会责任并加强教练员队伍管理，在严格按照教学大纲进行教学的基础上拓展教学内容，此外，还应充分发挥交通安全教育基地的作用。

关键词： 驾培行业　素质教育　文明驾驶　智能模拟教学

机动车驾驶培训行业关系到道路交通安全，驾校肩负着培养高素质驾驶员的社会责任。当前，行业内应试教育较为常见，不少驾校过分追求驾考合格率而忽视对学员的素质教育，并不利于培养出高素质的驾驶员。

近年来，我国机动车保有量和机动车驾驶人呈现"波浪式"增长。据公安部交通管理局数据，截至 2021 年，全国机动车保有量达 3.95 亿辆，其中汽车 3.02 亿辆；机动车驾驶人达 4.81 亿人，其中汽车驾驶人 4.44 亿人。汽车社会改变了人们的工作和生活节奏，但与此同时，交通事故的发生率居高不下，呈现事故总量巨大、死亡率高、恶性事故多发的特点。

交通事故的发生主要受"人"、"车"、"路"、"环境"和"管理"五大因素的影响，其中"人"是主要成因。据统计，85% 以上的道路交通事故是由驾驶人违章操作、缺乏交通安全意识引发的，约 30% 以上的重大的交通事故是由驾龄不到三年的驾驶人造成的。由此可见，驾驶人素质至关重要。

一 影响驾驶人素质教育的因素分析

应试教育和素质教育相融合是驾培行业高质量发展的必由之路，而要做到融合发展，就要解决好考什么和教什么的问题。

当前，"应试教学"和"素质教育"的矛盾依然是驾培行业的主要矛盾，影响驾驶人素质教育的原因有很多，主要包括考试、驾校和学员三个方面。

（一）从考试角度看

驾驶人考试的形式和内容决定了驾校教学的方向。世界上绝大多数国家是理论知识考查 + 实际道路考试，培训的模式也是理论教学 + 实际道路训练。例如，欧盟驾驶培训做得最好的国家之一奥地利，理论课长达 32 学时，实际道路课程只有 18 学时；没有固定的扣分标准，没有固定的考试线路，重在全面考察学员在复杂多变路况上的驾驶能力和安全意识。其考试重点是守法意识、安全文明意识和节能驾驶意识，实际道路考试时长达 40 分钟以上。

我国驾驶人考试是一种场景较为固定的模拟考试，并以计算机评判为主。我们要认识到，我国幅员辽阔，各地情况不同，而且学驾人群庞大，一年近3000 万人的考生数量在世界上绝无仅有。如此庞大的工作量，完全依靠交警部门民警和相关工作人员来负责，自然会导致供给能力不足，还极有可能滋生其他问题，因此，我国驾驶考试以计算机评判为主是目前的最优选择。近年来，随着对驾驶培训考试本质的认识深入，考试的内容和项目已经越来越科学和符合实际。其中，公安交管部门以《中华人民共和国道路交通安全法》及其实施条例为中心，不断细化改进相关政策制度，优化调整考试内容，完善驾驶人考试制度机制，以科学化为路径，形成了系统实用的考试管理内容。

在 20 世纪 90 年代前，初考（理论考试）侧重考察交通规则和机械常识，场内考试则以桩考为主，道路考试要求全程在实际道路上进行不少于 20 分钟、3 公里的驾驶。在 2004 年《中华人民共和国道路交通安全法》出台前，统一了科目一、科目二、科目三的内容要求，将"交通法规"和"机械常识"合并为"交通法规与相关知识",增加急救、危化品运输等内容,规定了各科目约考间隔,方便合理安排考试。《中华人民共和国道路交通安全法》实施后,正式确立了三个科目的考试内容和项目,并根据实际情况不断优化调整,特别是在 2012 年,大型车科目二考试由"训练 10 项、考试 6 项"修改为"训练、考试均为 16 项",增加山区、隧道、陡坡等复杂道路考;小型车考试科目二考试取消桩考移库、通过连续障碍、单边桥等项目,考试项目由 9 项修改为 5 项。2021 年第 162 号令将小型自动挡汽车科目二考试减少为 4 项,取消坡道停车起步项目,更加贴近实际。

公安交管部门还紧密结合实际驾车需要,修订《机动车驾驶人考试内容与方法》。一方面,统一全国理论考试要求,统一设置理论考试系统和题库,设置单选、多选、判断多种题型,并大量采用图片方式展现实际驾车场景,让驾驶人知场景、懂规则、会驾车。另一方面,强化实际驾车安全驾驶要求,场地操作中允许适度停车,实际道路驾驶考试中增加变更方向过程"回头观察""荷式开车门""通过路口主动避让优先通行的行人和非机动车"等评判要求,并逐步推进小型汽车、增驾大型车的夜间考试采用模拟方式,更加注重安全文明意识考核,也更加契合实际道路交通环境。①

(二)从驾校角度看

"考什么就教什么",这句话放在任何行业似乎都不错。但是,驾培行业不同于一般教育行业,其事关人民生命财产的安全,事关道路交通畅通,这份责任担当重于泰山。驾驶培训内容应包括考试内容但不能局限于考试内容。

2016 年 8 月,交通运输部、公安部联合印发了《机动车驾驶培训教学与考试大纲》(交运发〔2016〕128 号),为加强机动车驾驶培训与考试的有效衔接、规范培训教学考试活动提供了有力支撑,已成为各地交通运输、公安交管部门协同推动培训与考试服务升级、培养安全文明高素质驾驶员的重要纲领性文件和重要工作指引,在提高机动车驾驶员综合素质、提升道路交通

安全水平方面发挥了重要作用。

近年来，随着国务院"放管服"改革持续深化，机动车驾驶人考试制度改革深入推进，人民群众学车学驾需求日益多元，对驾培内容、教学目标、教学方式等提出了新的要求。结合相关改革部署和驾培行业发展变化，交通运输部组织修订了新的教学大纲，以更好满足人民群众的学驾需求。

2022 年版的《机动车驾驶培训教学与考试大纲》（交运发〔2022〕36 号）修订的第一原则就是坚持安全底线，以培养安全文明高素质驾驶员为核心，以增强学员安全文明意识、提升驾驶操作技能、培养良好驾驶习惯为导向，深刻汲取近年来道路交通事故的教训，聚焦强化素质教育，避免依考定培，防止为考试而培训，将安全文明素质教育贯穿培训教学全过程，进一步强化防御性驾驶、应急处置等培训要求，切实把好道路交通安全第一道关口。

按照规定实施教学，是开展素质教育的前提和基础。《机动车驾驶培训教学与考试大纲》在部分地区却没有得到应有的重视。特别是在驾培市场需求持续萎缩、经营成本上升、产能严重过剩、竞争加剧的背景下，一些驾校普遍以谋利为目的，根本不重视安全培训，而是考什么练什么。大部分驾校没有开展理论教学，而是让学员自行背题库。科目二场地驾驶训练成为点位技巧教学；科目三道路驾驶只按照考试评判标准进行训练。教学大纲规定的教学内容被考试技巧所取代，严重背离了教学设计的初衷。

素质教育不是素质和教育的简单相加，而是与应试教育相融合，是一种以提高受教育者多方面素质为目标的教育模式。驾校素质教育应注重学员的守法教育、安全教育、文明教育、车德教育、驾驶技能教育以及人车和谐的教育，其目的是通过"安全文明驾驶意识 + 驾驶技能"的教育，使学员在考取驾驶证后，能开车、会开车、开好车。也就是说，作为一名道路交通参与者，能够合法开车、安全开车、文明开车，以保障道路交通安全，这也正是驾驶员培训的社会责任和意义所在。

（三）从学员角度看

当代社会，生活节奏越来越快，人心普遍浮躁，一些人学车就是为了拿证。为此，有人不惜铤而走险，通过贿赂、作弊和替考等极端方式获取驾照。原因主要在于，我国汽车社会化的时间还比较短，国人的交通安全文明意识还较浅薄。

其实，教学大纲对培训学时有强制的规定和要求，但一些学员对此并不配合，不愿意选择学时管理严格的驾校，有的甚至参与学时造假。应试教学是趋利性的，对于大部分学员而言，拿到驾照越快越好；对于驾校而言，驾考通过率越高越好；对于教练员而言，考什么就教什么最轻松。一些驾校就把培训重点放在考试上，片面地追求考试合格率，停留在"应试教育"的圈子里不能自拔。

目前，这一情况大有改善。这些年，越来越多的人开始注重安全驾驶，有的甚至在考取驾照后，自己会再花时间、花钱去找一个陪练，到实际道路上适应路况。这说明，学员其实还是很想学到有用的驾驶知识和安全驾驶技术，只是驾校没有在这方面引导或教得太少。令人高兴的是，随着 90 后、00后群体开始成为生力军学员，以及国人交通安全文明意识的增强和计时培训联网对接工作的推进，驾驶员的综合素质进一步提升。

二　应试教育与素质教育融合的路径

当今时代无疑是一个快速变化的时代，但有一点是确定的，那就是交通安全素质教育从未像今天这样重要。新形势下，驾培领域的相关从业方应该充分发挥自身的主观能动性，积极探索应试教育与素质教育相融合的方式。

当下，驾培领域有不少互联网科技企业都在致力于推进交通安全素质教育。例如，木仓科技旗下的驾考宝典从创立之初就以提升用户驾驶能力和安全文明意识为使命，不断以完善的产品功能和优质的服务理念为学员及驾校提供服务，帮助学员提升驾驶技能的同时强化其交通安全意识，让每一位道路交通参与者真正做到了解交通法规、敬畏交通法规、遵守交通法规。

十多年来，木仓科技不断探索新技术，为驾驶培训行业提供新的教学模式和教学方法。例如，结合 3D 建模等技术，推出驾考宝典 3D 练车，为

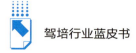

学员提供线上模拟练车等功能，帮助学员更加直观、深刻地掌握驾驶技巧，提高学员在初始学习阶段的"车感"和"路感"。依托高科技开发的智能模拟器等硬件产品，通过人机交互与真实场景模拟，学员可以场景化体验特殊天气、复杂路况、突发状况等实车训练难以实现的情景。学员还可以通过全方位的学习，多角度理解道路规定及通行标准，大大提高防御性驾驶能力和安全文明驾驶意识，这有助于促进驾培行业应试教育与素质教育相融合，迸发驾培行业强劲动力。同时，木仓科技还通过分析学员驾驶行为大数据，将安全驾驶贯穿到培训的全过程，有利于培养具备过硬驾驶技能和牢固安全驾驶意识的合格驾驶人，真正实现驾驶培训素质教育的深层次发展。

此外，驾校还可以通过以下方式推动应试教育与素质教育的融合发展。

（一）主动承担社会责任

保障道路交通安全、培养高素质的驾驶人，是新时期赋予驾培行业的社会责任。培养既合法又合格的驾驶人，是驾校存在的价值和社会责任。驾校要主动承担社会责任，在重视经济效益的同时也要兼顾社会效益。

当下，也有相当多的驾校具备远见卓识，一直坚持履行社会责任。在严格按照教学大纲完成理论和实操培训之余，驾校还通过开展文明交通进驾校"五个一"活动、建设安全文明教育基地、进行安全文明交通宣传等方式培养驾驶员的安全素养。这些做法赢得了社会认可，驾校也从中取得了经济效益与社会效益的双丰收，其中的佼佼者包括北京海淀驾校、南昌白云驾校等，它们各有特色的素质教育举措为全国驾培行业作出了表率，成为行业理念引领者。

案例1　北京市驾培机构开展"文明驾车　礼让行人"教育活动

按照北京市交通委员会《关于在交通行业深入开展"文明驾车　礼让行人"专项整治行动方案》要求，市交委驾培处在全市范围内全面开展专项整治行动。

一是印发《关于在本市机动车驾驶员培训"安全文明驾驶常识"部分增加有关内容的通知》（京交驾培发〔2021〕12 号），自 8 月 23 日起全市驾培机构统一将"文明驾车、礼让行人"相关内容纳入培训课程。

二是举办"文明驾车 礼让行人"首都驾培行业深入推进文明交通教育主题活动启动仪式，驾培机构代表驾培行业带头承诺践行文明礼让各项规定，签订"文明驾车 礼让行人"承诺书。

三是与首都文明办、中国交通广播联合录制《"文明驾车 礼让行人"从源头抓起》微访谈节目。通过专项整治行动，全市共有 15 万余名驾校的学员学习到了相关内容，宣传效果明显。

（二）加强教练员队伍管理

驾校教练员是学员安全意识和驾驶技能提升的"启蒙者"，是安全文明驾驶的"引路人"，而驾驶培训的质量与安全效果，主要是通过教练员教学服务行为得以实现。只有高素质的教练员才能培养出高质量的驾驶员。因此，加强教练员队伍管理尤为重要。

一是注重教练员的选拔。驾校应该按照《机动车驾驶教练员国家职业技能标准》要求，从道德品质、文化知识、身体健康、驾驶技术、职业观念与心态等方面进行把关，选用驾驶和教学经验丰富、安全文明驾驶素质高的驾驶人担任教练员。

二是加强教练员队伍的师风师德培养，不断提升其职业素质。驾校教练员是教车育人的教师，也需要终身学习。教练员的驾驶道德、文明修养较之驾驶技能也非常重要，教练员的一言一行对学员驾驶习惯等方面的影响非常大。因此，要积极引导教练员加强对新知识、新技术的学习，树立正确的人生观、职业观、价值观，使教练员做到遵纪守法、爱岗敬业、关爱学员、诚

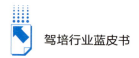

信服务、廉洁自律，真正成为遵守道路交通安全法律法规的楷模、驾驶培训技术和水平高超的教学工匠、受广大学员尊重的榜样。正如一位学员在给校长的信中写道："驾校不只教会了我驾驶汽车，也教会了我驾驭人生。"

三是定期对教练员进行培训。每年定期对教练员进行继续教育培训，切实加强其对驾培新政策、法律法规、技术标准和规范的学习；围绕教学重点和难点，进行驾培教学技术课题研究，鼓励教练员提升理论与实车操作教学能力，成为双师型教练员，不断提升教练员队伍"技术＋艺术"的整体教学水平。

四是实施规范化培训教学，建立教学质量信誉考核制度，公布教练员诚信优质服务、满意服务信息和教学质量排行榜，增强教学服务工作的诚信度、透明度。

（三）拓展教学内容

2022年版《机动车驾驶培训教学与考试大纲》在素质教育方面做出了很多调整和优化。在保证普遍性、基础性教学需求的基础上，充分考虑学员个性化、差异性需求以及初学和增驾培训差异，分类施策、精准施教，适度调整部分增驾车型理论培训的学时要求，避免重复培训，精简考核环节，为学员学驾提供便利；坚持统筹衔接，既做好与有关法规政策的衔接，也对标道路交通法规调整、道路交通发展环境变化、机动车准驾车型调整、汽车新技术发展应用等新形势、新要求，统筹优化调整教学大纲相关内容；积极利用虚拟现实、移动互联等新技术，稳妥有序地推进教学模式创新，丰富教学场景设置，增强培训互动性、适配性和吸引力。例如，在涉及安全驾驶能力培训的基础内容方面，增加了如下内容：（1）增加了汽车辅助驾驶功能安全使用常识和新能源汽车技术及使用常识等知识；（2）增加了防范隧道事故和次生事故、应急处置、车辆安全检视，以及在医院、停车场、城乡接合部、城市内涝、沙尘天气等场景下的安全驾驶方法；（3）增加了在不同行驶状态、典型道路环境情形下的防御性驾驶方法。

很多有使命感的校长都意识到，应该尽可能地要求教练员在课堂和实操教学中输入一些安全文明驾驶的知识，让学员真正学到干货。例如，有些驾校开始教学员换轮胎，有的教学员事故自救知识，有的教学员自燃灭火法，等等。重庆汉丰驾校朱校长说："在我们这里，虽然人工考试有很多弊端，但学员在路上的训练是比较扎实的。如果按照现在的方式参加实际道路考试，拿证后是真开不来车的。我们的工作是专业培养驾驶员的，不是专门让人通过考试的，我们不尽其责，就没有我们存在的必要，这也是我们作为行业一分子对社会的一份责任。"

案例 2　宁夏易通驾校的素质教育课

"培养中国好司机，贡献行业正能量"宁夏易通驾校认为让学员拿一本驾驶证不是公司的目的，培养出合格的驾驶员才是公司的追求。本着对社会负责的态度，树立品牌意识，回归教育本质，宁夏易通驾校的教职工们在保证按教学大纲规定的课程教学之外，还增加了驾驶员素质、技能教学，针对驾驶员在驾驶操作中所遇到的常见问题，增设了预见性驾驶、汽车盲区、灭火器的使用、汽车三液的检查（日常安全检查）、电瓶的使用注意事项、车辆应急救援、伤员急救、心肺复苏等课程。2021 年又针对已经拿到驾照的学员开设了实车倒库、路边侧停、车辆行驶中急刹方向的控制和刹车距离的体验课程，并通过微信、抖音将体验课程进行线上传播，获得学员和社会人员的充分肯定和赞扬。

（四）用好交通安全教育基地

2017 年，公安部和交通运输部联合开展"五个一"活动，即设立一个交通安全教育基地、讲好一堂文明交通法治课、播放一部交通安全警示教育片、组织一次文明交通志愿服务、举行一场文明守法驾驶宣誓仪式。其中最核心的是要建立交通安全教育基地。2019 年，中国交通运输协会驾驶培训分会倡

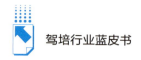

导和推出了"中国交通安全万里行交通安全教育基地"方案，可以实实在在地解决交通安全教育基地的落地问题。

当前，许多驾校已建立起道路交通安全教育基地，并且配备专业的老师进行讲解。基地大致有两种，一种是对全社会开放，接受单位团体、企业社团和个人家庭的参观，另一种是专门针对本校学员开设，学员凡在科目一考试前必须前往基地接受半天时间的"事故"体验。教育安全基地的建设及使用势必会影响学员日后的驾驶生涯，让他们自觉遵守交通法规，文明出行，也让他们更加懂得珍惜生命！

三 教学组织方法的优化与创新

（一）突破传统教育模式的局限性

传统的说教式教育模式是现在大多数教练员普遍采用的教学形式，有一定的效果，但由于教育不系统，短时间内很难奏效，因此，提升学员的综合素质，需要更好的教学方法。这就要求教练员在培训实践中，在课堂设计上、教学方式上不断进行优化。例如，以木仓科技出品的驾考宝典为代表的互联网驾考学车平台每年都会举办"中国金牌教练"等评选活动，将在一定程度上刺激教练员在教学过程中不断创新教学方法、优化教学手段。华航驾校通过优化教学方式，较好实现了素质教育与应试教育的融合发展，其主要经验如下。

（1）统一思想，打破认识上的三个误区。一是"对立论"。"对立论"认为驾校学员的应试教育和素质教育是相互对立的，水火不相容。要搞应试教育，就没法搞素质教育；要搞素质教育，必然会影响应试教育。二是"一点论"，即认为驾校只用管应试教育，学员能拿到证就万事大吉，素质教育可有可无。三是"无为论"，即认为驾校改变不了考试模式和规则，更改变不了道路交通的现状，所以，只要抓好驾校经营，其他事情不必关心。

（2）突出重点，做好教学上的"三个融合"。一是培训模式与考试模式相融合。在教学场地和硬件设施上，建立1：1仿真模拟考场，通过机器人教练进行全真模拟校考，让学员在培训过程中能够感受考试的氛围，帮助学员克服考试紧张心理，建立迎考的信心。在教学流程设计上，坚持"仗怎么打，兵就怎么练"的原则，把考试流程融入到教学流程当中。

二是日常培训与实践应用相融合。采取情景导入式教学，把基础练习、项目练习与日常驾驶行为结合起来，引导学员在实际场景中进行操作练习。同时，在培训中加强教学互动，通过观察、询问、倾听、赞赏，激发学员学、思、悟、练的主动性。

三是理论培训与案例讲解相融合。开设理论课堂，专业老师为学员进行理论讲解。把法律条文与具体的驾驶行为、事故案例相结合，打牢学员安全驾驶、文明驾驶、守法驾驶的思想基础。华航驾校学员科目一、科目四考试合格率始终保持在 90% 以上。

（二）驾驶培训的创新研究与实践

现在，很多驾校管理者和教练员都意识到，培养出高素质的驾驶人，才是驾培行业的长远发展之道。在日常教学中，应注重学员的安全驾驶素质教育，注重讲法律，讲交通文明，讲交通常识。既应有线下授课模式，也应有网络教学模式，还应有智能模拟互动学习模式，使理论教学与实践相结合，把安全和文明意识融入到整个教学和驾驶实操培训过程中。

1. 组训模式创新

目前，很多驾校开始重视智能模拟教学，通过引入智能模拟器、VR 等科技产品，采取"法规学习 + 模拟训练 + 实际应用"的组训模式，突出实际操作中安全驾驶技能与安全意识的培养。

智能模拟是基于高仿真互动型、动感型驾驶训练模拟器，以及实车训练模拟器等先进的训练技术手段，通过车辆肇事的"犯错学习"方式来增强学员安全意识的一种模式。该模式以真实的重特大交通事故案例为背景，通过模拟和复现事故场景，对学员进行多方面的培训。

智能模拟可应用人工智能构建的智能交通系统，结合道路交通事故的新形势和新特点，开展不良驾驶习惯矫正训练、处理突发事件的能力强化训练

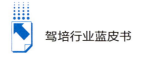

和防御性驾驶技能培训，也可以实施以提升训练为主要内容的定向培训。

2. 施训手段创新

从一定意义上说，教学活动的枯燥性是教师厌教和学生厌学的一个主要原因。游戏化教学就是以游戏作为课堂教学的组织形式，把教学内容贯穿于教学过程中。

与生活中的游戏相比，教学活动中的"游戏"更加强调组织性、目的性、计划性，不过二者都注重激发参与者的兴趣和挑战自我的欲望，都注重合作和活动体验。游戏化教学采用寓教于乐的教学形式，对于互动教学中的优胜者给予及时的表扬、赞美和肯定，让学员在个性化、互动性和娱乐性极强的全新学习体验中获得知识技能，从而达到高效教学的目的。

2018 年 9 月 18 日，世界公众科学素质促进大会系列分论坛之一在中国科技馆举行，国内外专家围绕"跨界发现游戏力"话题展开研讨。"未来，游戏将成为人类学习和休闲的一种重要手段"，不同专家在论坛上表达出了同样的声音，"游戏化教学"再次进入世界教育人士的视野。

近年来，青少年学习兴趣低是全球科学教育面临的共同挑战。在解决这类问题上，游戏化学习具备巨大的潜力。老师通过将游戏融入课程中，使信息传递变得更加生动，从而摆脱枯燥的传统单向说教模式，实现以生为本的人性化教育。驾培行业的学员正在年轻化，游戏化教学同样能唤起学员的学习热情。

驾考宝典 App 衍生的另一款软件"驾考宝典 3D 练车"，就是希望通过增加学习方式的娱乐性，帮助学员更加深刻地掌握驾驶技巧，从而提高学员在初始学习阶段的"车感"和"路感"。同时软件以逼真的场景和控件将原本枯燥乏味的知识学习变得有趣，让学员乐于挑战，在休闲娱乐中完成学习。

通过把游戏、赏识教育引入驾驶培训教学，可以潜移默化地提升学员素质，并增强学习乐趣。

兴趣是最好的老师。游戏化教学正在逐渐改善应试教育和"说教式"教育导致的教育沉闷等问题，教学中的游戏环节设计让学员有了参与的热情，能够让教育回归本质。但"习之于嬉"的游戏化教学要避免走向另一个误区，即必须有游戏才能学习，游戏才能使学习有趣、轻松，从而动不动就开展角色扮演、情景剧、小组竞赛等。强调教学游戏化并不否认教学工作的严肃性，而是反对"为了游戏而游戏"的形式主义。采用生活化的语言本质上是从教学风格上考虑的，不能为了哗众取宠，教学情景必须与教学内容紧密联系，否则就容易误入无厘头的怪圈，不但不能起到增进学习兴趣的效果，反而分散学员注意力。所以，教练员要把握好游戏教学的分寸，处理好"教育性"与"游戏性"的平衡。

3. 培训形式创新

随着社会经济的快速发展和道路条件的不断改善，路况变得越来越复杂，新手司机由于驾驶经验不足，在行车中都有不同程度的焦虑，如害怕路线不好走、担心导航播报听不明白、交通标识看不懂、停车难等。为了帮助新手司机摆脱行车焦虑，平安度过"新手实习期"，确实需要创新培训手段与培训形式。

近期，百度地图为新手司机量身定制了"新手导航模式"，借助"人工智能""精准导航"等技术，为新手行车安全提供坚实的保障，助力建设安全文明的交通环境。

驾校是培养新手司机的摇篮，新手司机的驾驶习惯也深受驾校的影响。因此，通过结合驾培实践课程，可以提前引导学员认知、熟悉导航的正确使用方法，促进新手司机养成良好的导航使用习惯，最大可能消除安全隐患。

为此，中国交通运输协会驾驶培训分会联合百度地图开展了一系列探索：基于百度地图"新手导航"的产品功能，共同编撰《新手导航安全使用手册》；邀请北京警察学院教授、"中国安全驾驶第一人"柳实教授，录制《新手安全驾车常识》课件，站在专业实践的角度，为学员剖析驾车前、中、后需要注意的导航安全事项。2022年1月，实践项目率先在北京海淀驾校、南昌白云驾校开展试点。创新型的教学内容使得驾培教学过程更加生动有趣，内容也贴近学员实际需求，获得了学员一致好评。

为了进一步扩大影响，使更多新手学员从中获益，同时帮助驾校更好成长，中国交通运输协会驾驶培训分会携手百度地图，于 2022 年 3 月正式筹备"新手导航安全示范基地"共建活动。在报名环节为学员发放《新手导航安全使用手册》，引导学员学习、认知安全导航知识；在科目四理论教学环节，为学员播放《新手安全驾车常识》课件，让学员熟悉"新手导航"需要必备的安全知识。参与基地共建的驾校同仁，将获得中国交通运输协会驾驶培训分会、百度地图联合的授牌认证，同时围绕"服务驾校、服务新手学员"的活动理念，百度地图为合作共建驾校免费提供一系列线上权益，为驾校开辟一条线上招生的渠道，促成合作共赢。

截至 3 月底，贵阳吉源、重庆西南驾培集团、南京钟山、山东正直等全国 500 余家龙头驾校提交报名材料，这些驾校分布在全国 25 个省份、170 个地级市，全年可覆盖新手学员约 500 万人。其中，120 家驾校已将"新手安全导航"相关课程实践融入到教学当中。随着本次共建活动的持续推进，会有越来越多的同仁参与其中，将安全导航融入驾培实践，共同服务新手学员，助力安全文明驾驶。

四　结束语

安全是驾培行业永恒的主题。驾培行业关乎驾驶人和交通参与者的生命财产安全，时刻拷问和考验着驾校经营管理者的良心和责任担当。相信随着驾考理论命题和考试项目质量的不断完善，素质教育和应试教育的目标会逐渐趋同，驾驶培训质量也会逐步得到提升。

我们期待，在驾考指挥棒的引导下，驾校能够将"安全第一、珍爱生命"的安全驾驶意识和文明行车理念转化为教学培训的重要内容，贯穿到驾驶人培训的全过程并落到实处，建立以知识为基础、以兴趣为重点、以大纲为指南、以安全文明意识提升为落脚点的驾驶培训体系，全面提高驾培质量，提升驾驶人素质，实现应试教育与素质教育双剑合璧，为构建安全、有序、畅通的道路交通环境和建设交通强国做出积极的贡献。

本文作者为刘治国、周英南、林钧、魏小锋。刘治国,中国交通运输协会驾驶培训分会秘书长;周英南,辽宁省道路运输服务中心副主任;林钧,台州市运管中心机动车服务科科长;魏小锋,中国交通运输协会驾驶培训分会专家。

运营管理篇

B.9
驾校多校区集约化运营与管理实践

摘　要： 当前，驾培市场产能严重过剩，学员对就近学车、便利学车、服务环境等培训之外的要求逐渐提高。为应对新形势、抢占市场份额，很多驾校开始在本地不同区域增设校区，走"小而全""小而美"的驾校网格化经营道路。很明显，驾校多校区的建立，扩大了经营范围，但也增加了经营成本和管理难度。因此，本报告针对如何有效进行驾校多校区集约化运营管理、发挥多校区集群竞争优势、真正实现"1+1＞2"，总结提炼了驾校在多校区扩张发展实践中的管理思路和基本原则，并进行了展望。

关键词： 驾校　集约化运营　共享体系

集约化运营管理是现代企业集团提高效率与效益的基本途径，也是当前品牌驾校多校区布局时不得不面对的问题。集约化的"集"就是指集中，集中管理人力、物力、财力等要素，并进行统一配置。集约化的"约"是指在集中、统一配置生产要素的过程中，以节俭、约束、高效为价值取向，实现降低成本、提高管理效率，进而使企业集中核心力量，获得可持续的竞争优势。

驾校集约化运营管理的目的，与企业的经营目的是一致的，都是实现效益的最大化，实现效益的最大化是其出发点也是最终归宿。

一　驾校集约化运营管理的背景和要求

2004 年 5 月 1 日《中华人民共和国道路交通安全法》颁布实施，其中第二十条规定了对机动车驾驶培训实行社会化。此后，社会投资建设驾培机构的热情开始高涨，驾驶培训领域开始市场化。随着改革开放的不断深入，驾培行业逐渐由卖方市场转变为买方市场，现基本上实现了充分市场化。经营驾校从"躺着都赢"到"难以躺平"，从粗放经营到精细成本管控，只经历了20 年的时间。也正是随着市场化的不断深入，很多驾校主动或被动地走上了不同的发展道路。

驾培市场发展至今，"大而全"的驾校并不能完全满足当前市场的需求。以往筹建驾校，经营者希望越大越好，重资产、全配套。由于土地资源稀缺，很多驾校不得不选择地理位置较偏僻的、面积较大的地方。为满足学员便利学车的需求，很多驾校提供班车接送服务。班车免费接送成为了很多驾校的招生手段，受到了学员们的好评和青睐。但随着经济社会的不断发展、人们的工作和生活节奏的加快，很多学员不愿意将大量的时间花费在往返驾校的路上。尽管驾校极力改善学员来校交通的体验，但还是敌不过有些驾校就近练车、随到随学的优势。为应对新形势，很多实力强的驾校开始在不同区域逐步增设或者并购校区，走"小而全""小而美"的驾校网格化经营道路，这已成为驾培行业品牌化、集约化经营的一种新趋势。

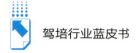

我们看到，全国不少地区的龙头驾校，在一个市区布局的校区多的达 10 余个，少的也有 2~3 个。以江西白云驾校和长春兴隆驾校为例，南昌市白云驾校成立于 2005 年，为国家一类驾校，现自建有分布在南昌市的高新、樟树林、新洪城、新建等四个校区，还自建有社会化全科目考场。长春市兴隆驾驶员培训有限公司成立于 2003 年 5 月，是长春市一级普通机动车驾驶员培训机构，多年来不断壮大，先后在长春、德惠、农安、九台、双阳发展了 11 家所属分校。驾培行业多校区经营，已经越来越常见。

驾校多校区的开拓，扩大了经营的地域范围和分散程度，但随之也增加了协调成本、管理难度和经营风险。如果运营管理不善，会造成内部"几家欢乐几家愁"的局面。甚至会出现多个校区赚的利润不如一个校区赔的多的怪现象；还有的驾校虽然增设了多个分校区，但分校之间各干各的，非但不能产生规模和品牌溢价效应反而引发了内部不良竞争。因此，如何有效进行集约化运营管理、真正发挥多校区的竞争优势、确保实现"1+1 > 2"，是目前驾驶机构多校区扩张发展必须思考的问题。

二　驾校集约化运营管理的核心法则及运用

当驾校需要扩张校区的时候，采取集约化运营管理模式，显得尤为重要。因为从一个校区扩张到多个校区，同时也是人力、财力、物力的扩张，这对驾校经营管理者的能力提出了更高的要求。要做好多校区的集约化管理，必须遵循责权分明、资源整合共享、统一文化导向、战略保持一致、目标管理精细化五条核心法则。

（一）责权分明

责权分明是实施集约化运营管理的首要前提。在驾校扩张之路上，由责权不明而导致失败的例子比比皆是。

责权分明关系到后续的管理范围、管理模式、管理手段以及管理效果，在设定分管人员职能前，必须将企业总部和分管校区的责任与权利明确下来，否则将给企业带来巨大的不利影响。

1．责权不明的影响

若是责权不分明，分校区负责人不知道该干什么，也不知道能干什么，干多了怕越权坏事，惹老板不满意，干少了又影响各项工作开展的进度，影响自己才能的充分发挥。轻则导致和老板之间产生嫌隙，重则影响企业效益。

2．责权分明的意义

分校区负责人可在明确的责权范围内对分管校区进行高质高效的管理。总校亦可集中优质资源，根据各校区需要进行扶持，上下级各司其职，既可充分发挥校区分管人员的主观能动性，也可以使企业有效掌控校区的发展运营情况，从而创造更大价值。

3．责权的范围设定

对于分校区负责人而言，授权过小容易埋没他们的才能。老板的"紧箍咒"让分校负责人失去了主观能动性和最宝贵的创造力，一切按照老板的意思去做，分管的校区也不会创造出最大的效益。

分校负责人的权利多了又会让老板不放心。比如分管人员的决策是否合理？是否存在"崽卖爷田不心疼"的心态？所以，责权分明必须根据实际情况划分权利与责任的范围，让分管人员明白能做什么、不能做什么，什么情况下可以做决策，什么情况下需要向上级汇报。

案例 1　南昌白云驾校的分校校长管理办法

2020 年，南昌白云驾校制定了《白云驾校分校校长管理办法》，明确分校校长的权利与责任，提高分校校长的工作质效和主观能动性，促进了分校各项业务的有序开展以及效益的最大化。主要内容如下。

一、分校校长行政管理职责

1.负责分校全面工作，处理日常事务。

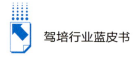

2. 依据集团管理制度，制定分校管理细则，明确各类人员的职责，做到有规可循，违规必究。

3. 围绕集团发展战略，认真组织全分校人员的思想、业务、安全学习，提高员工的服务水平、业务素质。

4. 定期召开分校例会。重大问题向集团校长请示报告。

5. 接待来访的相关部门人员、其他分校员工和本校学员，有问题及时处理。

6. 做好校园安全、环境卫生、固定资产维护工作。

7. 做好员工队伍维稳工作。

二、分校校长业务管理职责

1. 接受集团下达的利润任务，并进行分解安排，落实到人，具体到岗。

2. 抓好服务，不断提升全体员工的服务水平和服务意愿。

3. 抓好业务培训，不断提升业务员的招生水平和教练员的带训合格率。

三、分校校长的权利

1. 人事建议权

（1）有权建议设置本校工作岗位、数量和决定人选，报请集团同意后实施。如相关员工属集团或其他分校，须经原部门、本人同意方可调出。

（2）有权制定各岗位薪酬及分配方案，报请集团同意后实施。

（3）有招聘及解聘普通员工的权利。但招聘及解聘主管以上员工，需报请集团同意后实施。

2. 定价建议权

（1）分校校长可根据本校周边环境、地理位置、生源情况自行设置招生班型、价格、服务项目，但须报请集团同意。集团在审查无重大纰漏的情况下，原则上不宜过多干涉。

（2）分校校长有权建议制定符合本校实际情况的招生方案，但须报请集团同意。

（3）可在不改变现有经营模式的前提下，本着争取更大利润的原则，对带训绩效方案进行适当调整。调整方案须经集团同意。

3. 财务签字权

（1）分校各项支出报销必须经分校校长签字后方可生效。

（2）分校校长有权审批 3000 元以内的行政费用开支，超过此金额的须集团校长签字。

（3）分校应在年初事先制定财务预算计划，由集团财务监控预算计划的实施。

（4）大宗或贵重物品采购，超出审批标准的行政费用支出须报请集团同意。

（5）分校出纳人员（可兼职）应严格执行财务制度。每日营业收入必须在当日 16 点前汇入集团账户。如发生营业收入被盗抢、丢失等情况，由分校校长承担全部损失。

四、分校校长的义务

（1）认可并遵循集团的经营理念，坚决在日常工作中践行，在任何时候都与集团的理念保持一致。

（2）在培训、服务中实行标准化流程。

（3）不得更改经营模式。

（4）接受集团领导，定期向上级汇报工作，遇重大或突发事情及时向上级请示、汇报。

（5）按年度计划分解并按月完成目标任务，尽最大努力提升业绩。

（6）保证本校人员安全、车辆安全、校区安全。

（7）每半年向上级正式述职一次，接受集团考评，接受处理结果。

（8）承担集团统一开展广告宣传的费用。如有营销活动，按照"谁受益谁负担"的方法分摊费用。

五、经营责任归属

在责权明晰后，分校校长正常履行管理和经营职责。白云驾校将他们定位为"中级职业经理人"。俗话说"放牛的赔不起牛"，分校校长所有职权与做法不得超出集团规定的范围和文化约束，因此，他们仅对既有条件下校区所创造的利润负责，而不对本校区经营战略方向负责。

分校校长的薪酬由工资＋绩效＋福利＋年终奖励等部分组成。未达成约定利润仅影响年终奖励部分，不惩罚，但影响下一年度续聘合同的签订。这样的薪酬机制，既能保证分校校长的基本收入，使他们放下包袱，敢于承接挑战，也能刺激他们的主观能动性，力争创造更大价值。这对于集团培养人才、帮扶人才起到了积极作用。

案例2　白云驾校分校校长薪酬方案

各分校校长薪酬由基本月薪、福利补贴、月度绩效、超额奖、特别贡献奖励等部分组成。

一、月度薪酬组成及细则

1. 基本月薪

分校校长基本月薪为×元，次月15号发放。

2. 福利补贴

（1）分校校长每月工作26个全天即可享受全勤奖×元，次月15号发放（低于26个全天出勤，则按实际天数乘以×元的标准发放）。

（2）分校校长每月享受 × 元油补，次月 15 号发放（如本月全勤则全额发放，如无全勤，则按实际天数乘以 × 元的标准发放）。

（3）分校校长每月享受 × 元餐补，次月 15 号发放（如本月全勤则全额发放，如无全勤，按实际天数乘以 × 元的标准发放）。

3. 月度绩效

分校校长月度绩效与月度各项指标完成情况挂钩。月度指标为全年总指标的分解，包括招生、安全、合格率三项。次月 25 号发放。

绩效计算方法为：

驾校月招生绩效基准为 × 元；

驾校月实际招生低于月目标值 80% 的，本项绩效不予发放；

驾校月实际招生高于（含）月目标值 80% 但低于 100%（不含）的，本项绩效发放 × 元；

驾校月实际招生高于（含）100% 的，本项绩效按实际比例乘以基准数发放；

年终结算时，如本校区 100% 完成全年驾校招生目标，且本项绩效总计低于 × 元，则补齐 × 元；

科目二合格率达到 ×%（含），科目三合格率达到 ×%（含），发放 × 元合格率绩效，有一项未达到，扣除 × 元；

当月未出现无责任安全事故，发放绩效 × 元。出现责任事故则不予发放。如出现事故未上报集团，除本项绩效不予发放（或追回）外，另在绩效总额中扣除 × 元 / 起。

二、年度奖励组成及细则

年度奖励含目标达成奖、超额奖、特别贡献奖励三部分。

1. 年度奖励相关解释

（1）原则上每自然年的 12 月 31 号为各分校当年利润统计截止

日期。如期初时间推迟过长，计算起止期也可另行商议。

（2）当年净利润＝当年总收入—当年总支出。

（3）当年总收入含已通过科目三学员的报名费、已通过科目二学员的部分报名费、校区广告收入、其他收入等。

（4）当年总支出含校区土地租金、总工资支出（含分校校长本人工资）、车辆折旧费用、广告费用、税费（总收入的3.36%）、其他支出等。

（5）达成奖和超额奖于该分校结算后发放50%，第3个月发放剩余50%。如发放期间分校校长离职，剩余未发放的奖金都不予发放。

（6）分校校长所有收入均为税前金额。

（7）各分校目标利润值由各分校校长与总部商议确定，并在本合同中体现。

2.目标达成奖

（1）当年分校净利润低于目标利润的，不予发放奖金。

（2）当年分校达成目标净利润，给予×元利润目标达成奖金。

（3）当年分校达成目标净利润，且分校校长全年无廉政问题的，给予×元廉政目标达成奖金。

3.超额奖

当分校年度利润超过目标利润，根据比例予以超额奖金。

超额奖金＝（当年分校净利润—目标利润）××%。

4.特别贡献奖励

当分校校长表现优异、对驾校有突出贡献时，经董事会讨论通过，可获得特别贡献奖励。此奖励不受其他奖励影响，为单笔单次，不具有延续性和普惠性。

三、利润计算方法细则

总收入构成：

全年单项科目二通过的学员的报名费的 50%；

全年单项科目三通过的学员的报名费的 50%；

本校区报名学员的体检照相费；

其他经营或广告收入。

总支出构成：

全年工资、绩效、年终奖等支出；

全年招生费用支出（不含未考过科目二的学员招生费用）；

全年行政费用支出；

其他支出。

（二）资源整合共享

资源整合共享的主要目的是通过调整组织制度和管理运作方式来增强驾校的竞争优势，是优化驾校配置的必要手段。对不同来源、不同层次、不同结构、不同内容的资源进行具体识别与选择、汲取与配置、激活和融合，才能达到资源配置与发展需求完美匹配的最佳效果。

1. 整合人才资源

人才是企业发展的基石。第一代驾培行业从业人员多凭其社会资源优势进入此行业，加上特定历史环境和发展过程的影响，市场对驾培企业的管理者和教练员的整体素质要求不高，使得驾培行业整体从业人员素质良莠不齐。这导致了许多驾校在新形势、新环境下，人才储备不能满足需求，这给驾校的进一步发展壮大拖了后腿。驾校要扩张壮大，或要走"小而全""小而美"的多校区经营模式道路，各个管理岗位上就必须要有一批出类拔萃、德才兼备、业务精通的分管人员。

（1）内部晋升策略。内部晋升就是从现有的员工中，对优秀者进行提拔。需要注意的是，要认识到被提拔者的优缺点，对其优点加以利用，对缺点进行指导纠正，进一步将其培养成适合企业发展的综合型人才。这种方式的优点是所提拔人员大多是忠诚度高并有突出能力的人，其对驾校的运作方式、业务以及文化都非常熟悉，在分管的岗位上更容易带动分管校区紧跟驾校总的战略步伐，保持与驾校总的发展方向不变，有利于驾校总部的宏观管控。缺点是选拔的员工起点低，后续的培养需要耗费高层管理人员的大量精力，不同人员的性格以及领悟力都不一样，可能会出现才不配位的问题，但这都是内部培养人才必要的成本，总部应给予更大的包容度。

（2）人才引进策略。为提升驾校管理水平、保证驾校发展扩张的需求，驾校可制定人才引进计划，积极发掘行业内或行业外的优秀人才，用诚意打动想要引进的人才，收归己用。

人才引进策略的优点是引进的人才在综合素质方面比较突出，管理经验比较丰富，还可以带来一些驾校原本没有的管理理念和创新思想。

缺点是引进的人才对驾校现有的管理机制与环境、文化都不熟悉，需要花时间去吸收、熟悉、接受和认可，在这个过程中出现"水土不服"的概率极大。因此，对引进的人才需要观其言行，尤其需要看重其品格与思想。

案例3　白云驾校对分校校长的选拔

分校校长每天要处理繁杂的校务工作、应对校区各种突发状况。他们对下要维护校区员工团队的稳定、协调各个主管部门的工作、制定校区工作计划，对上要保持与集团领导之间的有效沟通，及时汇报、及时传达。因此，分校校长的能力决定了分校的效益，同时也影响着整个企业的总体效益。

任命一位优秀的分校校长，让其配合总部的发展战略，全身心地为分校的发展努力，是一件非常重要的事情。白云驾校为了提高各个校区的管理效益，促进校区健康发展，采取了内部晋升及人才引进两大策略，为白云驾校四大校区挑选到了最合适的分校校长及分校副校长。通过两年来对分校区分管人员的任用与培养，四大校区稳步发展，2021年较2020年招生人数增长约25%。

2．搭建共享资源体系

分校区对于总校而言，就是市场竞争的一线战场，总校为其提供后勤保障。"三军未动，粮草先行"，想要分校区在战场上百战百胜，就必须保证后勤供给系统配套资源的齐全。

由于财力、物力、人力等原因，各个校区的独立配套资源有限。所以，总校要善于整合公共配套资源，确保以最低的成本搭建大家都能共享的资源体系，将共享资源作为分校区作战的强大后盾，协助各个分校区开展工作，最大限度地优化分校区的服务能力、执行力以及生产力，从而提高分校区的经济效益。

（1）设定职能部门。总校可根据整体的管理结构和实际需求，设定服务于各分校区的职能部门，为各分校区工作的有效开展提供专项服务。

案例4　白云驾校总部职能部门的设定

白云驾校为了满足四大校区的"后勤保障"需求，总校设置了集团办公室、集团财务中心、白云考场三大职能服务部门。

集团办公室主要负责协助各校区营销活动的策划、人事薪酬的管理及核算、企业文化的灌输与宣传、校区工作情况的监察与督促等工作，为校区的管理以及运营发展提供文化、制度的支持和管理效果的分析反馈。

集团财务中心负责各校区的财务收支核算，为校区运营提供数据支持，同时分析解读数据，为校区管理提供方向和思路。

白云考场作为集团直管的部门，同步为四大校区提供面向学员的模拟培训及考试服务，协调各校区学员看考场的时间档期，有利于提高各校区的合格率，提高各校区的生产力。

（2）搭建共享体系。共享体系能够实现资源利用率的有效提高，可以减少闲置资源、避免浪费，同时能够激活资源意识，让人认识到现有资源的状

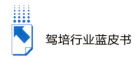

况，促进各校区之间的沟通。

基于获取资源的各种渠道以及成本不同，不同校区获取的资源有所不同，这就可能会带来这样的情况：A 校区获取的资源不适合 A 校区使用，但适合 B 校区，B 校区获取的资源恰好又适合 A 校区使用，这时候就可以共享。共享的资源可包含人脉、信息、生源、服务、人力等。

目前驾考宝典已经推出了驾校智慧管理 PaaS 平台，覆盖学员管理、财务管理、教学管理、人事管理、资产管理、运营管理六大核心场景，并打通机器人教练、模拟器、路考仪三大智能硬件，能够帮助驾校实现一站互通、多应用互联、多终端协同办公，在一定程度上解决了过去驾校流程管理混乱、职责不清、分工不明的问题，尤其是缓解了约课、分车模式流程复杂，信息沟通不够及时等经营痛点，助力驾校搭建自己的资源共享体系。

案例 5　白云驾校四校区共同招生制度

白云驾校不仅是全员招生，还是四个校区共同招生。各个校区（部门）的员工，可以同时为其他校区招生。按照 2021 年白云驾校员工人数 300 人计算，相当于这一年每个校区都有 300 个员工在负责招生。但实际上，每个校区负责招生的员工人数远远不足 300 人，以白云驾校高新总校为例，人数只有近 70 人，却享有 300 名员工实现的招生成果。这 300 人遍布南昌市高新区、东湖区、西湖区、新建区四大区域，对于校区而言，不花额外的人工成本，却共享了 300 名员工的劳动成果，对于员工而言，共享了四个校区的生源，扩大了招生范围，提高了招生业绩。

（三）统一文化导向

驾校为什么要统一文化？统一驾校文化到底有没有实际意义？相信很多人都会发出这样的疑问。任何一家企业，想要走得稳健、走得长远，都一定要有属于它的精神内核，而这样的精神内核，就是经过浓缩的企业文化内涵。驾校的管理者可以通过向员工灌输驾校的企业文化实现"管人先管思想"。而校区分散经营，则更需要由企业文化来凝神聚力、统一思想、统一行动。

1. 驾校文化统一的意义

（1）驾校文化的统一，蕴含了企业管理经营的新思想、新观念，是当今驾校发展的一种新趋势，有利于调动和科学组织驾校员工发挥个人的能动性，提高工作积极性和创造力，是优化企业管理的一种选择。

（2）统一驾校文化，可以增强驾校各个单位之间的凝聚力和综合竞争力，是驾校长远生存和发展的基础，没有企业文化的驾校，就好比没有灵魂、没有思想的人。

（3）统一驾校文化，可以增强驾校的活力，提升驾校的文化档次，促进驾校健康发展，以及满足多校区管理的迫切需要。

（4）统一驾校文化，是通过实行科学管理进一步赢得市场竞争优势的必然趋势；是培养驾校员工价值观、把所有员工拧成一股绳的必要手段，是号召所有员工为实现驾校目标而奋斗的"紧箍咒"。

案例6　白云驾校三个阶段的企业文化效果

白云驾校的企业文化发展至今，经历了三个阶段。

第一个阶段是"让每一位学员都满意"时期（2005~2014年），在这一时期不愁没有生源。这时候的白云驾校全体员工，秉承着"让每一位学员都满意"的服务理念，招收了大批学员，为白云驾校创造了可观的经济效益。

第二个阶段是"让每一位学员都感动"（2015~2018年），驾校的服务理念由"满意"升级为"感动"，通过文化的约束及导向作用，全员一起努力做好服务，为驾校树立起了良好的口碑，在驾培市场基本饱和的情况下，白云驾校的市场份额却在逐渐上升。

第三个阶段是"让每一位学员平安出行"。2019 年开始，驾校竞争日趋白热化，所有的驾校都认识到服务的重要性，各驾校之间服务水平上的差距逐渐缩小。此时，白云驾校在保证服务水平继续提高的基础上，再次优化理念，倡导交通安全，倡导品牌价值，回归驾培本质，倡导并践行让每一位学员都文明驾驶、平安出行。在此期间，白云驾校建立了全国首家交通安全万里行体验基地，每一个学员在科目二培训前都要参加开学典礼，在他们接触方向盘之初就向其灌输安全文明驾驶的思想，培养安全文明驾驶的习惯。同时将安全文明驾驶这个主题带入了社区、企业、学校，在老百姓心中塑造了正面形象和良好的口碑。白云驾校在 2020 年疫情期间大多数企业没有复工复产的情况下，招生业绩不降反升，招生人数较前一年增加了 13%。

2. 实现驾校文化统一的方法

目前很多驾校依然处于"老板文化"阶段，也有一部分驾校只偏重业绩导向，只有少部分驾校会根据行业的特性、自身的实际情况以及社会价值去定义驾校的企业文化。打造优秀的、全面的驾校企业文化需要立足现实、综合考虑、长远规划。

（1）企业文化表象化。表象化是指，通过物质载体将驾校的企业文化体现在可感层面。

白云驾校四大校区在校园内的相关区域都设置了不同的文化墙，通过对外展示白云驾校的企业文化，加深员工对驾校企业文化的熟知度。员工每天上班都能看到，久而久之形成一种行为习惯与既定认知。

（2）言行举止实践化。驾校优秀的企业文化，具有综合性、全面性，其中包含了指导驾校员工在工作、学习、宣传、交往等活动中所形成的文化现象，具体体现为驾校的行为规范、人际交往规范、公共关系规范等。这适用于驾校员工与学员之间、员工与员工之间、企业与社会之间。

案例 7　白云驾校作揖礼、升旗仪式、一分钟承诺等仪式化的文化

白云驾校在 2020 年疫情期间，为了避免握手时因行礼双方相互接触可能造成的交叉感染，将中国传统礼仪行为"作揖礼"（见图 1）纳入驾校日常行为规范中，并作为驾校企业文化的一部分，在各个单位长期执行。

白云驾校积极宣传倡导爱国主义精神，四大校区挑选优秀的员工作为护旗手，每周定时定点举行升旗仪式，只有热爱祖国的员工，才会热爱自己的企业、热爱自己的工作和生活。

为了保障学员学车体验感、提升教学老师的服务能力，白云驾校在科目二学员开学典礼中增加了"一分钟承诺"环节，教学老师与学员面对面进行一分钟承诺，学员权益得到保障，也加深了学员对驾校的好感，同时学员也作为教学老师承诺内容的监督人，可以有效促进教学服务水平的提升。

图 1　白云驾校推广"作揖礼"

（3）管理约束制度化。所有的驾校都有自己的管理制度，管理制度也是驾校企业文化的另一种体现形式，同时也是驾校所有企业文化推广统一的强制手段，制度规范着驾校的每一个人，更是驾校企业文化落实的有力保障。

案例8　白云驾校管理制度的制定与落实

为适应白云驾校改革和发展的需要，做到有制度可依、有制度必依、违反制度必究，让白云驾校各单位每一位员工清楚地了解各自岗位的工作内容、行为准则、享有的权利及承担的义务，充分调动员工的工作积极性，培养员工的主人翁精神，增强员工的凝聚力和向心力，特制定了白云驾校管理制度。各下辖单位可根据白云驾校管理制度制定相应的细则，白云驾校管理制度属于最基础的管理标准，如下辖单位（校区或部门）制定的细则标准低于白云驾校管理制度的最低标准，则以白云驾校管理制度内容为准，对未尽事宜，白云驾校办公室有权随时进行调整更新。

（4）意识灌输，舆论引导。引导的内容主要包含员工职业道德、经营理念、价值体系以及员工风貌等方面，这些也是驾校企业文化的意识形态整合，主要体现在企业的标识、口号、规定等方面。

案例9　长春市兴隆驾驶员培训有限公司的舆论引导

长春市兴隆驾驶员培训有限公司在对多校区的经营管理中，十分重视靠舆论引导、统一管理者和员工的思想。几年来，各校区为了完成各类经营管理指标，坚持树立"日子靠积累才会过好，目标靠累计才能完成；每日的目标从早上抓紧，每周的目标从周一抓

紧；每月的目标从第一周抓紧，每年的目标从一月抓紧"的思想。公司每开展一项活动、每实施一个方案都会提前发出倡议，加强舆论引导。

1.舆论引导促进驾校文化的建设

校区成长看改变，进步看数据，快乐看业绩，创造看目标。上下同欲，讲成长、讲服务、讲快乐；上下同谋，用业绩说话、用数据说话、用目标说话；上下同乐，敢于奉献、敢于挑战、敢于创造。

2.靠舆论引导形成驾校核心的价值观

用诚信回报社会，让社会说驾校行；用真心做好服务，让学员说驾校行；用赞美鼓励员工，让员工说自己行；用收入数字证明，让家人说驾校行。

3.舆论引导促进员工保持持续的激情

多校区经营目标管理过程中，一个重要的环节是要有持续的执行力。要想保持持续的执行力，必须重视舆论引导，让团队、让员工保持持续的激情。

（四）战略保持一致

随着"战略"一词在企业管理领域广泛使用，战略的具体含义也演变为具有统筹性、全局观、决定性的谋略、方案或对策，通俗来说即正确地做事、做正确的事。新时代驾培行业多校区发展的扩张管理之路，必须要保持驾校战略的一致性，要求每个校区的战略要与驾校总部的发展方向保持一致，这样才可以实现各个校区齐头并进、同步发展。

1. 驾校战略的制定

为了谋求驾校的长远发展和长远利益，从驾校全局的角度出发，对内外环境客观分析，从而确定驾校发展的远景目标和行动纲领，在竞争中战胜对手，赢得市场和生源。

案例 10　白云驾校坚持品牌化发展之路

2019 年，白云驾校深刻认识到新时代的驾培要更加注重安全教育，在学员考取驾驶证过程中，更加注重安全教育的培养。与此同时，驾校未来的发展之路要走得更长远、更稳健，就必须选择走品牌化发展之路。2019 年的 5 月，白云驾校建设了交通安全教育基地，并被中国交通运输协会驾驶培训分会授予全国首家"交通安全万里行教育基地"，通过"请进来"和"走出去"的方式，将交通安全知识带进社区、企业、学校，同时结合线上自媒体的优势进行宣传。短时间内，白云驾校积极履行企业的社会责任和义务、热心公益的社会形象深入人心，大幅度提高了白云驾校的品牌影响力。

白云驾校要求四个校区坚持"内外双修"，即在提升内部服务水平质量的同时，注重外部硬件环境的打造，让学员得到不一样的学车体验。2021 年，樟树林老城主题校区与新建校区的校园改造工程顺利竣工，改造后的校区焕然一新，环境优美，赢得了许多学员和社会各界人士的好评。

四大校区内部教学服务的培训与提升，在驾校总部设置教学研究院，负责指导四大校区教学服务工作，提高教学老师带训合格率，各校区定时召开内部服务提升大会，提出存在的问题，分析原因，总结经验，促进成长。

2. 驾校战略的统一实施

驾校战略要想顺利落地，必须要先将其转化为可操作执行的措施，并进行有效的动态管理。

（1）适应环境。驾校发展战略的存在和发展受到驾校内外各种环境因素的影响，所以选择实践行为及管理行为必须适应驾校的内外部环境。对于驾校而言，地域性或市场饱和度都会影响发展战略的有效实施。

（2）全员参与。驾校战略的统一实施，不仅是驾校领导和上级管理部门的事，同时也是所有员工的事，只有得到全体员工的推动，驾校的战略才能落地。

（3）全程监管。驾校战略实施是一个漫长的过程，从分析到制定，再到实施、评价和优化，需要大量的时间。在这个过程中，对驾校战略的统一实施，就需要进行监管，只有通过监管，才能快速地发现问题、准确地进行调整、有效地保障结果。

（五）目标管理精细化

目标精细化是一种提高工作质量和工作效率的管理技术。驾校通过精细化制定目标，促进提升驾校每个员工的工作质量和工作效率，可使整个驾校的工作质量和工作效率变得越来越高，在完成同样的目标下，消耗的时间资源、资金资源、人力资源会越来越少，效益就越来越好。同时，员工的认同感、获得感就会越来越高。常见目标有招生目标、合格率、学员投诉率、退款率等。为满足驾校集约化管理的需要，必须提高各校区制定目标的精细化程度。

1. 招生目标的合理性

目标的制定是关键环节，必须实事求是地设定目标。既要看自己的历史数据，又要分析同行业的现状，同时还要深入了解员工的思想状况和实现目标的能力，在此前提下，要重点考虑五个因素：一是校区成立的时间；二是校区的员工人数；三是校区的培训能力；四是校区周边环境条件；五是校区周边同行竞争情况。

2. 招生目标的准确性

总校制定招生目标不仅要有合理性，更重要的是要有准确性。准确性是指所制定的招生目标，在无不可抗力因素的前提下，至少有 80% 以上的校区能够完成。如果制定的招生目标多数校区没完成，不仅会打击员工的积极性，同时还会影响总校制定招生目标的严肃性。

3. 招生目标的参与性

总校给各校区下达招生目标，校区往往是被动地接受。如果改为由校区申

报招生目标，在实施中，校区争取完成招生目标的主动性会大大增强。具体方法是以每月总体招生目标为导向，每周日引导各校区负责人申报下一周要完成的招生目标，这样可把一个月的大块的任务指标分成小块，变难为易，减少畏难情绪，树立信心，调动全员主动参与的积极性，能有效促进招生目标的完成。

4．月人均产值

月人均产值是指校区所属人员每月人均招生金额的多少。人均产值是检验一个团队战斗力的重要依据，是评估一个校区经营目标管理好与坏的重要参数。团队作战能力强不强，取决于团队每一个成员的战斗力。考核月人均产值指标，不仅能促进招生目标的完成，而且还能促进团队的建设与管理。

5．月人均产能

月人均产能是指校区所属教练员月平均考试合格学员人数的多少。月人均产能指标高，说明该校区教练员整体能力强，学员培训、考试循环速度快。月人均产能指标低，说明教练员的整体能力差，同时也反映出该校区教练员队伍的建设存在一定的问题，如教练员不稳定、离职率高等。

6．各科积压占比

各科积压占比是指当月单科未考积压数占当月招生的比重。占比越大说明该校区学员培训与考试循环越慢、学员积压越严重。在实际管理中，可以针对各科积压比打分，总分高的说明该校区学员积压的问题严重。

7．管理指标跟踪

招生指标完成情况必须每日公示、各校区招生信息必须及时公示；员工人均产值、员工人均产能、各科积压占比必须每周公示1次。

及时公示各项管理指标是保持持续执行力的一个关键环节。跟踪公示的目的在于让团队管理者和员工及时感受到成就感。方法是设专人及时在员工群报告各团队招生指标完成情况，驾校领导适时公示招生贡献榜。管理指标跟踪的作用在于树立典型，带动更多的员工加入到实现管理指标的活动中，形成比、赶、超的招生氛围。

在跟踪过程中，公司领导重点要分析各校区管理指标完成情况并及时做好点评。坚持做到经常性点评，这既是对当天的总结，也是对第二天的激励，让管理者与员工始终感受到差距、紧迫感，从而保持执行力。对完成进度差的校区及时引导找差距，对完成好的校区及时总结经验进行推广，促进各校区共同进步提高。对完成指标落后的员工，人资部门要指定专人与其沟通，不要责备，要多鼓励，帮助其找原因，提出改进方法与期限。

案例 11　兴隆驾驶员培训有限公司管理指标跟踪

（1）公司跟踪校区年度责任状履行情况。公司董事长刘法富坚持每年年初与各校区签订经营责任状，每月定期召开校区责任人述职会。

（2）公司跟踪校区每周进度。公司总经理高彬坚持每周召开各校区责任人管理指标分析会。

（3）校区跟踪每个员工进度。各校区坚持每周召开员工分析会，分析每一个员工指标完成情况，找差距，制定改进措施。

公司还对招生指标完成进度每天公示 1 次；员工人均产值、员工人均产能、各科积压占比每周公示 1 次。公司客服兼职负责每天的统计和公示工作，只要校区把报名签单发送到群中，群中公示榜就有专人负责及时统计更新。

三　驾校多校区集约化运营管理展望

驾校多校区扩张发展过程中，要有效实施集约化运营管理，优化资源配置，把握好集权与分权适度原则，发挥驾校总部宏观调控职能，激发校区经营活力和创造力，控制校区运营风险，全面提高管理效率，进而实现驾校总部管理校区的"三提两降"目标。

（一）"三提"：提高管理质效、提高人才利用率、提高品牌影响力

提高管理质效。驾校总部及各个校区，都有较为科学系统的管理流程，

通过集约化管理的手段，达到集中资源、分散共享的管理效果。工欲善其事，必先利其器，驾校总部要将分校区的目标和发展方向与现有的资源统一起来，努力创造出让员工能够充分参与实现驾校目标的环境。驾校总部把有限的资源（人、财、物）合理地进行优化配置，加强对各个职级岗位的管理与指导，从而提高管理的质量和效率。

提高人才利用率。人才的合理配置关系到工作的效率和决策的质量，在多校区集约化管理的实践中，驾校人才能否得到最优的配置和最大的利用，对驾校发展起着关键性的作用。驾校多校区的扩展运营中，在划分管理层次和部门确定了组织架构之后，为了使职务安排和设计的目的得以实现，让组织结构真正成为凝聚各方面力量，保证分校区正常的发展，必须把具备不同素质、能力和特长的人才安排在适当的岗位上。

提高品牌影响力。驾校的品牌影响力受到品牌知名度、品牌美誉度、品牌占有率以及品牌忠诚度等元素的影响。驾校多校区集约化管理，可以有效管理各校区的差异化，如不同校区的外部硬件设施（包括校园环境、教学设施等）的差异化以及内部软件（文化、教学服务等）的差异化，通过集约化管理约束后，达到求同存异，让存在实质性差异的多个校区之间共享品牌形象与口碑，从而让一个校区的品牌影响力实现倍增。

（二）"两降"：降低运营成本、降低决策风险

降低运营成本。驾校多校区集约化管理降低运营成本主要体现在优化资源配置方面。经过驾校资源的优化，节省了驾校多校区的广告宣传支出，避免了校区因岗位功能重复而造成人员冗余。集约化管理下的多校区广告宣传，可直接由驾校总部进行组织策划，多校区共享成果，可以有效降低多个校区宣传策划团队的成本，以及"单打独斗"的广告宣传费用。

降低决策风险。驾校多校区集约化管理降低决策风险主要体现在驾校中层行政决策的诞生与执行层面。多校区集约化管理的决策诞生方式关键在于"各抒己见，谋定而后动"，如果说一个人的想法是一个点，那么一群人的想法就可以汇聚成一个面。由驾校总部高层主导发起、经过管理层会议讨论后

做出的决策具有多面性，并不是老板的一己之见，是所有人根据实际情况深入分析问题而达成的共识，更加具有准确性与可执行性，能有效地在决策正式执行之前降低错误决策带来的风险。

四 结束语

驾校多校区集约化运营管理的核心在于这十六个字：强化集权，适度分权，松紧适宜，有效管理。集权与分权的有效结合，既能激发校区经营活力和创造力，也能较好地控制各校区的经营风险，有利于驾校多校区的经营与发展，促进驾校总体战略目标的实现。

由于驾培行业地域性限制的特性，在新时代的驾培市场演变进程中，小而精、小而全的多校区模式，必将是驾培行业的发展趋势，而驾校多校区集约化运营管理模式，正好可以有效解决驾校多校区分散经营中出现的新难题。实践证明，驾校多校区的集约化运营管理是驾校总部集权前提下的分权管理体制，过度的集权与分权都会影响分校区的经营。但目前还没有可供原封不动复制的模式，对此还有待行业同仁边干边总结。

在实际经营过程中，不可避免会出现"强干弱枝"或"喧宾夺主"、分校成本管控不严拉低集团利润、分校校长（职业经理人）能力与职位不匹配、分校之间不良竞争、分校利益与总部利润分配不当等情况，要解决这些问题，需要在实践中继续探索。

本文作者为陈燕、邹伟、陈祖豪。陈燕，中国交通运输协会驾驶培训分会副会长、江西南昌白云驾校校长；邹伟，江西南昌白云驾校副校长；陈祖豪，中国交通运输协会驾驶培训分会专家委员会成员、长春兴隆驾校副校长。

B.10
优秀驾校典型案例分析

摘　要： 随着驾培行业竞争的日趋激烈和疫情持续的影响，越来越多的驾校感受到经营越来越困难，同时意识到学习先进经验的重要性，向行业典范学习已是业内共识。近年来，全国各地涌现出一批能引领行业的优秀驾培机构，它们在区域内享有较高的市场美誉度和市场占有率，实现了经营收入和利润的逐年增长。为挖掘它们的宝贵经验，本报告对全国各地具有较强影响力的驾校进行调研剖析，对它们的经验进行提炼总结。

关键词： 驾培机构　经营模式　企业文化　盈利能力

由于驾培行业的市场化进程晚于其他行业，近十年才开始形成区域化的充分市场竞争，马太效应逐步显现。在不少地区，实力雄厚的龙头驾校一步步巩固了头部地位，管理精良的小型品牌驾校也异军突起，成为行业业绩稳增长的排头兵。

成功的企业有很多共性，而失败的企业各有各的原因。现代管理理论认为任何优秀企业都必须具备以下共同的基因：清晰专注的战略定位，简单高效的组织架构，以绩效为导向的企业文化，执行力超强的系统和团队，可持续的盈利能力。

区域内优秀的龙头驾校能在激烈竞争的市场中生存下来，且保持较好的发展势头，其根本原因是这些驾校在多个方面具有优秀企业的基因和潜质，良好的基因是驾校健康发展的根本保障。

一 当前驾培行业两极分化已开始

过去十年，掌握资本与资源的驾校都在尽其所能地扩张，到处"跑马圈地"。有的跨地区兴办驾校、建设考场，有的遍地开花，城市乡镇到处都是招生点，道路街区随处可见教练车。驾培市场表面热闹却难以掩饰恶性竞争、生源萎缩、开门赚吆喝的窘态。2021 年中国交通运输协会驾驶培训分会对全国 1148 家驾校开展问卷调查时发现，2021 年度实现赢利驾校仅占 30.58%，持平的驾校占 22.91%，亏损的驾校占比高达 46.51%。但可喜的是，在这种情形以及疫情冲击之下，依然有 1.57% 的驾校保持了大幅赢利，依据全国总共有 20000 余家驾培机构推算，有 300 多家驾校取得了不俗的经营业绩。

如何在残酷的竞争中立足并谋求发展，是全行业都在关注的焦点问题。近年来，一些优秀驾校勇于创新、大胆改革，它们在区域内享有较高的市场美誉度和市场占有率，实现了经营收入和利润的逐年增长。我们对辽宁本溪华航驾校、江西南昌白云驾校、河北燕赵驾校、西安鹏翔驾校、临汾广易驾校、济南金诺驾校、湖北亨运驾校、四川绵州驾校等几所有代表性的驾培机构及区域驾培市场情况进行了调研分析。

调研发现，驾校经营模式主要有挂靠模式、直营模式、混合模式（挂靠与直营并存）三大类；从经营模式占比来看，直营模式占 20% 左右，挂靠模式占 40% 左右，混合模式占 40% 左右；从生源来看，各地市场总额均逐年萎缩（部分省会城市例外）；从区域内驾校之间的竞争看，主要是招生价格和资源的竞争；从招生价格看，区域个别有品牌、有口碑的优秀驾校及有考场的驾校，同无考场、无特点的驾校单生价差在千元左右。

2021 年中国交通运输协会驾驶培训分会对全国 1148 家驾校的生源情况、招生价格及走势等情况进行了专题问卷调查，问卷情况同笔者考察调研的结论基本一致。从问卷调查结果来看，与 2020 年相比，2021 年招生数量增加的驾校占比为 17.50%，基本持平及减少的驾校占比则高达 74.57%（见图 1）；全国驾校 2021 年的学费与 2020 年同期相比，价格上涨的仅占 14.89%，基本

图 1　2021 年驾校招生数量的变动情况

持平和下降的比重高达 85.11%（见图 2）；从全国驾校 2021 年的总体学费（含考试费）平均区间看，招生价格在 3000 元以下的驾校占比高达 50%，招生价格在 3000~4000 元的驾校比重为 35.37%，价格在 4000 元及以上的驾校比重为 14.63%（见图 3）。

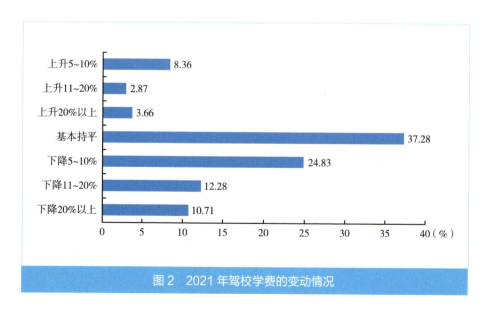

图 2　2021 年驾校学费的变动情况

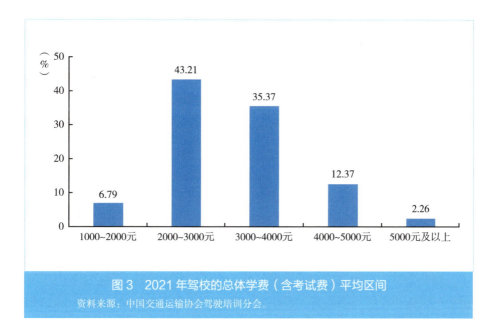

图3　2021年驾校的总体学费（含考试费）平均区间

资料来源：中国交通运输协会驾驶培训分会。

从中国交通运输协会驾驶培训分会问卷调查情况看，各地区生源市场总额呈下降趋势，优秀驾校不仅品牌溢价能力突出，而且盈利能力强。但优秀驾校的比例极低，各区域内竞争的主要表现形式是以价格战为主的恶性竞争。

二　优秀驾校经营管理特点

优秀企业是比较出来的，优秀驾校在经营管理中主要表现出以下几个方面的共性特征。

（一）经营发展战略清晰专注

"每一个企业都是时代的企业"。在时代的大背景下，每个企业都应该做到自己的发展战略清晰专注，并以此成为属于时代的企业，甚至成为超越时代的创新型企业。能够做到前者的可称为优秀，能够做到后者的可称为卓越。

优秀驾校的共同特点之一就是企业的发展战略清晰专注、紧贴时代。如果一个驾校的经营发展战略模糊，或今年换一个方向、明年换一个目标，

就会让经营管理班子和全体员工迷失方向，很难激发员工的能动性。只有驾校的经营管理及发展战略清晰，才能使经营管理班子面临市场变化时坚守信念、统一思想，才能提升企业的抗风险能力，才能确保企业可持续的盈利能力。

南昌白云驾校 2020 年就针对学车人群对服务的新要求和高标准，制定了企业集约化经营管理战略。四个直营分校按集约化经营管理实施改革，围绕"责权分明、资源整合、统一文化、战略一致、目标精细"五条核心法则进行细化实施。白云驾校董事长陈燕女士认为，企业发展战略是从全局的角度出发，对企业内外环境进行客观分析后做出的决策，是驾校发展的远景目标和行动纲领，是分校同总部发展方向保持高度一致和形成合力的有效保证。

河北燕赵驾校的发展战略紧贴时代，把"培育中国好司机、贡献社会正能量"作为企业的使命宗旨，也作为企业的社会责任来坚守。董事长邢海燕认为，无论市场如何变化，就是要坚持"咬定青山不放松"，建校以来培养出的 10 余万驾驶员为燕赵驾校塑造了良好口碑，得到了社会高度认可。

湖北亨运驾校结合区域内市场及驾校自身的实际，在企业经营发展战略思想指导下，对经营管理中的各个工作环节（部门）从战术上进行了安排部署，极大地提升了企业的经营管理水平（见图 4）。

（二）组织架构简单高效

所谓组织架构是通过界定组织的资源和信息流动的程序，明确组织内部成员相互之间关系的性质，为每个成员在这个组织中具有什么地位、拥有什么权利、承担什么责任、发挥什么作用提供一个共同约定的框架。从这个意义上讲，组织架构是企业的骨骼，事关企业指令的执行和经营管理目标的实现。

优秀驾校共同特点之二就是企业的组织架构简单高效。经营者普遍认为，科学合理的组织架构能保证资源使用的高效性，能确保信息流通的有序性、及时性，还能提升资源使用效率。

为确保组织架构运转的高效，在定部门、定岗位、定职责、定制度、定目标的同时，注重对人才的选聘。对总经理选聘坚持把是否具有市场观念、

图4　亨运驾校经营管理战术

是否具有经营管理目标意识、是否具有组织指挥管理能力、是否具有创新思维等作为考察重点。对总教练选聘坚持把是否熟悉驾考政策、是否具有高尚的职业道德修养、是否具有精湛的教学能力技巧、是否具有较强沟通能力等作为考察重点。以高素质管理人才确保组织架构的高效运行，确保经营手段的与时俱进，确保经营目标的实现。

湖北亨运驾校在组织架构设置上注重经营管理指令的通畅，充分体现组织架构的灵活性和尊重人、追求效率的要素。在明确部门领导工作内容、职责、权限的同时，帮助部门领导对每个员工的工作范围进行了划分，并明确其目标及考核标准，使员工个人不仅清楚其职责，而且知道其工作扩展区域的责任范围。该校的组织架构确保了经营管理各个环节不断链，各环节之间容易协调。驾校还采取定期变动员工工作岗位的办法，使员工保持浓厚的学习热情，使其熟知经营管理各环节、流程及工作内容，力求使员工成为"多面手"和"行行通"。

195

（三）直营模式社会认可度高

企业经营模式是在较长的实践过程中，逐步形成并在一定时期内固定下来的一系列管理制度、程序、结构和方法。

目前，很多驾校采用挂靠、混合（挂靠＋直营）的经营管理模式。究其原因，挂靠模式、混合模式经营管理相对简单，驾校的注意力大多集中在收取更多的资源供给费。其弊端是驾校失去了对教学车辆、学员、教练员及企业品牌、风险的有效管理，驾校、教练均不顾风险，在区域内开展以降价为主要竞争手段的恶性竞争。特别是某些教练员为蝇头小利，会不顾学员意愿四处"串报"。采用这两类经营模式的驾校大多很难在区域内形成社会认可的口碑和品牌。直营模式的驾校因严格按照《中华人民共和国公司法》进行投资和经营管理，较好地实现了教学内容与服务标准、规章制度、目标任务、文化建设的统一，驾校在区域内的品牌、口碑较好，品牌溢价能力强。

优秀驾校共同特点之三就是企业的经营管理模式为直营。直营驾校一般来说规模不是最大，教学车辆和教练员数量不是最多，但硬、软件建设最优，教学、服务的口碑最好，价格最高。

成立于 2010 年的辽宁本溪华航驾校，始终坚持直营模式，致力于"培养一生无事故的好司机"，注重学员素质教育和品质服务，形成了以"素质教育、智能教学、优质服务"为主的企业核心竞争力，虽然招生价格高于其他驾校近千元，但招生数连年居本溪市同行业之首。

直营的南昌白云驾校，因品牌知名度高，是南昌老百姓心目中口碑好、服务优、守信誉的大品牌驾校，从来不以降价为手段来开展营销活动。虽然近年来南昌驾培生源逐年萎缩，但该校始终保持年招生两万人左右。特别是在疫情严重的 2020 年，该校业绩不降反升。

（四）企业文化氛围浓厚

企业文化建设是指企业识别度的形成、塑造、传播等过程，是对一种理念的策划和传播。企业文化就是企业的个性特征，是把自己同别的企业区别开来的特质。

优秀驾校共同特点之四就是企业的文化氛围浓厚。它们无论在哪个地区，均注重自身的文化建设，并力求在物质文化、行为文化、制度文化、精神文化上实现有所特色、有所作为。

（1）物质文化。优秀驾校不仅注重办公场所、教学训练场地及校园环境的美化，而且对驾校的建筑、广告、设施设备等方面进行了规划设计，并以此形成独特的器物文化，从视觉上给学员带来冲击，加深了社会对企业文化内涵的理解、认可。

白云驾校、燕赵驾校、兰州奔马新通力驾校在硬件建设及社会形象管理上，总是站在贴合企业文化建设的高度来进行投入和打造，让学员到驾校就有进入正规院校的仪式感。

（2）行为文化。优秀驾校不仅注重员工着装，而且还注重对教练员教案的审查和教学活动中礼仪、语言、服务等的规范。同时，驾校还重视教职员工与学员、学校与社会的互动及娱乐活动，以此优化员工行为，改善内外关系，增强社会对驾校的认知。

绵州驾校长期坚持每月举办一次以营销、业务、服务技巧等为主要内容的培训会，通过每季度举办一次员工集体生日会和优秀员工福利旅游、外出学习等改善内部关系。

临汾广易驾校通过分析学员闲暇时的喜好，在组织学员互动活动时，既注重企业文化的灌输，又注重活动形式的灵活多样性，力求在活动中进行专业知识教育。

亨运驾校投资建设了大型交通安全宣教中心。自 2021 年正式启动对外开放以来，共接待近 6000 人次，交通安全宣教中心被湖北省公安交通管理局授予"湖北省道路交通安全共建榜样单位"。

（3）制度文化。优秀驾校始终坚持把制度建设作为企业文化建设的重要抓手，做到规章制度完善，工作流程科学，执行标准统一，岗位职责、权限、考核清楚。

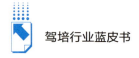

小企业人管人，中型企业制度管人，大型企业文化管人。企业在不同时期需要不同的系统来支撑，以实现制度管人、流程管事，克服人治弊端，减少内耗。

优秀驾校不仅注重教职员工礼仪、工作纪律及学员培训服务标准的落实，而且还会建立完善的企业档案管理、会议管理、文件印鉴管理、人力资源管理、财务及资产管理、教练车辆管理、教学场地管理、教学培训质量及秩序管理、目标考核管理等规章制度。

案例 1　燕赵驾校的总经理热线

燕赵驾校开设了总经理投诉热线。公司做出了如下规定：

（1）每天早晨开工第一件事就是把总经理投诉热线号码发到朋友圈；

（2）驾驶室副驾驶前面最显眼的地方张贴投诉热线号码；

（3）每个座套印有投诉热线号码；

（4）学员休息室一进门抬头可见投诉热线号码；

（5）学员明白卡印有投诉热线号码；

（6）公众号每篇文章附带投诉热线号码；

（7）候考室、待考室、报名处、宣誓室、理论教室、模拟教室、卫生间等学员有可能到达的地方，都能随时看到投诉热线号码。

对总经理投诉热线的处理：

（1）只要学员拨打总经理投诉热线，一律视为投诉，不管是咨询还是投诉；

（2）每天下午四点，所有高层对每一条总经理投诉热线进行讨论，将每个投诉视为"礼物"，进行分析、分享；

（3）每个训练队学习当天案例；

（4）对学员进行补偿，对当事员工及关联主管进行处分。

（4）精神文化。这些优秀驾校经过十余年的发展，在企业的经营管理过程中，已形成了自己的文化观念，对企业的经营管理起到了极大的促进作用。例如，云南昭通驾校、兰州奔马新通力驾校坚持党建引领企业文化建设，着力培育员工的团队精神和高尚的职业道德操守，牢固树立了学员第一的企业核心价值观。

它们通过主题党日、党史学习教育、重走长征路等活动和上微党课、激情党课等形式，着力提高企业内党员骨干的党性修养；依靠党员带群众、帮群众、影响群众、教育群众的办法，确保全体员工在弘扬革命乐观主义精神中克服市场拓展、服务保障、培训质量及合格率提升中存在的畏难情绪；弘扬革命英雄主义精神，教育员工勇于制定目标，善于谋篇布局，敢于参与市场竞争；弘扬工匠精神，着力突破直营过程中遇到的生源市场占领、品牌打造、模式变革、服务标准提升等方面的瓶颈；弘扬集体主义精神，抓好企业团队建设，增强员工团队意识，并以活动凝聚人心，以活动统一思想，以活动培养人、教育人，使团队的整体素质和协作能力提升明显。

还有许多优秀的驾校善于树立典型，通过成立优秀教练员团队，进一步发挥榜样的力量，形成人人做榜样、人人学榜样的良好文化氛围。

案例 2　宜兴阳羡驾校文化先行

宜兴阳羡驾校是 2005 年成立的三级驾校，占地面积 3 万平方米，拥有教练车 36 辆，操作教练员 36 名，管理人员 10 名。2016年的 5 月，宜兴市总工会为深入践行"忠诚、向善、精业、超越"的职工精神，大力弘扬先进典型，在全市范围内组织开展了"匠心传承、建功宜兴"先进人物评选活动。李迎峰教练被评为"向善型职工楷模"，这是宜兴市驾培行业首个职工楷模。

为加强企业文化建设，培养和增强广大员工的集体荣誉感和使命感，不断增强企业的向心力和凝聚力，激发全体员工的工作积极性，阳羡驾校成立了"职工楷模迎峰工作室"，彰显品牌价值。

"职工楷模迎峰工作室"公开向学员、社会郑重承诺：不吃学员一顿饭、不收一份礼、不加一升油。工作室三年来从最初的6人发展到现在的33人。

工作室具体的管理流程包括以下内容。（1）成立教练员管理团队，选出优秀的、负责任的、敢管敢当的教练，分管招生、出证、用油、测试、卫生、维修、安全、宣传、服务、纪律维护、团队建设等工作。（2）使正能量始终贯穿在每位工作室员工心中，统一理念、统一思想。明是非、辨丑恶、知廉耻，开展"文明礼貌评选"活动。调整教练的话术，营造积极向上的工作氛围。（3）定制度，进出工作室都有明确规定；实行无记名投票及少数服从多数原则。（4）工资结算方面实行利益共享、平均分配。（5）明确工作室纪律制度，若违反工作室纪律便立即辞退。

这种工作室制度达成了三项明显效果：一是建立了一支战斗力强的核心团队；二是实现了学员零投诉；三是实现了经营业绩稳定。

（五）与时俱进求创新

所有优秀的企业都有一种必备基因，那就是创新。创新是企业超越竞争对手的不二法则。无论是对创新的管理还是对管理的创新，都会使企业变得与众不同。管理创新的难度不亚于任何产品创新与技术创新。

优秀驾校共同特点之五就是创新意识强、动作实。优秀的驾培机构从董事会到经营班子、到部门负责人和普通员工均具有较强的创新意识。

西安鹏翔驾校斥资千万元建成了汉长安城交通历史安全警示教育基地；临汾广易驾校、济南金诺驾校、湖北亨运驾校充分利用抖音、快手等平台进行品牌宣传推广和营销，成为区域内知名度、美誉度较高的网红驾校；河北燕赵驾校、四川长征驾校、贵阳中铁二局驾校、汉中小鹿易驾驾校、河南晟华驾校等分别联手驾考宝典 App 建起了首批智慧驾校示范基地，走上了智慧驾培之路，颠覆了公众对传统驾校的刻板印象。

案例 3　华航驾校收费方式革新——0 元学车，满意付款

（一）基本模式

针对当前驾培市场良莠不齐、学驾人对驾校教学服务缺乏信任的情况，华航驾校率先在本溪市推出免除学员学车后顾之忧的"0元报名，满意付款"的学车模式。

学员报名只需要携带身份证，体检、照相、平台录入一站式完成，完成受理后即进入正常的学车流程。学员感觉满意后，可一次性付款，也可根据培训进度分期付款。学员不满意随时退学，学校不收取任何费用。

（二）创新点

一是服务质量全流程接受学员检验。变"卖方市场"为"买方市场"，改变"先交款、后学车""分期付款"等传统收费方式，交不交款、何时交款由学员自主决定，让学员检验驾校的教学、服务质量。

二是服务流程无缝衔接。建立"首问负责制"，学员从咨询、报名直到拿证，各部门工作无缝衔接，全流程跟踪服务。

三是畅通信息沟通渠道。成立专职客服部，完善学员回访机制，第一时间了解学员需求。建立学员微信群，及时发布约训、约考信息和通知事项，保证学员知情权。公布监督投诉电话，坦诚接受学员意见反馈。

四是服务质量全流程可追溯。学员在哪个环节不满意，可以直接找到薄弱点，查到责任人。

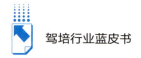

（三）实施成果

实施新收费方式后，2021 年 1 月和 2 月驾校招生数分别同比增加了 23.9% 和 96%。选择 0 元报名的学员占比 15.7%，已经交全款的占 78.5%。

"0 元报名，满意付款"开启了学员自主付费模式。驾校下一步则是在提升教学服务质量的同时，开启学员"自主学车"模式，强化学员的参与感，优化学员学车体验。

（六）可持续盈利能力强

企业盈利能力是指企业获取利润的能力。利润是投资者取得投资收益的形式，是经营者经营业绩和管理效能的集中表现，也是职工集体福利及设施设备不断完善的重要保障。

优秀驾校共同特点之六就是具有较强的可持续盈利能力。无论市场竞争如何激烈，它们均表现出极强的盈利能力，无论是生源市场份额，还是企业总营收及利润，均保持了 10% 的年增长率。

亨运驾校在当地生源萎缩的情况下，2021 年共完成招生 9824 人，占市区生源总量的 27.5%，且在价格全市最高的情况下，招生数位列全市第一（见图 5）。2021 年实现营收 2100 万元，与 2020 年相比增长 18%。绵州驾校 2021 年的生源市场占比为 10%，报名价格（3800 元）比绵阳市平均价格（2500 元）高出 1300 元，实现利润与上年同期相比上升 10% 以上。华航驾校以"素质教育、智能教学、优质服务"为主的企业核心竞争力，确保其招生价格和招生数连年居于本溪市同行业之首，表现出较强的盈利能力。

优秀驾校之所以具有可持续盈利能力，主要原因是资源配备齐全，资源价值在团队的作用下得到了充分的转化，资源升值效应明显；董事会及经营班子的战略目标思维清晰，驾校内部业务渠道畅通，团队具有较强的执行力；

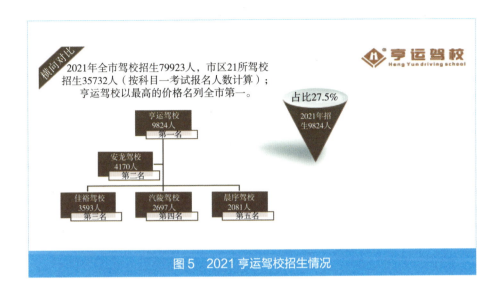

图 5 2021 亨运驾校招生情况

经营团队及员工素质与经营模式（直营）实现了最佳匹配，激励机制激发了员工的荣誉感、责任心；品牌产生了较好的市场效应，社会认可度高、口碑好；班主任、"网格员"式学员管理服务模式，极大地提高了学员的黏性；新能源教练车、机器人教练等先进的科技产品进入驾培行业，降低了企业运营成本，实现了很好的社会效益。

案例 4 华航驾校招生规模两年连增

（一）基本模式

营销、教学、服务"三驾马车"同步推进，并驾齐驱。

营销采取线上、线下相结合的方式，通过短视频、直播、市场（实地）推广多种手段，扩大企业知名度。

学员培训全程采取"理论教学 + 模拟器教学 + 实操教学 + 校考（模拟考试）"的流程化教学模式。加强教练员规范化、标准化教学培训，提高教学能力。

科目二训练采取"人机结合"的智能化培训模式，发挥机器人

教练语音提示、视频教学、轨迹回放等规范化教学的作用。人工教练注重教学氛围营造、心理疏导和情绪沟通。

科目三训练采取"逐级递进梯次化"培训模式，按照基础训练、项目训练、合成训练逐级进阶，循序渐进，优化学员的学车体验。

（二）创新点

通过教学、培训和服务的专业化、流程化、规范化，给学员带来良好的学车体验。

（三）案例实施成果

2020 年和 2021 年，在价格不变的情况下，年招生数同比分别增长 24.2%、25.1%。

三　驾校经营管理中的瓶颈及破解

优秀的驾校并不是一开始就注定优秀的，它们在成功的过程中也会走弯路、犯错误，但是我们可以避免无谓的试错。企业经营管理要走出一条质量高、效益好、结构优、资源优势得到充分发挥的发展之路，既要发扬优势，也要补齐短板，既要巩固强项，也要做强弱项。补短板强弱项，就是要聚焦企业经营管理过程中的瓶颈性问题，并有效打破瓶颈、扫清障碍。

当前驾校经营中的主要瓶颈及破解思路如下。

（一）经营管理目标难确定的瓶颈及破解思路

驾校属于传统行业，驾培机构多为民营企业。因受区域、政策限制等原因，驾校的整体规模不大，从业人员整体素质也不高，不少驾校还是家族式、作坊式运营。很多驾校不仅没有发展战略布局，而且无年度经营管理目标。

它们认为公司规模较小，驾培市场环境、人员及经营管理不复杂，没有定目标、做计划的需要。

绵州驾校董仕志先生说："在创业之初，驾校没有制定战略布局和年度经营管理目标，全靠自身的商业嗅觉赚钱。但达到一定规模后，发现企业内存在着老板叫他干什么他就干什么，老板不说他就不做的情况。冷静思考后发现，问题产生的原因是员工对目标的认知不够，工作目标、标准不清楚。为此，我们派出人员到各地甚至海外学习企业管理，回来后由专业人才组建经营管理团队，用目标牵引团队的经营管理。这几年，企业能在竞争中取胜、实现 10% 左右的年增长率，是管理团队明确目标起了重大作用。"

驾校无论等级高低、规模大小，董事会、经营班子、各部门、员工都应有明确的目标。有目标做事才会有方向，才会知道要做什么、该做什么、先做什么。在目标上可设定"基本目标"、"挑战目标"和"极限目标"。在设定目标时要注重的几个环节可见图6。

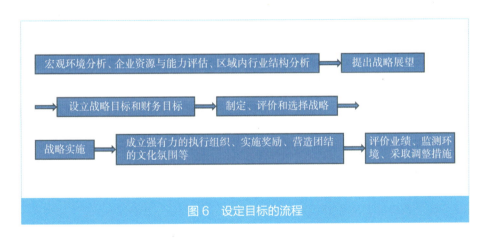

图6　设定目标的流程

不驰于空想，不骛于虚声。企业目标制定时要以求真的态度把目标定得更科学，定得更实、更准。科学的目标及具体量化指标确定后，要通过建立完善的激励奖惩机制，优化完成目标任务的生态。这样一来，员工盯着目标任务行动，自然而然就有了执行力。

（二）教职员工素质提升难的瓶颈及破解思路

国家统计局企业调查总队曾对中国 31 个省份 200 多家民营企业进行专项调查，结果显示，民营企业员工中，大专以下文化程度占八成以上，大专以上的仅有不到 18%，民营企业员工总体素质较低制约了民营企业的全面建设。驾校更是处于社会产业链的中下游，驾校类企业家自身和员工的文化程度偏低，文化素养、个人素质等方面都亟待提升。

就我国驾培行业而言，因从业人员基本素质相对较低，加之驾校管理者自身无培训能力，部分驾校投资人、经营者就怀疑员工培训的意义，不愿出资让员工接受培训，教职员工入职后素质提升慢于其他行业。

这种恶性循环导致不少驾校员工的工作效率不高、职责履行不到位、应对市场竞争和解决问题的能力弱。

虽然优秀驾校在员工培训上做了大量工作，但也时常遇到员工素质与岗位、项目要求不匹配的情况。不少驾校的部门负责人反映在经营中常遇到没有合适的人来做急需完成的工作，导致工作效率低，有的工作甚至长期无法开展。与此同时，员工则反映部门领导有任务就分摊，工作也不分重点和先后顺序，导致员工不仅无法完成本职工作，还不得不在"眉毛胡子一把抓"中盲目忙碌。

要解决上述问题，首先要提升全员综合素质，其次要提升管理者、员工抓重点工作的能力。现代管理学认为企业应遵循"二八效率原则"，即 80% 的效率来自 20% 的重点工作。不仅经营管理者要抓好工作的重点，员工也要增强干好重点工作的能力。

员工素质提升要做好以下工作。

一是素质提升要有计划。经营班子每年应结合本单位员工队伍整体素质及年度工作目标，制定员工素质提升计划，明确员工素质提升工作的目标、任务及责任人，确保各项工作有人抓、有人管、有经费保障。

二是要明确素质提升的内容。驾校教职员工素质提升重点主要有思想素质提升（包括国家政策法规、企业文化、驾培市场形势、大局意识、职业道德等）、业务素质提升（包括驾培业务知识、技能素质和安全知识等）、技能素质提升（可通过开展招生竞赛、岗位练兵、教案大赛、教学比武、服务之星评比、安全知识竞赛等实现）、创新素质提升（教学技巧、营销艺术及手段、服务素养等）四个方面。对中高层干部而言，还要增强对市场营销及经营管理等知识的系统学习。

三是明确素质提升形式。素质提升形式主要有岗前业务培训、专业性集训、内外竞赛活动、单项比武等。如岗前业务技能培训时的系统业务知识学习；工作中企业、部门不定期以会议、集中学习、互帮结对子等形式，统一组织业务学习、讲评、交流等；开展业务知识大赛、岗位技能竞赛、教学比武、合格率大赛等活动，以及评选"党员先锋岗""招生能手""服务标兵""金牌教练员""优秀班组"等。

（三）市场份额提高难的瓶颈及破解思路

一是驾培资源的合理匹配。驾校投资人、经营者要采取自建、联建或与现有考试机构战略合作等形式，完善驾校产业生态链，实现驾考一条龙服务。

二是抓实营销工作。受传统经营思维的影响，不少驾校习惯于等客上门或由挂靠加盟教练去做营销，这极不利于驾校品牌的打造和市场的占领。驾校可根据规模大小等自身实际，成立营销部门或确定营销工作负责人，有针对性地进行销售队伍培养建设，并科学制定营销竞争和激励机制。与此同时，要不断拓展市场营销的手段及途径，利用好抖音、快手、微信及电台等渠道。

三是老学员的维护管理。驾校一定要把精力集中在老学员的精细化管理、深度服务和维护上，通过节日问候、回校参加活动、生源组织奖励等形式提高老学员的黏性。实践证明老学员是驾校的忠实营销员和品牌推广者。

四是科学设置驾校产品。驾校要防止学驾班型单一的问题，要根据学员的需求科学设置学驾班型，做到各班型定位准确及特点、优势一目了然，便于有不同需求的学员选择。

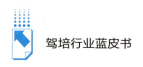

（四）企业文化建设个性化的瓶颈及破解思路

企业文化是企业可持续经营的灵魂和法宝，内聚人心、外树形象。如果说中国驾培机构早期靠商业嗅觉、勤劳和机遇赚钱，今后驾培机构则必须依靠企业的群体斗志和凝聚力来做大做强，而企业的群体斗志与凝聚力要依靠企业文化这个软环境的建设来实现。

部分驾校的文化建设走进了误区，在一定程度上影响了企业文化在经营管理中的推动作用。有的驾校重形式、轻内涵，认为企业文化就是表面和虚无的东西，它们把企业文化的主要目的归结为让员工听话，让外部人看到企业"准军事化"管理的正规感。显然，这种思路指导下的企业文化建设必然是重口号而轻内涵，未建立企业特有的文化。也正因为如此，它们的企业文化难以持续、难以深入员工内心、难以推动企业经营。还有一部分驾校的家族文化浓厚，经营管理仍处在一种家族式的管理模式中，小富即安、急功近利的经营思想占据主导，尚未形成尊重知识、尊重人才的氛围，观念较陈旧，导致队伍难稳定、服务意识淡薄、责任意识不强，做好经营管理的动力不足。

为切实做好行业内驾校的文化建设工作，笔者认为可在以下几个方面下功夫。

一是职业经理人要着力提升个人的综合素质。著名经济学家厉以宁曾经提到企业家这个称呼不是职务，而是一种素质。这种素质是一种阳光、胆识、组织能力和社会责任。驾校的职业经理人（企业家）不仅是驾校文化、精神的塑造者、推动者，还是驾校形象的重要组成部分，驾校文化也是旗手文化。因此，在构建驾校文化、实施文化战略的过程中，职业经理人首先要树立正确的价值观，敢于开展理念的革命，从思想层面上确立"企业文化"，并通过努力学习企业经营管理的相关知识，把自己塑造成为具有渊博知识、才思敏捷和有较强洞察力的企业家。

二是注重对员工职业操守的培育。企业内部执行力同员工的职业操守正相关。在同驾校员工交流时，发现不少人打工思想较浓，不是以主人翁的心态在工作。这就要求驾校一方面要加大对员工职业道德的教育和正确职业操守的培育，另一方面要在力所能及的情况下提高员工福利待遇，让员工有为驾校服务终生的安全感。

三是企业文化建设要注重培育创新精神。企业文化一旦形成就具有相对的稳定性，对企业经营管理将产生持久的影响，但企业文化又具有动态变化性。驾校应针对不同的发展阶段从观念创新、服务创新、管理创新、制度创新、技术创新等方面变革其内容，使之成为适应时代、适应社会和推动驾校经营的不竭动力。如针对驾培市场竞争激烈这一实际，可把对员工"狼性文化"的培育作为重点；又如根据企业的不同发展阶段可把工匠精神、诚实守信、绿色驾培等理念融入企业文化建设之中。

四是文化建设需要全员参与。驾校同其他民企相比，存在数量多、规模小的特点。不少驾校几乎从未开展过争先创优及竞赛活动，忽视了员工个性化能力的培育。只有全员参与的企业文化建设，才能让企业内争先创优、和谐互助的氛围变得浓厚。

四　结束语

他山之石，可以攻玉。对标优秀企业可以使驾校经营少走弯路。成功不可能完全复制，驾校在转型升级过程中，一定要以市场为导向，按有利于自身的经营管理和发展的方向来调整驾校的经营方式，做到围绕主业精耕细作；驾培产品（班型）要贴近学员、吸引学员，在聆听学员心声的过程中，不断丰富产品班型，让教学服务尽量贴近学员的个性化需求，做到"以学员为中心"；坚持以价值驱动培育文化强企，形成全员为实现价值而努力的良好氛围，做到以文化人、上下同心；要坚持"精兵简政"思想，在避免浪费的同时，确保监督和信息反馈渠道顺畅，实现"管理出效益"。

本文作者为董强、邓晓樵、罗光明。董强，中国交通运输协会驾驶培训分会副会长、四川长征驾校董事长；邓晓樵，中国交通运输协会驾驶培训分会专家委员会成员、重庆壹鹿驾校董事长；罗光明，湖北十堰亨运驾校总经理。

科技应用篇

B.11
驾校新媒体营销及品牌宣传

摘 要： 随着互联网技术的不断革新和发展，我国驾培行业的新媒
体营销蓬勃发展，市场营销和品牌宣传的主战场从线下转移
到线上。其中，以"两微一抖一快"为代表的各类自媒体平
台，给驾校提供了更多的获客渠道和增强品牌影响力的机
会。如何利用好新媒体进行营销推广，更快、更好地吸引更
多的潜在学驾人，是驾培行业从业者需要研究和探讨的新
课题。

关键词： 驾培行业 驾校品牌 新媒体营销

新媒体营销是综合运用微信、小程序、H5、抖音、快手等新媒体平台，以其为传播和购买渠道把相关产品的功能、价值等信息传送到目标群众的心里，从而实现品牌宣传、产品销售的营销活动。

新媒体最大的力量是口碑传播和网络裂变，所以客户在哪里，驾培企业就要把宣传阵地转移到哪里。通过各类社群与平台，向潜在学员展示有别于其他驾校的整体形象，并最终与广大潜在学员达成一种共识，以间接或直接的形式与潜在学员建立信任关系，逐步在潜在学员心中树立驾校的品牌，这是新媒体为驾培企业持续赋能的方式。

一　新媒体给驾培市场营销带来的机遇和挑战

人潮带来钱潮，流量带来机遇。与传统媒体相比，新媒体营销在很大程度上打破了时间与空间的限制，让用户能即时接触所需的信息。同时，移动互联网的迅速发展，让市场营销的主战场从线下转到线上，以"两微一抖一快"（微博、微信、抖音、快手）为代表的各类自媒体平台，给驾校提供了更多的获客、生源截流和增强品牌影响力的机会和可能。

（一）驾培行业的市场营销工作现状

1. 缺乏专业的营销队伍

由于驾培行业产品的特殊性，目前大部分的驾培机构营销部门不够健全，没有或者缺乏专职、专业的营销部门及营销队伍，之前驾校招生基本依靠驾校口碑和学员转介绍。如何让各岗位员工都能有效开展营销工作就成为了驾校营销的关键。而新媒体营销可以最大化地将员工的零碎时间利用起来，实现放大效应。

2. 常态化的防疫政策冲击传统营销模式

受疫情影响，驾校过去常用的"地推"方法难以实施，品牌宣传、招生模式受到制约，驾校发展缓慢甚至停滞，更有甚者，出现现金流断裂。

开拓销售新渠道、建立多媒体营销矩阵，成为许多驾培机构必须面对的新课题。

3. 传统营销方式成本高

之前，一些驾校通过当地的广播电视台、官方报纸、公交车广告等传统媒介投放广告，进行品牌宣传和招生工作，不但成本高而且效果不好评估。随着新媒体的兴起，媒体去中心化，网络自媒体成为驾校目标客户群体的最爱。驾校不得不适应新媒体时代的传播方式，与目标客户进行互动营销。

（二）潜在用户获取资讯的渠道和消费习惯发生变化

根据中国交通通信信息中心提供的数据，2021 年 1 月全国新增备案学员年龄主要集中在 18~24 岁，其次是 24~30 岁。这两个年龄段的学员是互联网时代最大的受益者，他们绝大多数是通过互联网获取信息。如何利用网络新媒体宣传自己，始终保持和学员在同一个频道，成为驾校营销招生的又一新课题。

据中国互联网络信息中心 2022 年发布的第 49 次《中国互联网络发展状况统计报告》，截至 2021 年 12 月，我国网民规模达 10.32 亿人，互联网普及率达 73.0%，我国手机网民规模达 10.29 亿人，网民使用手机上网的比重为 99.7%。

截至 2021 年 12 月，我国农村网民规模达 2.84 亿人，占网民总数的 27.5%；城镇网民规模达 7.48 亿人，占网民总数的 72.5%。

截至 2021 年 12 月，我国即时通信用户规模达 100666 万人，较 2020 年 12 月增长 2555 万人，占网民整体的 97.5%。我国网络视频（含短视频）用户规模达 97471 万人，占网民整体的 94.4%；其中，短视频用户规模达 93415 万人（见表 1）。

截至 2021 年 12 月，我国网民的人均每周上网时长为 28.5 小时，较 2020 年 12 月提升 2.3 小时（见图 1）。

应用	2020 年 12 月		2021 年 12 月		
	用户规模（万人）	网民使用率	用户规模（万人）	网民使用率	增长率
即时通信	98111	99.2%	100666	97.5%	2.6%
网络视频（含短视频）	92677	93.7%	97471	94.4%	5.2%
短视频	87335	88.3%	93415	90.5%	7.0%
网络支付	85434	86.4%	90363	87.6%	5.8%
网络购物	78241	79.1%	84210	81.6%	7.6%
搜索引擎	76977	77.8%	82884	80.3%	7.7%
网络新闻	74274	75.1%	77109	74.7%	3.8%
网络音乐	65825	66.6%	72946	70.7%	10.8%
网络直播	61685	62.4%	70337	68.2%	14.0%
网络游戏	51793	52.4%	55354	53.6%	6.9%
网络文学	46013	46.5%	50159	48.6%	9.0%
网上外卖	41883	42.3%	54416	52.7%	29.9%

表 1　各类互联网应用用户规模和网民使用率

图 1　网民人均每周上网时长

资料来源：2022 年第 49 次《中国互联网络发展状况统计报告》。

如图 2 所示，截至 2021 年 12 月，20~29 岁、30~39 岁和 40~49 岁网民占比分别为 17.3%、19.9% 和 18.4%，高于其他年龄段群体；50 岁及以上网民占比由 2020 年 12 月的 26.3% 提升至 26.8%，互联网进一步向中老年群体渗透。

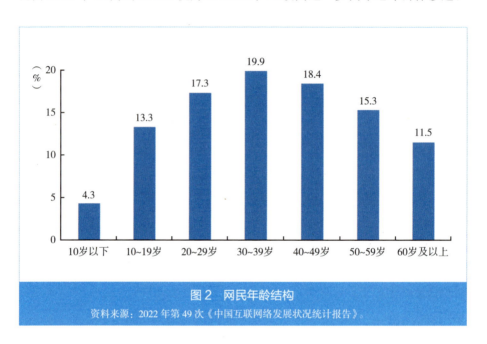

图 2　网民年龄结构
资料来源：2022 年第 49 次《中国互联网络发展状况统计报告》。

某平台的调查数据表明，随着学驾存量人数逐渐减少，35 岁以下学驾人占比达到了 81.54%，其中 18~25 岁人群所占比重为 39.98%。两组数据表明，年轻人已成为学驾主力。他们年轻时尚、个性张扬、追求体验、喜欢新媒体，善于在互联网中获取碎片化的信息。因此，如何更快、更好地吸引到更多的潜在学驾人，是驾培行业经营者们需要研究和探讨的问题。

（三）新媒体营销为驾培企业持续赋能

伴随着技术的革新，媒体经历了几次大的变革。"新"是相对的，每当有新的媒体传播手段出现的时候，我们都可以称之为新媒体。例如，公众号相对于报纸是新媒体，抖音、B 站相对于电视也是新媒体。

新媒体营销是个很宽泛的概念，要知道新媒体营销的方式和渠道有哪些，就要先了解新媒体营销的定义。现在人们被新媒体平台连接在一起，形成了一张大网，新媒体的作用被无限放大。

一开始，新媒体基本等于微博。微信公众号诞生后，"双微运营"成为新媒体运营标配。2018 年，随着抖音的崛起，新媒体运营人员又开始涉足抖音运营，"双微一抖"的说法不胫而走。

2020 年伊始，一场疫情让社区团购迅速发展，加上直播营销成为品牌营销的标配，再加上 B 站的突然出圈，新媒体运营人员突然发现，自己需要运营的官方平台又形成了"双微一抖一小程序一 B 站一直播"的格局。这些平台事实上形成了品牌运营的全生态：微博——短图文，微信公众号——长图文，抖音——短视频，小程序——应用，B 站——中长视频，抖音、快手——直播。基于此，可以把"新媒体营销"定义为一系列以新媒体为主要手段、以内容为核心、以"获取现在销售线索"为主要目的的市场活动。

新媒体营销，其实是内容与渠道的结合。新媒体营销的方式，是指新媒体内容在各渠道呈现的形式。内容呈现的形式主要有文字、图片、音频、视频、H5 动态页面（近年来兴起的一种营销方式，利用各种创意的设计进行营销，因为形式多样，往往能达到良好的传播效果）等。

案例 1　西安鹏翔驾驶员培训有限责任公司的新媒体营销

西安鹏翔驾驶员培训有限责任公司已成立十余年，十分注重线上、线下的同步营销。公司的微信公众号、视频号、抖音及快手平台同步运营，并通过直播形式互动解答学员问题。

据统计，鹏翔驾驶员培训有限责任公司线上平台的两个官方公众号有近十万人关注，累计推送阅读量达数百万次，官方抖音账号有近二十万人关注，驾考相关视频获得数千万次观看量，每日直播观看人数近千人。

与传统媒体相比，新媒体营销在很大程度上打破了时间与空间的限制，让客户能够随时随地了解企业及其产品。而移动互联网的迅速发展让网络营销的主战场从 PC 端转到移动端，由传统经营如报刊、电视等转变为自媒体经营，即"两微一抖一快"（微博、微信、抖音、快手），让驾校能够借力扩大影响力，灵活地宣传自己，开拓新的获客渠道。

1. 开拓营销渠道，降低推广成本

新媒体营销和驾校的传统宣传推广方式不同。传统推广方式需要大量资金或者人力，而在新媒体时代，不同的平台拥有不同的受众，辅以新媒体营销多元化的宣传方式，就能够达到最好的宣传效果。

2. 打造品牌形象，提高驾校知名度

新媒体最大的力量是口碑传播，其主要通过各类社群与平台，向潜在学员展示有别于其他驾校的整体形象，并最终与潜在学员达成一种共识，以间接或直接的形式与潜在学员建立信任关系，逐步在潜在学员心中树立品牌形象。

3. 增加互动性，提高成交量

新媒体营销的互动性更强。通过点赞、评论等方式，驾校可以更直接、准确地了解潜在用户的需求，并进行精准营销，更容易扩大驾校生源。

案例2 山西临汾广易驾校的短视频营销

山西临汾广易驾校的管理层认为，相对于传统营销，短视频营销的特点有：传播速度快、低成本、简单、数据效果可视化、精准、可持续性强。该驾校负责人亲自带领团队运营抖音、微信视频号，分析学员喜好，将多种内容以短视频形式体现出来，包括企业文化、专业知识、爱国情怀等方面的素材。其具体内容有：（1）增加同意向学员、准学员之间的沟通，更直接及时准确地帮助学员答疑解惑；（2）展现企业文化和团队素养；（3）在雷锋日、3·15消费者权益保护日等重要日期制作内容。

新媒体的风口每隔几年都会出现一次。是不是风口要事后才能确认，但是在市场供大于求的情形下，驾校都有"流量饥渴症"，哪里有流量，驾校就必须把旗帜插到哪里，看错风口没关系，关键是不能错过风口。

二 适合驾校的新媒体营销矩阵及应用成效

新媒体营销矩阵，即新媒体营销的相关平台，指的是用户获取信息的来源。新媒体营销并不是单一地通过某一种渠道进行营销，而是利用多种渠道整合营销。新媒体营销的渠道包括微信公众号、小程序、问答平台、视频网站和短视频平台等。综合驾校的成功经验来看，驾培行业新媒体营销的渠道主要包括以下几类。

（一）基础新媒体的使用

（1）员工个人社群营销。通过线上工具包括 QQ、微信邀请新人进群，并通过特有的功能群（社区群、水果群、亲友群、校园快递群）对目标学员进行群组营销，形成一对多营销推广。通过多参与、多互动、多分享等方式，拓展意向市场和学员。

（2）微信公众号，包括订阅号和服务号。此种方式可针对已关注的粉丝形成一对多的推送，推送的形式多样，包括文字、图片、音频、视频等。微信作为强大的社交工具，传播迅速、范围广，接近一半的活跃用户拥有超过 150 位微信好友，57.3% 的用户通过微信认识了新的朋友，25% 的微信用户每天打开微信超过 30 次，55.2% 的微信用户每天打开微信超过 10 次。

基于微信公众号的二次开发能够给用户提供更便捷的服务，如通过微信报名、购买学时、预约练车、投诉或对报名点和班车进行定位等。基于微信本身庞大的用户基础，其传播效果远好于其他渠道。

案例3　微信公众号人物秀

　　每年妇女节时，江西南昌白云驾校、北京海淀驾校等都组织开展关爱女员工、女学员的相关活动。白云驾校四大校区邀请女员工和女学员参加以"浪漫女神、铿锵玫瑰"为主题的文艺节目和游戏环节；海淀驾校广泛发动学员和员工投票选举自己心目中的"最美女神"，并组织颁奖仪式、赠送纪念品。

　　这两所驾校的营销方式综合运用了"情感营销""事件营销""病毒营销"等方式，微信推送的关注度很高，营销效果很好。一是宣传了优秀的企业文化，展示了良好的品牌形象；二是丰富了业余文化生活，让参与者的情感也得到了关怀和满足，增加了员工的归属感和学员对驾校的美誉度；三是通过持续的转发活动，驾校积攒了较高的人气，较好地增加了品牌传播的广度和深度；四是与同期开展的线下活动相配合，形成了相互借势的效果。

（二）新型媒体的营销矩阵

　　（1）流量较大的主流媒体，包括小红书、贴吧、驾考宝典等小程序等垂直轻应用，以及百度、知乎等问答平台。这些平台重视内容本身，也有许多玩法，包含现在新兴的京东驾考模块、淘宝驾校门店这些小程序或网站都有其对应的用户群体。

　　首先，驾校借助知名平台，可以有效地促进信息的扩散，再通过这些平台的引流，使有学车需求的潜在客户获取驾校的相关信息，然后利用自媒体向这些潜在客户宣传企业文化，树立企业品牌。

案例4　贵阳中铁二局驾校构建学生市场营销模式

　　大学生市场具有独特的商业价值。大学生们相对集中的活动区域、可观的消费能力以及相对封闭的环境，使得驾校在校园市场较社会而言还有很大的作为。面对这么一块大蛋糕，各驾校、招生平台都在努力争取，然而在开发的过程中却普遍存在资金投入量少、营销深度不够、产品同质化、营销行为具有明显短期性等问题。

从2013年开始，贵阳中铁二局驾校开始对新媒体运营进行了一系列的探索，从最开始借助知名互联网平台如驾考宝典App、百度搜索、微信朋友圈等进行信息发布和广告推送，演化到目前结合驾校小程序、官方微博、官方抖音、企业公众号、企业头条等新媒体综合运营，历经了很多波折，但最终收效较为显著。贵阳中铁二局驾校生均营销成本下降了30%，营销支出下降了25%。

（2）短视频平台，以抖音、快手、微信短视频等为代表。短视频贴合受众接收信息和使用移动端的习惯，在资讯视频化、视频社交化、社交碎片化的趋势下，短视频营销正在成为新的营销风口。

例如，荥阳市广志驾校的冰冰教练，每天上午9点30分准时上线直播，直播间日常在线4000余人，教练个人号粉丝达200多万人，企业官方账号粉丝有83万人。短视频均以教学内容为主，账号垂直度高，其中仅科目三起步动作一个视频点击量就超2000万次、点赞量达159万次。

案例5　济南金诺驾校的网红之路

金诺驾校始建于2009年，自2020年起锐意创新改革，不断外出学习交流，请业界优秀讲师来为企业赋能。经过两年的团队打造，实现了教练员年轻化；通过教学流程打造，培训能力、合格率稳步上升。驾校打造的模拟机教学特色课堂，引进了机器人教练，学员学车体验感极大提升。除了内部服务流程打造外，全员还做线上宣传工作，利用短视频在抖音、快手、视频号等众多平台上发布学车视频，帮助更多学员学会科目二、科目三，同时提高驾校的知名度和美誉度。金诺驾校实现了视频号单个视频播放量突破 1000 万次、快手视频单个作品播放量突破 300 万次、抖音视频单个作品播放量突破 800 万次。

（3）直播平台。2020 年是短视频直播的红利期，也被人称为"直播元年"，特别是抖音、微博、淘宝、京东、快手、小红书、B 站等直播平台遍地开花，十分红火。在这个粉丝经济时代，驾校应该拿"谈恋爱"的心态维护好自己的粉丝学员，让招生变得简单、营销变得轻松。

直播运营方案包括五部分内容：主播人设、直播技巧、短视频内容、直播内容和运营收获。

2020 年刚刚推出的微信视频号是一个机会。微信视频号是一个人人都可以创作短视频的平台，是一个公开的内容平台。由于学员都有微信，所以他们可以更加便捷地获取驾校的直播信息。而每个教练、每个驾校都有一大批学员，驾校应该使用好这个资源库，让学员成为驾校品牌的传播者。

案例 6　北京海淀驾校直播活动见成效

北京海淀驾校是较早开设微信公众号的驾培机构，2018 年开始开设抖音账号进行新媒体运营的尝试，员工自愿开设账号上传日常生活和教学招生等短视频。2020 年驾校开始在员工中发掘直播人才组成团队进行抖音直播活动。起初，抖音直播的主要内容是向学员传递安全文明驾驶理念，介绍企业文化、优惠报名活动，解答学员学车中遇到的问题等。经过一段时间的打磨后，他们开始试着在抖音直播带货，初次直播1小时就有多笔成交订单，虽然团队成员不是专业主播也没经过专业培训，直播时间也不长，但这个成绩也大大鼓舞了团队士气。

随后，他们又在微信视频号等平台进行了尝试，将线下抽奖活动放到微信视频号进行直播，同时与学员和观众进行互动，借助微信主流社交媒体的优势，初次直播就效果显著，学员积极的互动和提问让主播们忙得不亦乐乎，团队准备的话题和内容都没用上，视频号的整场直播活动轻松、充实、紧凑、欢乐。

值得注意的是，以上两次直播活动，海淀驾校之前均没有进行宣传和推广引流，只是在微信公众号进行了预告，这也说明直播对驾校来说切实可行，而且形式新颖、成本低廉，更符合学驾群体的社交习惯和消费观念。

还有一点值得借鉴的是，海淀驾校直播团队有个鲜明的特点，就是成员来自各岗位的优秀员工。他们都是"土生土长"的驾培人，精通业务知识和学员学车的痛点、难点、关注点，语言幽默诙谐，主播还有好听好记的"花名"，这在吸引观众观看的同时还能拉近距离，值得同行参考。

三　驾校新媒体营销方法总结

新媒体营销的出现给驾校营销带来了更大的空间，能够让驾校抓住更多商机。但新媒体营销方式还有待完善，综合目前行业内驾校取得的成功经验，本报告提出如下建议。

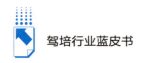

（一）增加与各类学员的微信互动

互动是微信客户管理最重要的环节，是相互建立信任和好感的重要过程。互动性是新媒体营销的一大亮点，而要做好这一点，就必须按人群对客户分类。传统营销就是简单的单向传播，直接给客户发送信息，而基于（移动）互联网的新媒体营销互动性更强，涉及的方面更多，覆盖的范围更广，潜在学员的参与感更强。因此，做新媒体营销要提高互动性和精准性，在增强潜在学员参与感的同时，逐步与潜在学员建立充足的信任感，提升潜在学员的满意度和对驾校的认可度，提升营销效果。

1. 学会给潜在学员"贴标签"

营销不能一概而论，对不同客户要用不同策略。拿微信营销来说，微信没有分类功能，但可以用贴标签的方式对潜在学员进行分类，也可以给某一人贴数个标签，比如一个好友的标签是"重要意向学员""海淀区""到校咨询"等。

驾校的微信客户可以分为下面几类：到校客户（Y）、没到校的客户（N）、报名的客户（M）、没报名的客户（O）、重点客户（VIP）。

在做微信营销推广时，要对不同标签的客户开展不同的营销活动。

对于没到校的客户（N），要侧重把客户引导到驾校来，可以做一些到校有礼之类的活动，而且要新颖一些，不能让客户觉得很廉价；

对于到校客户（Y）、没报名的客户（O），需要重点向其宣传新班型服务、驾考动态等，挖掘客户需求；

对于到校客户（Y）、报名的客户（M），驾校宣传推广的重点应该放在转介绍上，有针对性地制定推广方案；

对于重点客户（VIP），不需要过多地宣传产品，应该更多地给予人文关怀，让客户成为朋友，然后让他报名或者介绍学员。

2. 利用微信朋友圈提升学员转介绍率

微信招生一定要树立正确的观念，要通过微信朋友圈，建立自己的招生渠道，进而通过微信订阅号打造教练员的个人品牌，实现招生多元化、营销立体化。

第一步，打造朋友圈专业形象。

（1）微信头像要用真实头像，最好是职业照。如果连真实头像都不愿意展示给别人，容易产生距离感。（2）微信名字要用真实名字。现在很多人做微商，但连真实名字都不愿意告诉客户，怎么能取得客户的信任呢？（3）微信号越简单越好，可以是本人名字的首字母加数字，也可以是手机号。（4）微信地区一栏，最好设置真实所在地，把地址设为国外的某个地点，这是不利于招生的。（5）微信个性签名一栏，最好的格式是身份或业务介绍，如××驾校×××教练，国家二级教练员，一对一教学。

第二步，用心打造朋友圈内容。

（1）提升个人朋友圈的温度。每天发一条大众化的内容以增强可读性，如学车笑话等，以增加粉丝量。（2）每天发一条学车方面的专业知识，树立专家教练员的形象。每天微信朋友圈都要发一定量的内容，但不要太多，不要给人感觉朋友圈就是做广告的。

如何发布朋友圈？

从思维入手，让微信好友知道你是一个有思想、工作生活积极向上的人。从真实案例入手，让好友知道你的驾校值得学员的信赖和选择。从学员的见证入手，让好友知道你的驾校不仅有人在选择，而且体验后都说好。从你努力学习、培训团队负责入手，让好友感受到你的上进心以及团队的责任感。班型、驾校植入，让好友感觉到学驾和你有关系，你的生活中有工作，工作也是生活。

总之，先让好友了解你的人品，再了解你的产品。

第三步，做好互动营销。

在朋友圈若能吸引别人的注意，需要提供三种价值。一是学习的价值，这可以通过内容实现。二是占便宜的价值，如定期在朋友圈发些学校的优惠活动、老学员带人报名发红包等。三是传播价值，这意味着要用学员感兴趣的方式发布信息。

3. 微信社群培养和拓展客户群体

通过线上工具包括 QQ、抖音、快手、今日头条、驾考宝典 App、58

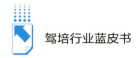

同城等平台，让咨询者或者目标学员加微信，然后把目标学员拉进微信群，建立以自己为管理员的社群，之后可以参照五个步骤进行。（1）群功能，介绍本群的具体宗旨，进群之前就要说清楚群规，与目标学员达成共识；（2）多参与，多互动，多分享，多发红包；（3）设置不同主题内容的分享，如介绍驾校、驾校新班型、营销礼品、活动信息等，塑造自己和驾校的价值；（4）邀请群成员到驾校参观，做好驾校形象塑造；（5）让老学员做客户见证。

（二）利用短视频打造驾校品牌宣传阵地

对于驾培行业而言，疫情影响了很多招生渠道，在需求、市场、营销方式都发生变化的情况下，"驾校＋短视频"成为营销大势。

新媒体短视频的出现给驾校营销带来了更大的空间，假如驾校能抓住这一机遇，就可以更好地把短视频变为驾校品牌打造和形象宣传的窗口和阵地。全员营销的驾校要利用好短视频平台做好营销，离不开以下四点。

1．准确定位

短视频账号的领域越垂直、粉丝越精确，效果就越好。据不完全统计，抖音中只是与"驾培驾考"相关的账号就达到了 7 万余个。打造企业及个人的专属 IP，让短视频账号更具推荐性，是短视频迅速涨粉的首要条件。

2．内容为王

所有的短视频平台都是内容为王，大家选择持续关注也是因为喜欢内容。对于驾培行业来说，我们必须扮演专家角色，我们每个人都是最懂驾驶培训的专家，短视频用户想要在互联网上看到的所有有关学车、驾驶的内容都是我们可以拍摄的素材。下面为大家列举内容运营的八大玩法。

（1）秀出产品，直接展示。学车本身自带话题性，直接用抖音、快手展示驾驶培训实操过程即可，如日常教学场景、课程精彩片段。

（2）策划周边，侧面呈现。如果驾校与同行相比，没有特色，也不太具备话题性，可以尝试从教学服务内容上做文章。例如，每天讲一道驾考题，讲题是理论老师的必备技能，只要在讲的过程中设计一些段子，让内容有意思一点，其实就能用比较低的成本去获得足够多的关注度。最好买一块小黑板，能够让理论老师的人设快速树立起来。

（3）挖掘用途，产品延伸。除了培训外，也可以发掘驾校技能的实际用途，如实际安全文明驾驶、防御性驾驶，做到让人拍案叫绝。

（4）聚焦优势，夸张呈现。对于独特的内容，可以尝试用夸张的方式呈现，便于受众记忆。例如采用口播的方式，这也是快手、抖音上最常见的方式，即让教练员及理论老师真人面对镜头讲一些专业知识。这对老师个人的镜头感、表现力要求比较高，但如果老师个人风格突出，涨粉也是很快的。

（5）呈现口碑，突出火爆。展示口碑，从侧面呈现报名的火爆，比如和优秀学员的沟通聊天记录、学员的报名缴费凭证等。

（6）借助场景，尝试植入。可以尝试把学车植入到某个生活场景，如街拍时发现不会停车的小姐姐，现场教学实际倒车技能，从而制作"XX 驾校街拍日记"等剧情类短视频。剧情类短视频由于内容有故事情节，有冲突、转折等剧本设计元素，更容易获得关注、点赞，但这一类短视频通常拍摄成本较高。

（7）曝光日常，传播文化。通过展示驾校日常生活，传播企业文化。围绕人去组织内容，适度展示更多生活侧面，比如教练员和学员的互动等，让教练员及理论老师的形象是一个活生生的、让人好奇的人，而不是一个脸谱化、工具化的形象。

（8）投放付费广告。直接投放抖音信息流广告，内容可以是表单收集、留言式咨询等。

从内容层面来看，无论是哪一种形式，固定的场景、特定的主题、个性化易识别的表达，是做内容的基础性共识；其次是拔高性的追求，即达到人设风格层面，借助教练员及理论老师的个人魅力，培养粉丝的忠诚度和好感度。驾校短视频内容分类可见图3。

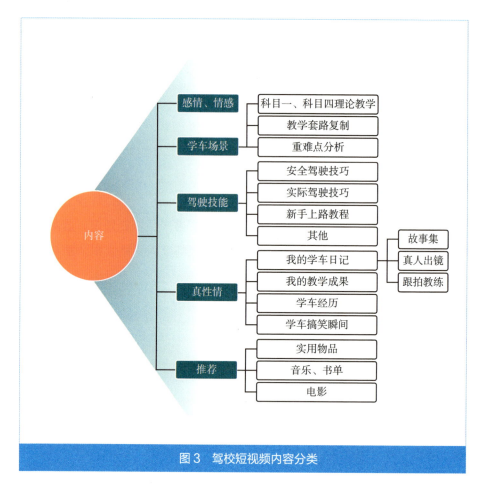

图3 驾校短视频内容分类

3. 投放广告

相比传统的广告投入，抖音、快手短视频平台的广告投放效果更佳。这些平台可针对不同年龄段、不同兴趣爱好的群体定向投放，目标群体更明确，可直接将内容推送给需要的人。

视频类广告投放可植入 H5 链接或一键跳转客服，意向学员在看到感兴趣的视频后 H5 链接可以直接收集客户报名线索，方便驾校转线下联系；而一键跳转客服的功能可让驾校与学员直接在平台上进一步沟通。

4.掌握直播的技巧

直播开播前应提前半小时左右发出一个短视频，这样可以获取双重流量。

直播间热点是系统分流推荐的重要指标，其中包含热点点击、评论、互动、连线、礼物等。直播时应更注重氛围，相比于直播的内容，氛围更重要。

直播时可以用福袋和互动留住观看者。

（三）构建基于新媒体的专业营销体系

积极开展营销工作，是每个驾校工作的重中之重。然而，不少驾校却走入了营销的误区，有些驾校单纯依靠对员工的奖罚拉动招生数量；有些驾校搞营销活动只有降价和抽奖；有些驾校营销过度，一场接一场，活动结束后，报名学员凤毛麟角；有些驾校受到所谓"招生很简单"的宣传蛊惑，相信只要使用互联网工具就能大幅提高招生量；有些驾校甚至被卷入互联网骗局之中……这些误区让本来就经营困难的驾校雪上加霜。

营销不是单纯的招生，还包括品牌宣传，用互联网流行的话来说是"先种草，再拔草"。两者的落脚点相同，都是为了招生。但推销和促销是局部的，主要是为了增加招生人数，而营销是整体的，其目的是保证营销目标和驾校效益的实现。营销体系如若搭建不好，那推销和促销所起作用就有限。

一般来说，驾校营销体系构建包括以下方面。

（1）问题导向的驾校营销目标体系建设。针对驾校营销方面的突出问题，以解决问题为导向，提出阶段性工作目标。驾校要建立长短结合的业绩目标、品牌目标和发展目标等目标体系。

（2）驾校营销组织体系建设。驾校要设立与阶段性目标匹配的组织体系和人才结构。

（3）驾校营销制度体系建设。驾校要以驾培标准化方法建立健全制度体系。

（4）驾校营销技术体系建设。驾校充分运用各种技术手段来支撑营销活动的开展。

（5）驾校营销工具体系建设。驾校要善于借助各种营销工具，助力驾校

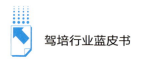

营销创新。

（6）驾校营销激励体系建设。驾校要从薪酬、股权激励等多方面加以引导，激发全体员工尤其是营销团队的积极性和创造性。

从现阶段来看，以下几方面的工作尤为重要。

1. 培养专业的运营人员

一般来说，对新媒体营销最大的认知误区就是认为简单发文就可以了。现阶段，很多驾校都是让管理人员或是销售人员临时从事新媒体营销的工作，这种不专业的做法是新媒体营销达不到应有的效果的关键原因。

2. 加强对员工营销能力的培养

（1）知己知彼，了解员工才能管理他们。了解员工才能管好员工。那么管理者知道员工在网上做什么吗？他们会用微信推广自己吗？管理者给员工的朋友圈点过赞吗？员工给管理者的朋友圈点过赞吗？他们能够熟练使用抖音 / 快手吗？

（2）全副武装，让员工会用多种营销工具。"全副武装"是让员工把所有能用的宣传工具全都用上，如微信、抖音、快手、美篇、QQ、百度、驾考宝典 App、教练宝典 App 等。

案例 7　用学车 App 导入精准流量

以既有的学车用户群体为基础，驾考宝典 App 吸引了大量经认证的驾校、教练入驻。基于已入驻的大量驾校及教练资源，驾考宝典 App 可以帮助学车用户获取驾校及教练的基本情况、历史评价、培训价格等信息，全面了解所在城市、所在位置的驾校及教练情况，帮助用户做出更加适合的报名决策。

驾考宝典平台经认证入驻驾校超过 9000 家（含分校），经认证入驻教练超过 9 万人，优秀的驾校、教练在此得到直接、精准、有效的展示。而选择合适的平台展开营销，将令驾校新生招收工作事半功倍。

（3）精益求精，让员工推送优质信息。员工通过线上推送的信息内容非常重要。倘若员工天天在线上"王婆卖瓜"，宣传效果将难以得到保证。对此要进行一定的干预。一道好菜定会让人食欲大开，一个高质量的广告内容应让人过目不忘。做菜讲究"色、香、味"俱全，推送的信息也要形式多样，文字、图片、视频也要一应俱全。那么员工能制作出质量高的推送信息吗？能，一定能，前提是进行相关的培训。

3．科学地进行营销规划

营销需要有计划、有组织地推进，既要完成招生目标，又要完成品牌推广。两者可以兼得，但前提是驾校必须科学地进行营销规划，做到"天时、地利、人和"。

案例 8　贵州吉源驾校的短视频营销规划

贵州吉源驾校于 2019 年开始关注短视频营销，并于当年 3 月 11 日注册了抖音账号并进行了企业认证，同时在抖音账号上开通了咨询功能，学员可以通过抖音直接拨打电话或者预约到校试学。2022 年 3 月，吉源驾校摩托车考场介绍的短视频刷屏，播放量迅速破万，大量学员通过私信方式咨询，该条短视频成为了驾校播放量、转发量最多的短视频。

2022 年 3 月，吉源驾校摩托车电子化考场启用的短视频播放量已达 7.9 万次，评论 140 条，点赞 378 次，转发 192 次。单个视频带动粉丝增加 121 人。私信中学员除了咨询摩托车考试的内容外，还有许多咨询其他车型考试的内容，对驾校的宣传产生了非常积极的影响。

四　结束语

新媒体营销日益成为驾校主要的营销手段之一。利用好移动互联网技术

和平台、做好新媒体营销不仅是大势所趋，而且迫在眉睫。驾校应高度重视并踏踏实实地进行布局，才能利用新媒体为营销服务，提升自身的营销招生业绩和扩大驾校的品牌知名度。

驾校自主开发设立的 App、小程序、官方微博、抖音、头条等自媒体平台可以有效地对驾校的企业文化、品牌形象进行全方位展示，通过有效运营可以大大降低驾校对外宣传的成本，提升综合竞争力。

但由于自主开发程序成本较高，专业的开发人员成本也较高，对自媒体运营人员的综合要求也较一般工作岗位更高，驾校新媒体运营工作极易出现人难招、活难干的局面。因此，驾校需要组建一个完整的团队进行运营，这对于规模较小的驾校很难实现。

建议驾校根据目前的市场环境及未来新媒体发展的趋势，从自身实际情况出发，制定符合企业发展愿景的新媒体运营规划，先解决"有没有"的问题，再解决"好不好"的问题。通过借助已经成熟的并具有一定影响力的平台健全企业网络信息化建设，拓宽宣传渠道，利用年轻人对互联网的依赖性和使用习惯，构建全渠道、线上线下相结合的新媒体宣传矩阵，有计划地开展营销活动，从而同步实现品牌形象塑造、企业文化推广及招生目标，最终形成具有独特文化特色的驾校品牌并实现优良的经营业绩。

本文作者为丁林、徐小灵、魏鹏。丁林，中国交通运输协会驾驶培训分会外联主任；徐小灵，北京市海淀驾校副校长；魏鹏，贵阳中铁二局驾校市场及技能培训部部长。

B.12
驾驶模拟器应用现状及展望

摘　要: 随着驾培行业发展和市场形势变化，增效降本成为驾校经营的核心问题。面对激烈的市场竞争和盈利能力的持续下滑，各驾校纷纷着手进行教学改革，对驾驶模拟器教学的创新应用，已经成为各驾校的主动选择和驾培行业的新趋势。使用驾驶模拟器进行模拟驾驶培训，对提升培训质量、节约成本、践行环保理念有着重大而现实的意义。

关键词: 智慧驾考　驾驶模拟器　教学管理

20世纪70年代，人们开始尝试将飞行驾驶模拟技术嫁接到汽车驾驶教学上。当时，很多发达国家已普遍应用汽车驾驶模拟器（以下简称驾驶模拟器）培训汽车驾驶者。美国在20世纪70年代中期就有500多所汽车驾驶学校装备了驾驶模拟器，日本、欧洲各国政府不仅斥巨资开发驾驶模拟器，还明文规定驾校必须配置这一设备，并用其对驾驶员的驾驶能力进行测试。1982年日本共培训驾驶员240多万人，其中90%采用了驾驶模拟器进行训练。

我国的驾驶模拟器及相关教学技术，一直在不断完善和进步。全国各地的驾校对模拟驾驶教学的态度也由"可有可无"逐渐向"科学应用"转变。随着驾培行业的发展和市场形势的变化，增效降本成为驾校经营的焦点和核心问题，许多驾校纷纷着手进行教学改革，对驾驶模拟器教学的创新应用，已经成为驾培行业的新趋势。

一 我国模拟驾驶教学开展概况

伴随着驾培行业的发展，驾校模拟驾驶教学，经历了从无到有，从"可有可无"到"主动重视"，再到"必须要用好"的几个阶段。

（一）起步阶段

2004~2013 年是我国驾培行业高速发展期。由于种种原因，这一时期驾驶模拟器及模拟驾驶教学都没有真正发展起来。

2004 年，交通部颁布《机动车驾驶培训机构资格条件》（JI/T 433-2004），将汽车驾驶模拟器列为"可选教学设备"，并没有强制要求驾校配置。因此，驾驶模拟器及相关教学基本上没有得到驾校的重视。很多驾校没有配置模拟器，有些驾校虽然购买了模拟器，但模拟驾驶教学并没有真正开展起来。

（二）硬件普及阶段

2013 年，国家标准《机动车驾驶员培训机构资格条件》（GB/T 30340-2013）颁布。该标准明确规定驾校需配置驾驶模拟器，其中一级驾校需配置30台，二级驾校需配置 10 台，三级驾校需配置 5 台，并且要求各驾校需设置专门的模拟器教室，面积在 30 平方米以上。

2015 年，新修订的交通运输行业标准《汽车驾驶培训模拟器》（JT/T 378-2015）颁布。该标准规定了驾驶模拟器的分类、技术要求、实验方法、测试规则及标志、包装、运输和储存方法。

2016 年，交通运输部颁布《机动车驾驶员培训管理规定》（交通运输部令 2016 年第 51 号），明确规定驾校要按照国家标准《机动车驾驶员培训机构资格条件》（GB/T 30340-2013）的要求配置教学设备设施和安排场地。

随着上述国家标准和行业管理政策的颁布，驾驶模拟器成为驾校必须配置的教学设备。因此，驾驶模拟器迅速在各驾校普及，模拟驾驶教学方法也随之不断进步。

（三）发展阶段

2020 年 8 月 21 日，深圳市交通运输局将"汽车驾驶模拟器"培训学时纳入监管学时认定标准并组织落实。

2021 年 8 月 8 日，上海市道路运输交通局计划将"VR 模拟器"培训学时接入计时培训系统，其中 8 学时计入教学大纲第二部分，12 学时计入教学大纲第三部分。

目前，模拟驾驶教学正处在快速发展阶段。驾驶模拟器的功能越来越先进、越来越实用、越来越受到驾校欢迎，模拟驾驶教学的好经验、好方法也越来越多。驾驶模拟器的应用能够取得快速发展，主要有以下几个原因。

1．驾校对降本增效的迫切需求

近年来，很多驾校的经营情况不容乐观，处于"两降一升"的尴尬境地。所谓"两降"，指的是招生价格下降、招生人数下降，"一升"指的是经营成本上升。

根据中国交通运输协会驾驶培训分会组织的 2021~2022 年全国驾培市场运行情况与经营方向调查数据，46.51% 的驾校处于亏损状态。

"两降一升"使得驾校的盈利能力持续下降，甚至出现亏损。为了摆脱困境，很多驾校为求生存和发展开始尝试改革。由于提升报名价格和报名人数具有较大难度。为了赢利，就得围绕着"降本增效"进行探索。

事实证明，使用驾驶模拟器训练的成本较低，学员经过模拟驾驶训练后，不但可缩短实车训练时间，而且还可以提升教学质量。因此，驾驶模拟器得到越来越多驾校的重视。有些驾校将闲置多年的驾驶模拟器重新利用了起来，也有驾校购入了新型智能驾驶模拟器。客观上讲，驾校的这些行为推动了模拟驾驶教学的发展。

2．模拟器的"定制化"生产

以往，驾驶模拟器生产厂家在设计和生产模拟器时大多"以自我为中心"。也就是说厂家生产什么样的模拟器，驾校就用什么样的模拟器。如今，由于市场竞争更加激烈，各生产厂家的经营理念逐渐转变为"以驾校为中

心",几乎所有厂家都可根据驾校的需求,为驾校"量身定制"驾驶模拟器。

(1)考试场景定制。可将驾校要求的"考试场景"植入到驾驶模拟器的教学程序中。学员通过显示器看到的场景与考场的情况基本一致。在用驾驶模拟器训练一定时间后,学员对考试场地的熟悉程度就会越来越高,对提升考试合格率起到了积极作用。

(2)教学方案定制。可将驾校提供的教学方案植入到驾驶模拟器的教学程序中。学员在驾驶模拟器上的训练方式与教练员采用实车教学的方法一致。经过一定时间的模拟驾驶训练后,学员对教学参考点位和各种驾驶操作动作的熟悉程度会越来越高。这就为实车训练打下了坚实基础。

(3)实用化定制。有的驾校为了降低驾驶模拟器的采购成本,向生产厂商提出了"实用化定制"要求。例如,某驾校提出的要求是,在保证硬件结实耐用的前提下,省略其他装置;但在软件方面,要求配备高档次教学软件。如此一来,驾校省去了硬件的成本投入,而模拟器使用效果却没有受到影响。

3. 驾驶模拟器的性能提升

驾驶模拟器的教学应用正向着智能化的方向发展。例如,驾考宝典推出的智能模拟器"阿尔法幻影"可以记录和分析学员训练的各种情况,并自动给出训练建议。再比如,有的驾驶模拟器有学员"测试通关"功能,可开展分阶段、分科目测试以及模拟考试等。

案例 1　驾考宝典智能模拟器"阿尔法幻影"的设计理念

2021 年 11 月 19 日至 21 日,中国 5G+ 工业互联网大会在武汉顺利召开。央视《新闻联播》中出现了驾考宝典智能硬件产品——智能模拟器"阿尔法幻影"的身影,这充分说明在运用了 5G、AI、大数据分析、云计算等尖端科技后,智能驾驶模拟器在智慧驾培时代必将发挥不可替代的作用。

在智能化时代和数字经济发展背景下,驾考宝典顺应时代潮流,提出了"智能模拟器"的理念,主要设计思路如下。

一、打造精品——融合"艺术"与"技术"

驾考宝典智能模拟器整体设计秉持"一半艺术，一半科技"的原则，兼具美感与科技感。研发过程中，驾考宝典团队进行了大胆创新和大量实验，以实现"人工智能"与"驾驶模拟器"深度融合。为达到学员练车的无差别感，产品采用了真车抄数处理、仿真真车主体结构、仿真驾驶操作部件、仿真力反馈运动平台，模拟真实驾驶感受。

作为驾考宝典精心打造的全新一代驾校智慧教学工具，智能模拟器"阿尔法幻影"将人工智能、大数据、VR 等新技术与驾培行业深度融合，可根据真实考场数据，通过高精度三维建模生成高仿真练习场景，涵盖科目二、科目三的全部考试内容。学员只需要坐在模拟器中，就可以突破场地条件的限制，"身临其境"练习直线行驶、曲线行驶、侧方位停车等各项培训内容。同时，还可实时查看训练报告，并有针对性地加强训练。

二、助力驾校——"降本增效" 提升驾校长效竞争力

目前多数驾校采取单一的实车训练模式，从驾校角度来看，油耗成本高、场地占用多、车辆损耗大，教学质量更是良莠不齐。为提升驾校培训质量和培训效率，降低驾校经营成本，驾考宝典对智能模拟器进行了多方面的革新和超越，倾力打造全新的智能模拟器。目前驾考宝典智能模拟器已覆盖全国超过 20 个省份，帮助驾校提高教学质量和教学效率的同时，实现降本增效，提升驾校长效竞争力。

三、帮助学员——高效学车、快乐学车

驾考宝典智能模拟器外观时尚简约，体验真实酷炫，为学员营造新鲜感的同时，将实车训练趣味化、标准化。通过驾考宝典智能模拟器学车，学员不用风吹日晒，不需要排队，室内学车，一人一台，自主上机练习，舒适且趣味十足。另外，学员还可回看学车数

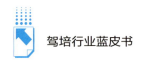

据，查漏补缺，有针对性地练习，高效学车。

四、践行责任——提升道路交通安全

驾考宝典一直将提升道路交通安全作为自己的责任和使命。因此，驾考宝典希望借助科技的力量，推动智慧驾考新生态的构建，从源头上预防和减少道路交通事故，营造安全、文明、有序、和谐的道路交通环境。

根据这一理念，驾考宝典从技术角度进行考量，设计开发产品。驾考宝典智能模拟器可通过学员训练的大数据分析，精准判别学员驾驶情况，给出科学的训练建议，有效培养和规范学员的驾驶习惯。

在训练课程中，驾考宝典智能模拟器增加了比较复杂的路况交通场景，包括晴天、雨天、雾天、雪天等各类天气的模拟训练，满足新老学员对防御性驾驶训练的需求，以帮助驾校培养一批批技术更熟练、应变能力更强的学员。

4. 生产厂家销售方式更灵活

2013 年，驾驶模拟器生产厂家之间的竞争突然变得激烈起来，原因是国家标准《机动车驾驶员培训机构资格条件》（GB/T 30340-2013）明确规定了驾校应当配置的驾驶模拟器的数量和要求。

一时间，各厂家都在开足马力扩大产能，新的生产厂家也增加了很多。为了争取市场份额，很多厂家实行了灵活的销售方式。分期付款、以租转售、租赁使用和合作经营等销售模式纷纷出现。这些灵活的销售模式提升了驾驶模拟器的销售量，也带动了模拟驾驶教学的开展。

二　驾驶模拟器的功用分析

汽车驾驶模拟教学系统，可模拟教学和考试中的基本操作场景，也可以模拟安全驾驶操作。学员通过驾驶模拟器，对驾驶基本动作进行反复练习，可初步获得基本驾驶能力和基本驾驶经验，为实车训练打下基础，然后结合实车练习，可有效提高教学质量和学习效率。具体来说，驾驶模拟器的功能为以下几点。

（一）模拟驾驶体验

参训学员可看到仿真的驾驶场景，也能听到智能语音提示。根据这些视觉和听觉上的感受，学员可以进行模拟驾驶操作。驾驶模拟器教学系统自带不同的路况场景，可将不同场景的运动状态反馈到外部机械装置，让驾驶人感受到汽车加速、颠簸等，也可以体验到操作时汽车的状态，如坡道起步时离合器处于半联动时的感觉。

（二）增效降本

根据各地驾校调研结果显示，小型汽车科目二训练，每名学员在驾驶模拟器上训练 5~6 小时，然后实车训练 5~7 小时即可达到考试水平。这种"实车＋模拟"的教学方式可减少实车训练时长 5 小时左右。所以，使用驾驶模拟器进行模拟驾驶教学，不但能够提升教学效率，而且还能节约培训成本。

（三）安全驾驶培训

在模拟器上训练，可练习雨、雪、雾等恶劣天气下的驾驶，也可以练习突然被追尾、轮胎爆胎等突发状况下的应急处置操作。

在实车驾驶培训中，由于学员驾驶操作技能不熟练，而且缺乏安全驾驶经验，所以教学存在很大风险。在实际道路上进行驾驶训练时，路况较复杂，学员常常比较紧张，操作易失误，可能会产生安全隐患。而使用驾驶模拟器进行训练，则不需要担心安全问题。

（四）节能减排

教练车主要由学员操作，且训练时间长，加之学员操作不够熟练，因此

教练车会长时间在"非正常状态"下行驶。因此，教练车磨损大，而且燃料消耗较大。使用驾驶模拟器进行训练，则不必担心这些问题。所以，长期使用驾驶模拟器可有效降低实车的磨损及油耗，节能减排效果明显。

（五）驾驶水平的测评

驾驶模拟器可以进行模拟驾驶测试。一是模拟考试测试，采用实际考试评判标准，自动评判学员的测试成绩。二是安全驾驶测试，通过收集学员各项与驾驶安全相关的指标，综合测评学员的驾驶水平，并给出安全驾驶建议，这对学员安全驾驶有重要的指导作用和参考价值。

（六）智能化培训

随着人工智能的发展，智能驾驶模拟器也随之出现，并表现出强劲的发展势头。智能驾驶模拟器能够全方位、多角度地对学员进行指导。它的教学作用具体体现在如下几个方面。

1. 语音提示

教学中，能够全程对学员进行细致生动、及时准确的语音提示。学员上车后马上提示调座椅、调后视镜、系安全带；起步操作前可以提示进行安全检查；起步后提示车辆行驶的路线；进入训练科目时更是会细致地提示学员打回方向的时机、观察的目标、操作的重难点等。当学员操作熟练后，可以选择无声模式独立练习，也可以选择模拟考试模式。

2. 智能评判

智能驾驶模拟器能够按照考试评判标准，对学员的每一次操作进行评判，让学员清楚地知道操作（模拟考试）结果和扣分项目，从而改进训练效果。

3. 智能分析，个性化建议

智能驾驶模拟器能够储存并分析学员训练的大数据。例如学员经常出现倒库不入的情况，它就会给学员提出加强此方面训练的建议。学员不仅可以在模拟器上看到练习记录和成绩，而且可以通过手机 App 查看学车详细记录，这就突出了训练重点，提高了训练针对性。

三　驾驶模拟器应用模式分析

为了说明驾驶模拟器的性能，也为打造自己产品的示范驾校，有些驾驶模拟器生产厂家开始注意收集和总结模拟驾驶教学经验，并向自己的用户进行推广。正因如此，生产厂家起到了"媒介作用"，将好的教学经验和教学方法传播了出去。

目前，驾培行业出现了多种驾驶模拟器的应用模式。比较常见的有"模拟＋实车"模式、"模拟＋实车＋机器人教练"模式和"驾驶模拟器＋门店"模式。

（一）"模拟+实车"

所谓"模拟＋实车"教学模式（见图1），就是学员先在驾驶模拟器上进行基础驾驶训练，再进行实车驾驶训练，两种训练模式交叉进行。

图1　"模拟＋实车"模式的流程

与未经模拟驾驶训练的学员相比，经过模拟驾驶训练的学员驾驶动作规范性和心理素质都明显占优。因此，经过模拟驾驶训练后再进行实车训练，能够有效地提升训练效率、提高教学质量。

（二）"模拟+实车+机器人教练"

机器人教练的出现，催生了新的培训模式。教学实践表明，没有驾驶基

础的学员，在机器人教练车上练习无法取得令人满意的训练效果，于是就产生了"模拟＋实车＋机器人教练"的训练模式，就是将这三种训练手段相互融合、交替使用。教学实践表明，这种训练模式是高效的。

（三）"驾驶模拟器＋门店"

有的驾校采用了"驾驶模拟器＋门店"的应用模式。为了开展招生工作，驾校开设了多处报名门店。门店开到哪里，就将驾驶模拟器摆放到哪里。这样有两个好处，一是方便学员就近进行模拟驾驶训练；二是门店里的驾驶模拟器还可以起到宣传作用，对招生工作具有促进作用。

四　驾校模拟的教学管理

驾校购买了驾驶模拟器，并不等于做好了模拟驾驶教学。模拟驾驶教学是否取得令人满意的效果，取决于驾校的教学管理水平。做好模拟驾驶教学管理，可从下几点入手。

（一）正确认识驾驶模拟器的作用

驾校应当向学员提供三种教学模式：理论教学、模拟驾驶教学、实车教学。而很多驾校的教学普遍处于"两重两轻"的状态，即重"数量"轻"质量"、重"实车"轻"模拟"。把教学重点放到实车教学这个环节上无可厚非，但如果在模拟驾驶教学环节不作为，那该驾校的教学就称不上优秀。

事实上，驾校的培训能力是由多方面构成的，实车教学并不是唯一的教学手段。教练车是教学工具，但不是唯一的教学工具。模拟驾驶教学虽然是实车教学的辅助教学手段，但其作用不容忽视。

应用驾驶模拟器不仅能够起到"降本增效"的功用，更是开展素质教育必不可少的教学手段。驾校若以"培育中国好司机"为教学目标，则必须做好模拟驾驶教学。驾校是传播汽车文明、培养交通安全意识的阵地。所以，驾校不仅要教授考试技术，更要将安全驾驶技能教授给学员。驾校应当考虑如何教授高速公路安全驾驶的技能？如何教授城市道路安全驾驶的技能？如何教授山区道路上安全驾驶的技能？如何教授在雨、雪、雾天安全驾驶的技能？教授这些内容，是驾校的责任和义务。不应用驾驶模拟器，如何教授这些教学内容呢？另外，教学大纲要求，每个学员至少要在驾驶模拟器进行 4 小时至 6 小时训练。因此，不使用驾驶模拟器进行教学，"培养中国好司机"就成了一句空口号。

模拟器教室既是教学场所，又是服务场所，也是提升学员满意度的阵地。模拟驾驶教学不但可以教授学员驾驶技能，也可利用这个过程为学员提供优质服务。

石家庄燕赵驾校指出开展模拟驾驶教学应该有两个必达目标，一是"教技能"，二是"交朋友"。因此，驾校应该围绕模拟驾驶教学设计服务方案。按照这一思路，深入开展服务工作，定会提升学员满意度，也会提升驾校口碑，从而带动驾校营销工作。

（二）配置完善的模拟驾驶教学设施设备

驾驶模拟器和模拟器教室，是模拟驾驶教学必备的教学设备和实施。对此，《机动车驾驶员培训机构资格条件》（GB/T 30340-2013）要求一级驾校需配置 30 台驾驶模拟器，二级驾校需配置 10 台驾驶模拟器，三级驾校需配置 5 台驾驶模拟器，并且要求各驾校需设置专门的模拟器教室，面积在 30 平方米以上。

需要指出的是，上述规定是"最低要求"。毫无疑问，模拟器教室条件越好、驾驶模拟器档次越高，模拟驾驶教学的效果就越有保证。驾校应根据自身情况以及对模拟驾驶教学的预期，决定驾驶模拟器和模拟器教室的配置。

（三）做好模拟驾驶培训管理

模拟驾驶教学与理论教学、实车教学一样，需要进行教学管理。根据多所驾校的实践经验，模拟驾驶教学管理应注重以下工作。

1. 将模拟驾驶列入教学环节

模拟驾驶教学应当被列为学员实际操作训练的第一课。也就是说，模拟

驾驶培训应当成为驾校实操教学的第一个环节。学员先要驾驶模拟器上进行训练，再通过驾驶模拟器的测试，然后才能进行实车训练。

案例2 华航驾校驾驶模拟器的应用

（一）基本模式

学员在进行科目二、科目三实操培训前，要分别进行4学时、8学时的模拟器操作培训，考试合格后，方可分车开始实车训练。

（1）规范化教：专职教练员进行集体授课，通过理论辅导、模拟训练，帮助学员熟悉掌握6大机件基础操作和考试项目、考试流程。

（2）互动式学：辅导学员进行练习体会，一对一纠错指导，建立课堂互动，增强训练效果。

（3）标准化考：结合驾驶人考试标准，对学员模拟器练习情况进行考核，考核合格后，方可进行实车训练。

（二）创新点

以模拟器为教学平台，利用教、学、考等手段，抓好基础训练，提高培训质量。

（三）案例实施成果

一是模拟器教学得到了学员和实操教练员的一致好评；二是在缩短科目二、科目三实操培训时间的基础上，提高了培训效率和考试合格率；三是拓展了模拟器教学布局，力争实现"门店式"模拟器教学，给学员提供更便利的学习条件。

---

2. 严格模拟驾驶教练员管理

驾驶模拟器是一种教学设备，也可以说是辅助教练员教学的一种设备。模拟驾驶教学能否取得良好效果，关键要看教练员。因此，驾校要对模拟驾驶教练员进行严格管理。

（1）设专职模拟驾驶教练员。毫无疑问，"专职教练员"和"兼职教练员"身份不同，教学效果肯定也不同。驾校经营需要精打细算、考虑人工成本无可厚非，但可以肯定的是，做好模拟驾驶培训工作所产生的效益肯定是可观的。

（2）规范管理模拟驾驶教练员。驾校应制定《模拟驾驶教学管理规定》，针对教练员的教学行为进行规范和管理，如教练员如何备课，如何利用模拟器进行讲解、示范和指导学员等。

（3）严格考核模拟驾驶教练员。驾校要对模拟驾驶教练员进行绩效考核，以此评价其教学质量和制定其收入发放办法。关于教学质量考核有两种方法。第一种，使用驾驶模拟器自带测试软件对学员进行测试，以测试通过率考核教练员教学水平。第二种，由实车教练员对学员进行测试并反馈。也可以两种考核方式相结合。

五　阻碍模拟驾驶教学开展的因素分析

当前很多驾校模拟驾驶教学开展得并不理想。有的驾校驾驶模拟器长期闲置不用，有的驾校没有设置模拟器教室，这些情况主要由以下原因造成。

（一）驾校重视程度不够

有些驾校的培训工作都是围绕着考试内容而设计，依靠教练员个人进行应试教学。他们根本就没有设计模拟驾驶训练这个教学环节，驾驶模拟器也就被弃置不用了。

（二）驾驶模拟器质量差

很多驾校购买驾驶模拟器，是因为行业管理规定的要求。也可以说，为了通过驾校验收和各种检查，很多驾校"不得不买"。正因如此，一些驾校购买的驾驶模拟器的质量不够好。有些模拟器很容易损坏，且功用不佳。使用这样的模拟器，根本无法有效开展模拟驾驶教学。

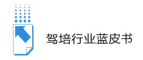

（三）模拟教学经验欠缺

有些驾校开展模拟驾驶训练的意愿很强，但是缺乏驾驶模拟器的教学经验。一是不能有效地组织学员参训；二是缺乏教学方法，没有专门的模拟驾驶教练员或教练员教学能力欠缺。

（四）驾校经营模式的影响

采取挂靠经营模式的驾校难以开展模拟驾驶培训。一是驾校与挂靠经营者无隶属关系，驾校对挂靠经营者缺乏管控能力，故无法组织挂靠经营方进行模拟驾驶训练。二是挂靠经营的培训成本基本上由挂靠经营者自行承担，因此驾校对教学管理的积极性并不高。

六　发展趋势预测

总体上看，汽车驾驶模拟器的应用正在经历从"简易化"到"智能化"、由"教条型"到"实用型"的进步。驾驶模拟器和模拟驾驶教学方法正向着好的方向大踏步地迈进，驾驶模拟器在未来会更加普及。

驾培行业的发展和智能化教学技术的进步推动驾驶模拟器应用逐渐成熟。当前，人工智能的大潮已经来临，科技改变生活势不可挡。人工智能与驾培行业深度融合必定会带来机动车驾驶培训的革命。驾驶模拟器的性能也必将越来越智能、越来越优秀，教学效果也必将越来越好。

模拟驾驶教学开展情况，已成为衡量驾校办学水平的重要标准。新修订的2022年版《机动车驾驶培训教学与考试大纲》将模拟驾驶学时增加到6个学时，这势必会引导驾校进一步做好模拟驾驶教学。目前，驾校应用驾驶模拟器的主要目的是降本增效，将来一定会在此基础上，进一步升级为"应用驾驶模拟器进行安全文明驾驶教学"。

相较于传统驾培模式，基于智能模拟器衍生出的VR学车具有先天的优势，例如通过声音、全面影像等VR技术，从视觉和体感两方面更逼真地模拟恶劣天气、事故现场等场景,提升学员处理险情、防范交通事故的能力。此外,使用智能模拟器教学,可有效推进机动车驾驶培训内容的标准化,提高教学水平的同时也提升学员的考试通过率。

七 结束语

智能模拟器具有节能环保、安全舒适、训练效率高、练车不受环境限制等优点。因此研制适合我国道路状况和交通法规、符合我国驾驶员培训教学计划和教学大纲的智能模拟器,并将其广泛用于驾驶培训,非常适合我国国情,具有重大的社会和经济意义。这样不仅可以极大地提高驾驶员培训质量和效率,还能促进我国驾驶培训工作走上现代化、规范化和科学化道路。

驾校应紧跟模拟驾驶培训发展的潮流,因地制宜地探索应用方式,助力降本增效,促进自身发展。

本文作者为冯晓乐。冯晓乐,中国交通运输协会驾驶培训分会专家委员会执行主任。

B.13
机器人教练在湖南驾培行业的
应用现状及前景分析

摘 要： 近年来，以机器人教练为代表的人工智能等高科技在驾培行业得到初步推广应用，这是驾培行业贯彻运输服务供给侧改革精神、积极运用科技成果实现服务水平提升、促进行业转型升级的重要体现。本报告基于这一行业发展形势和驾校具体应用情况，在对湖南驾培行业机器人教练使用现状进行问卷调查的基础上，探讨当前机器人教练应用中存在的问题，最后分析应用前景，提出推广应用的相关建议，以期为行业转型升级及智慧驾校建设、交通强国建设提供借鉴和参考。

关键词： 驾培行业　机器人教练　数智化驾培

2021年8月，湖南省道路运输管理局正式发布《关于开展机动车驾驶培训机器人教练应用　促进我省驾培行业转型升级的指导意见》，鼓励应用机器人教练开展基础和场地驾驶智能化教学，将一台机器人教练视作"一名基础和场地教练员"，计入培训能力。该文件的出台，为人工智能等科技含量高的机器人教练产品在湖南省的普及应用奠定了政策基础，也为驾培行业的转型升级提供了新的探索方向。

一 机器人教练的概念及应用背景

（一）机器人教练的概念

在数字经济时代，无论是生产性服务业还是生活性服务业，数智化转型都是行业高质量发展的必然趋势。数智化驾培是驾培行业在当前的创新发展模式，是人工智能、大数据、云计算、区块链等数字技术与传统驾培业的深度融合。

机器人教练是"车载智能教学系统"的俗称，又称"电子教练""智能教练"，可以看作一套车载的多媒体智能教学设备，由车载智能教学硬件设备、智能教学平台、移动远程控制系统三部分组成。在驾驶培训服务过程中，通过应用机器人教练，可以拓展施训者与受训者的感知、交互、认知领域等，发挥辅助或完全替代人工教学的功能。与人工教练相比，机器人教练教学功能的特点主要体现在"三化"：教学规范化、教学人性化、教学安全化。2016 年中央电视台新闻频道对"车载智能教学系统"进行了报道，这一产品的问世，是驾培行业开始实现数智化转型和进入"人工智能时代"的重大标志。

（二）应用背景

驾培行业属于劳动密集型产业。在数字经济时代，鉴于使用人工教练存在培训模式千差万别、培训水平良莠不齐、教学劳动强度高、教学安全风险可控性低、人工成本高等一系列不利因素，科研机构将人工智能技术引入培训领域，催生了机器人教练这一新事物。

机器人教练的产生也得到了驾培机构的欢迎，不少经营理念先进的驾培机构纷纷开始引进。同时，包括湖南在内的部分省份的驾培行业管理部门以开放的理念对待这一新生事物，采取了审慎包容的态度，允许驾培机构先行先试。目前已有广东、河北、内蒙古、山东、新疆、湖南等地的道路运输管理机构出台了针对机器人教练的政策。

二　湖南省驾培行业机器人教练应用现状

为详细掌握当前全省驾培行业机器人教练应用现状，并对应用前景进行科学分析，湖南省道路运输管理局开展了对全省驾培行业机器人教练使用情况的问卷调查工作。参与问卷调查的驾培机构有329家，行业管理机构42家，其中培训能力为一级的驾培机构有31家、二级有80家、三级有218家，覆盖已购置使用机器人教练的驾培机构，涵盖市、县两级行业管理机构。通过对问卷汇总分析，应用整体现状如下。

（一）部分驾培机构相继应用，相比人工教练优势明显

由表1可知，329家驾培机构中，购置并使用了机器人教练的有27家，共已购置264辆已应用机器人教练的教练车。

表1　驾培机构机器人教练应用情况			
指标	参与问卷调查的驾培机构	已购置使用机器人教练驾培机构	已应用机器人教练的教练车
数量	329家（其中：一级31家，二级80家，三级218家）	27家	264辆
在全省占比	30.7%	2.5%	0.6%

由表2可知，前5个选项基本囊括了驾培机构购置使用机器人教练的主要原因，得到了80%以上驾培机构的认可，说明这5个选项也是机器人教练与人工教练相比的突出优势。同时，驾驶员培训属于重要安全相关行业，安全保障也理当属于设备购置使用的原因之一，而安全保障恰好又是机器人教练应用的一大优势，所以个别驾培机构增填了"科目二训练时安全有保障，能减少交通事故"。

表2 驾培机构购置使用机器人教练的原因			
序号	原因	驾培机构数量（家）	在已购置使用机器人教练驾培机构中的占比（%）
1	节省人工成本，提升企业经济效益	23	85.2
2	提升教学规范性、培训效率和考试通过率，形成企业新的经济增长点	24	88.9
3	降低教练员劳动强度，提高文明服务水平	23	85.2
4	减少服务态度投诉，提升学员学习体验	22	81.5
5	人员无接触服务，有效应对疫情挑战	25	92.6
6	其他（科目二训练时安全有保障，能减少交通事故）	1	3.7

前5个选项既是驾培机构购置使用机器人教练的主要原因，同时也带来了突出的使用成效。总的来说，机器人教练相比人工教练优势明显，已经受到应用方的普遍认可。

（二）市场普及度不高，推广进度较慢

将表1及表3对比可知，一是全省普通机动车驾驶员培训经营业户中，已使用机器人教练的只占2.5%；二是教练车中，使用机器人教练的只占0.6%。可见，全省驾培机构机器人教练无论就应用驾培机构数还是车辆数而言，规模都比较小，仍处于起步阶段。

表3 2021年全省驾培行业基本数据			
序号	类别	数量	备注
1	机动车驾驶员培训经营业户	1123家	2015年870家
1.1	普通机动车驾驶员培训经营业户	1072家	一级：74家二级：322家三级：676家
1.2	道路运输驾驶员从业资格培训经营业户	96家	
1.3	机动车驾驶员培训教练场经营业户	47家	

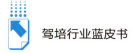

			续表
序号	类别	数量	备注
2	从业人员	56102 人	其中教练员 43539 人
3	教练车	40937 辆	
4	机动车驾驶模拟器	5026 台	
5	年培训人次	1046912 人次	
6	机器人教练	264 台	

（三）各级行业管理部门给予积极引导

湖南省驾培行业管理机构采取了积极的引导措施。省道路运输管理局因势利导，针对机器人教练日新月异的发展形势，在认真研究了外省市机器人教练运用相关经验和对全省部分市州驾培机构机器人教练应用成功试点进行调研的基础上，2021 年印发了《关于开展机动车驾驶培训机器人教练应用 促进我省驾培行业转型升级的指导意见》，鼓励在全省规范开展机器人教练基础教学和场地培训教学应用工作，为机器人教练的应用指明了方向。

全省各市州行业管理机构也就机器人教练应用推广采取了不少措施。例如，衡阳和张家界等市行业管理机构组织驾校校长到已使用机器人教练的驾培机构观摩学习，让其更加了解机器人教练的功能特点。常德市和郴州市加强了政策宣传，其中常德市着重从节约成本、提高经济效益角度组织了对驾校的宣传。娄底市则依靠计时培训系统推广机器人教练。以上措施均收到了一定的成效。

（四）部分驾培机构仍持观望态度，行业信心不足

由表 4 可知，问卷中所列的前 6 项基本囊括了阻碍购置使用的主要因素，都得到了 1/3 以上驾培机构的认可。尤其是第 1、第 5、第 6 项，反映了机器

人教练推广应用中的"拦路虎"。而少数驾培机构填写的"教练员减少，不方便接送学员"，则应当是部分驾培机构对教练员缺乏统一管理所造成的后果，并不具有普遍代表性，可以通过加强人员统一管理、统一安排车辆接送学员的方式加以解决。

序号	原因	驾培机构数量（家）	在参与调查的驾培机构总数中的占比（%）
	表4 驾培机构未来三年内无购置意向的原因		
1	培训学时与考试系统未对接，不利于形成公平竞争的营商环境，驾培机构缺乏运用科技手段保证学时和培训质量的积极性	139	42.2
2	承包等经营模式的存在，降低了经营者创新能力，阻碍了对高科技手段的引进和运用	119	36.2
3	驾培市场培训能力过剩，降低了提高培训效率的迫切性，效率优势得不到充分发挥	123	37.4
4	政府未出台相关行业标准，机器人教练技术还不成熟，安全性能没有保障	137	41.6
5	政府未出台相关鼓励实施政策，应用前景不明朗	141	42.9
6	购置费用高，近期难以承受	168	51.1
7	其他（教练员减少，不方便接送学员）	3	0.9

（五）希望政府和行业管理部门加强支持的呼声强烈

由表5可知，前4个选项基本囊括了驾培机构对政府和行业管理部门的主要诉求，都得到了一半以上驾培机构的认同。尤其是第3、第4项，是机器人教练推广应用进程中迫切需要解决的问题。第5项中个别驾培机构增填了"在机器人教练车的年检、路面行驶方面提供政策支持，不能以改装车年检不通过或路面行驶为由进行处罚，希望政府考虑当地实际情况"，对此政府可以连同第3项一起处理。

表5　驾培机构的期望

序号	内容	驾培机构数量（家）	在参与调查的驾培机构总数中的占比（％）
1	制定推广机器人教练的具体措施，如推行应用试点	180	54.7
2	及时出台相关行业标准，保障安全性能	223	67.8
3	出台相关鼓励实施政策，提供奖励或补助支持资金，发挥资金在引领高科技设施设备方面的作用	238	72.3
4	实现培训机构监管平台与考试系统联网对接，优化驾培营商环境，调动运用科技手段提升培训质量的积极性	232	70.5
5	其他（在机器人教练车的年检、路面行驶方面提供政策支持，不能以改装车年检不通过或路面行驶为由进行处罚，希望政府考虑当地实际情况）	3	0.9

（六）品牌较多，但合乎标准的不多

27家驾培机构已购置使用的264台机器人教练，分别属于易显科技、木仓科技驾考宝典、多伦、快鸭、大众、启驾科技、捷达、嘻哈、小酷云9个品牌。各品牌进入市场的时间跨度较大，最早为2015年3月。

目前，国家还未针对机器人教练出台相关行业标准，但已经有两家企业分别向有关部门申报了企业和团体标准，并获得国家标准化管理委员会备案批准。一个是企业标准《机器人电子教练智能化教学系统》（Q/AHXH 001-2017），另一个是团体标准《机动车驾驶实车智能培训系统》（T/ZGCJM 001-2019）。

三　当前机器人教练应用中的问题分析

（一）购置费用高

由表6可知，在做出选择的122家驾培机构中，选择3万元以下的超过80%，选择3万~4万元的仅占10.7%。

中国交通运输协会驾驶培训分会对2021~2022年全国驾培市场运行情况

与经营方向的调查结果显示，85% 的驾培机构能够接受的价格区间在 3 万元以下，9.76% 的驾培机构能够接受的价格区间在 3 万~4 万元。据了解，目前湖南使用的符合团体标准的机器人教练品牌每台价格在 6 万元左右。经营者心理预期价格与实际购置价格差别较大，因此承受压力较大。

此外不少驾培机构经营效益不佳。根据中国交通运输协会驾驶培训分会的调查结果，驾培机构经营利润持平者只占 19.77%，下跌的占到 63.59%。所以很多驾培机构希望引进新设备，但苦于效益不佳，近期难以承受购置费用。

表6 驾培机构可接受的购置费用

序号	费用	做出选择的驾培机构数量（家）	在做出选择的驾培机构中的占比（%）
1	3 万元以下	98	80.3
2	3 万~4 万元	13	10.7
3	4 万~5 万元	8	6.6
4	5 万~6 万元	1	0.8
5	6 万元以上	2	1.6

（二）政府法规及标准制修订工作相对滞后

目前全国只有河北、内蒙古、山东、新疆、广东、深圳、湖南几地的道路运输管理机构或交通运输主管部门出台了针对机器人教练的政策，但由于《机动车驾驶员培训管理规定》等法规修订工作相对滞后，机器人教练的身份认可上存在政策障碍。此外，自 2022 年 4 月 1 日起实施的新版《机动车驾驶培训教学与考试大纲》仍未对采用驾驶培训智能辅助教学装置新技术、新设备的教学时间予以认可。

现有的机器人教练设备团体标准是《机动车驾驶实车智能培训系统》（T/ZGCJM 001-2019），这一标准由中关村军民融合信息装备产业促进会

于 2019 年 9 月发布。政府和行业主管部门尚未根据已积累的应用实践出台相关行业标准，对机器人教练的功能、教学场地、设施设备、管理制度也未进行明文规定，导致市场上机器人教练生产厂家无序竞争，各种品牌质量参差不齐。在湖南省，出现部分驾培机构购买了某种品牌机器人教练后不但未带来经济效益，反而因频繁维修增加经营成本的反面例子。

（三）培训学时与考试系统未对接

湖南省前些年推行计时培训没有取得预期效果。交警部门实行驾驶证自主约考政策，对报考时的学时完成情况不作要求，这使得按规定学时实施培训的驾培机构成本增加，在竞争中反而处于劣势，阻碍了公平竞争营商环境的形成。除了少数规模大、管理经营方式先进的驾培机构外，多数驾培机构对于加大投资、充分运用科技手段来保证学时和培训质量，自然也缺乏积极性。

（四）驾培市场培训能力过剩

近年来学驾群体存量逐渐减少，学车主力人群转为 18~24 岁青年，未来培训市场总量需求保持相对稳定。但是培训能力供过于求，驾校经营效益普遍不佳。

湖南省 2021 年底共有教练车 40937 辆，2021 年度培训 1046912 人次，每车年均培训不到 26 人次，比 2020 年还要少（2020 年为 27 人次），与每车年均约 70 人的理论培训能力相比差距更大，驾培机构同质化竞争比较激烈，行业整体经营效益不佳。驾培市场培训能力过剩，大大降低了经营者提高培训效率的迫切性，先进设备的效率优势得不到充分发挥。

（五）经营模式有待调整

此次参与问卷调查的 329 家驾培机构现有教练车总数为 12949 辆，其中采取直营和集团经营模式的车辆只占 34.5%，采取承包经营或其他经营模式的车辆占 65.5%，如表 7 所示。

表 7　车辆经营模式分析			
序号	车辆经营模式	车辆数（辆）	占比（%）
1	直营和集团经营	4471	34.5
2	承包经营	6245	48.2
3	其他经营	2233	17.3
合计		12949	100

现有经营模式不利于驾培机构经营管理的科学化、精细化，同时也不利于规模效益的增加。驾培机构为了减少经营风险和管理成本，对车辆收取承包及管理费，以包代管。这无形中遏制了经营者创新能力的提升，降低了其引进高科技手段的积极性。

四　机器人教练推广应用前景分析

（一）机器人教练是经营模式转型升级的抓手

机器人教练的应用有助于推动驾校经营模式转变，促进由挂靠、承包等经营模式向直营和集团经营等现代化经营模式转变，促进企业转型升级。

由表 7 可知，采取承包模式或其他经营模式的约占 2/3，在这种传统模式下，企业转型升级只能是纸上谈兵。应用机器人教练是驾培机构经营模式转型升级的有效抓手，湖南宜章鸿鑫驾校就是运用这一抓手实现转型升级的成功典型。该驾校是成立于 2004 年的老牌驾校，曾经采取部分车辆承包的经营模式，一度陷入困境。该驾校经过权衡，果断决定采用机器人教练辅助培训，逐步取消承包经营，从而成功实现转型升级。

案例 1　宜章鸿鑫驾校机器人教练应用分析

宜章县鸿鑫驾校成立于 2004 年，经历 18 年的发展，已成为当地规模大、发展势头强、深受大众欢迎的驾校。2015 年后驾培市场

竞争日趋激烈，经营效益普遍下滑。面对困境，鸿鑫驾校到全国各地观摩考察后，果断决定进行全面改革，逐步消除承包模式，引进机器人教练。2019 年 4 月起，购置了 22 台机器人教练。

该校机器人教练在应用中体现出以下优势：一是机器人教练服务贴心、教学生动、系统稳定可靠；二是机器人教练能准确记录练习详情和练习成绩，并运用大数据分析制定个性化的训练计划，提高训练针对性；三是机器人教练还避免了人与人的直接接触，提高疫情防控水平。

机器人教练投入应用以来取得了以下成效。一是采用机器人教练后，考试综合合格率大幅提高，由采用机器人教练车之前的 76% 左右上升到 88.3%。二是安全性高。在引进机器人教练车后，由于有紧急自动刹车等辅助安全功能，并且教练车能够及时给学员做安全培训，在培训期间没有发生过一次碰撞刮擦事故。三是用工成本显著降低。积极引进机器人教练，缓解了用工压力，大大节约了用工成本。四是学员有了更好的练车体验，学校有了更好的口碑。五是拓展了老年学车市场。随着学车政策对超过 70 岁的老年人逐渐放开，越来越多的老年人加入学车大军。虽然老年人群的接受能力稍差，但对机器人教练而言，完全不存在不耐烦和不愿意教的情况，深受老年人欢迎，有力地拓展了老年学车市场。

（二）机器人教练是行业发展新的经济增长点

随着人口红利的消失，驾培市场需求趋于平稳甚至下降，这使驾培行业"内卷"严重。仅靠价格战、营销战，驾培行业没法走出"内卷"旋涡。人工智能、无人驾驶、5G 技术、新能源汽车的引进，都能有效提高驾培行业的科技含量，而机器人教练在行业技术创新上独树一帜，有利于形成新的经济增长点。

案例 2　株洲时代驾校机器人教练应用分析

株洲市时代驾校于 2018 年 4 月引进了机器人教练，这一举动受到了各级领导的肯定和各级媒体的关注，湖南经视、湖南卫视、株洲电视台均进行了新闻报道。在 2020 年，湖南卫视专栏节目《新闻大求真》又对机器人教练做了专题报道，称之为抗疫"黑科技"。节目播出后，受到了社会各界的关注和好评。

一是学员体验好，驾校市场占有率提升。因为该驾校位于大学校园内，学员群体比较年轻，机器人教练很快赢得了学员青睐，被形象地称为"不抽烟，不生气，不吃饭睡觉还比较风趣"的教练，口碑越来越好，2019 年比 2018 年招生数上升了50%。疫情期间，因为机器人教练避免了人员之间的接触，该校成为株洲市第一家复训的驾校，得到了各级领导、学员的肯定和称赞。

二是教学质量有了明显提高。因为机器人教练教学规范，讲解耐心，再加上能配合视频让学员提前预习，也有练习记录可回放，学员每天能及时总结训练中的不足，在以后的训练中能尽快纠正和重点学习。运用机器人教练后场内考试合格率由以前的 65% 提高到75%。

三是成本得到有效降低。尽管该校因为场地的原因，对使用机器人教练的车辆，暂时安排一个人工教练只带两台车，但人工成本也比使用前下降了 50%。

四是提升了学校的管理水平。该校从建校伊始，就一直在管理上下功夫，使用机器人教练后，让教练员更有紧迫感，服务意识更强，学校的科学管理程度进一步提升。此外，机器人教练能有效分析每个学员的练车行为，也能够利用大数据找出学员练车的主要失分点，并且做到了场内无任何安全事故。

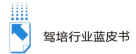

　　从新能源教练车和机器人教练实际市场应用环境比较来看，新能源教练车推广目前障碍较大。因为教学车辆更新主要受两个因素制约，一是考试车辆车型，二是教练车报废年限。2021 年湖南省启动新能源驾培车推广应用工作，株洲个别考点已试点使用新能源车辆，但是驾考车辆更新缓慢，客观上限制了新能源教练车的推广。此外，驾培机构在经营利润下降的情况下，未到报废年限提前更换新车的也少。加上驾校新能源车辆购置缺乏额外政策补助，所以今后一段时间内推广工作进展不会很迅速。相比而言，机器人教练应用则不受以上条件制约，受其他部门政策限制也少。《中国驾培行业发展报告（2021）》中关于新能源教练车和机器人教练购买意向的调查结果显示，有新能源教练车购买意向的驾培机构只占 16.43%，而有机器人教练购买意向的则占 39.01%，是前者的两倍多，所以机器人教练更可能成为行业发展新的增长点。

　　由表 8 可知，在 27 家驾培机构中，选择可节约 2 万~3 万元和 3 万~4 万元成本的驾培机构共占 74.1%，选择后三者的驾培机构占比之和更是超过 80%。这说明每台机器人教练年净节约成本在 3 万元左右，按现有合乎团体标准的机器人教练每台价格 6 万元计算，最多 2 年即可收回购置成本。因此，机器人教练的投资回报期较短，产生的经济效益十分可观。

表 8　对机器人教练节约人工成本的统计		
序号　节约人工成本	做出选择的驾培机构数量（家）	占比（%）
1　1 万元以下	1	3.7
2　1 万~2 万元	4	14.8
3　2 万~3 万元	15	55.6
4　3 万~4 万元	5	18.5
5　4 万元以上	2	7.4

（三）2022~2024年机器人教练应用规模预测

1. 全省行业未实现培训与考试有效衔接及机器人教练价格无明显下降条件下的预测

由表9可知，按照有购置意向的驾培机构占比18.8%推算，3年之内，全省现有1072家普通机动车驾驶员培训经营业户中，有购置意向的将很可能达到201家，拟购置数也将很可能达到1404台（见表11）。

序号	购置意向	做出选择的驾培机构数量（家）	占比（%）
	表9　驾培机构购置意向统计		
1	有购置意向	62	18.8
2	待定	208	63.2
3	暂无购置意向	59	17.9

选择"待定"的驾培机构占63.2%，说明大部分驾培机构虽未采取实质性举措，但对机器人教练抱有很大期望，如果国家政策引导及支持得力的话，它们将是未来4~8年内应用的主力军。

2. 三年内机器人教练价格下降至驾培机构普遍接受程度条件下的预测

根据表6，选择3万元以下价格的驾培机构占80.3%，占做出选择的驾培机构的绝大多数，在参与问卷调查总数中则占29.8%，这说明3万元是机器人教练购置数量由较快增长到迅速增长的价格临界点。据此测算，如果在3年内单价降到3万元，全省现有1072家普通机动车驾驶员培训经营业户中，有购置意向的将很可能达到319家（见表11）。

3. 三年内湖南省行业实现培训与考试有效衔接条件下的预测

如果行业实现培训机构监管平台与考试系统联网对接，就能够确保驾培机构严格按照教学大纲规定学时实施培训，从而有效维护公平竞争，优化驾培营商环境，调动驾培机构运用科技手段的积极性。根据表10，"有购买或租用意向"选择占比 38.6% 推算，如果 3 年内湖南省行业实现培训与考试有效衔接，全省现有 1072 家普通机动车驾驶员培训经营业户中，有购置意向的将很可能增加到 413 家，拟购置数也将很可能增加到 2890 台（见表 11）。

表 10 驾培机构购买或租用意向			
序号	购买或租用意向	做出选择驾培机构数量（家）	占比（%）
1	有购买或租用意向	127	38.6
2	待定	149	45.3
3	暂无购置意向	53	16.1

4. 三年内机器人教练价格下降至驾培机构普遍接受的程度且行业实现培训与考试有效衔接条件下的预测

根据上述分析，在三年内机器人教练价格下降至驾校普遍接受的程度且行业实现培训与考试有效衔接条件的情况下，将出现叠加增长效应。全省现有 1072 家普通机动车驾驶员培训经营业户中，有购置意向的将很可能增加到 732 家，拟购置数也将很可能增加到 5118 台（见表 11）。

表 11 2022~2024 年湖南省机器人教练应用规模预测		有购置意向驾培机构		
序号	条件	全省占比（%）	驾培机构数量（家）	拟购置机器人教练数量（台）
1	未实现培训与考试有效衔接及机器人教练价格无明显下降	18.8	201	1404
2	三年内机器人教练价格下降至驾培机构普遍可接受的程度	29.8	319	2228
3	三年内湖南省行业实现培训与考试有效衔接	38.6	413	2890
4	三年内机器人教练价格下降至驾培机构普遍接受的程度且行业实现培训与考试有效衔接		732	5118

五　机器人教练推广应用建议

（一）采取团购方式降低购置价格，减少驾培机构经济压力

根据问卷，绝大多数驾培机构能接受 3 万元以下的产品，而目前湖南使用的机器人教练每台价格在 6 万元左右，价格差距明显。

为此，建议各地发挥行业协会的自我组织和中介服务作用，积极组织本地驾培机构交流考察，采取团购方式择优购置，减少广大驾培机构购置成本。还可以积极协调生产企业或融资租赁经营企业与驾培机构开展合作，采取以租代售、融资租赁等运营模式，降低驾培机构购置成本。湖南省驾培协会在这方面已采取了一系列积极举措，并已收到积极成效。

（二）加快法规制度修订出台步伐，优化营商环境

现有省市出台的针对机器人教练的引导政策已初见成效，如湖南省相关指导意见出台后，宁乡湘宁驾校、宜章鸿鑫驾校等部分已购置机器人教练的驾培机构受到鼓励，再次投资添购。

建议加快法规制度修订出台步伐，进一步深化"放管服"改革，把机器人教练推广应用纳入议事日程，认真研究，鼓励应用。可比照新能源车辆购置财政补贴政策，对驾培机构购买机器人教练车的给予必要的财政补助，从而给已应用机器人教练的驾培机构吃"定心丸"，给处于观望状态的驾培机构注入"强心剂"，提振行业应用信心。

（三）加强部门间沟通协调，努力实现全国驾培管理一张网

目前全国驾培管理采取的是各省各自为政的模式，全国 31 个省份目前只有 1/3 左右实现驾驶培训系统与考试系统对接。各地公安部门对于系统对接的支持程度不一致，少数实现了系统对接的地区对学时把关的标准也不一致，客观上成为阻碍全国驾培管理一张网建设的障碍。

建议交通运输部门做好制度顶层设计，先统一全国驾培计时培训监管工作规范及工作流程，再进行对接，从而实现全国驾培管理一张网。全国公安、道路运输管理机构基于驾校的信息实现共享，使全国层面的驾培监管服务水平统一得到提升，从而打造公平竞争的营商环境，调动驾培机构运用机器人教练的积极性和主动性。

（四）政府及时出台相关行业标准，提升机器人教练产品质量

政府和行业主管部门积极发挥科研院所、生产企业、驾培机构各自的理论、技术、运营优势，及时组织制定出台机器人教练相关行业标准，给生产厂家戴上"紧箍咒"，给驾培机构配上"指南针"，引导机器人教练生产厂家有序竞争，避免质量不达标产品进入驾培机构，为驾培行业和生产企业保驾护航。

（五）充分发挥行业协会及学会的作用

要充分发挥行业协会、学会的参谋助手和智囊、智库作用，深入开展机器人教练使用情况的调研工作，为推广应用政策的制定提供参考辅助。

目前，湖南省驾培行业正处于改革创新、转型升级的关键时期。新技术、新业态给行业带来了机遇与挑战，推进驾培向高质量发展转型需求迫切。驾培机构经营者更应该与时俱进，实现思维升级，积极借助数智化技术实现突围，打造企业的数智化经营能力，勇当行业转型领军者。

尽管作为新生事物的机器人教练应用还未普及，但是作为当前人工智能技术的典型代表，它将不断更新，日臻完善；它也必将从培训模式、经营模式、管理模式等领域给驾培行业带来全方位的变革。各级政府、行业管理机构、驾培机构、行业协会学会，在推动应用的路上任重道远。我们坚信，只要我们共同努力，勇于开拓，驾培行业定会迎来全新的未来。

本文作者为孙晓飞、彭慧、胡莹、方志宏、梁丹涛。孙晓飞，湖南省道路运输管理局驾培管理科副科长、高级经济师；彭慧，湖南省道路运输管理局党委委员、工会主席，高级经济师；胡莹，湖南省机动车驾驶员培训协会理事长；方志宏，湖南省道路运输管理局驾培管理科科长；梁丹涛，湖南省道路运输管理局驾培管理科高级工程师。

B.14
后 记

　　2021 年，是建党百年的重要历史节点，也是"十四五"开局之年，面对错综复杂的国内外市场环境，各行各业也逐步形成了全新的发展模式。过去这一年，在疫情防控常态化背景下，国内驾培市场需求总量有所波动，部分驾校生源规模出现缩减。但是，政策的加持和科技的力量也为驾培行业注入了新的动能，不仅驾校的品牌化、规范化、智慧化步伐加快，驾培机构也探索出了一条具有更多可能性、更大发展潜力的新出路！这一年，也被称为"智慧驾培元年"。

　　在国家政策与市场引导的双重作用下，中国驾培行业的发展也让我们有了更多的期待与关注。那么，2021~2022 年全国驾培市场的整体表现如何？新媒体营销方式又给驾校带来了哪些成效及启示？"智慧驾培"模式在实际教学应用中的效果又是怎样？每一个问题，都与身处行业之中的我们息息相关。

　　在这里，木仓科技很荣幸再次与中国交通运输协会合作，共同完成《中国驾培行业发展报告（2022）》的编撰工作。在编写过程中，我们对驾培机构进行了全面、详细的调研，为驾培机构的高质量发展出谋划策；在疫情防控常态化的现状下，针对国内驾培市场的整体环境进行深度剖析，并对未来发展趋势做出预测；对以辅助驾驶技术为代表的科技力量助力驾培行业转型升级提供了重要参考意见，等等。在此，我们衷心希望，《中国驾培行业发展报告（2022）》对于行业的意义不只是记录内容、整理数据和总结经验，更多的是做行业发展的思索者、引领者、推动者。

　　不忘初心，牢记使命。作为落实《交通强国建设纲要》的支撑产业，驾培行业是守护道路交通安全的第一道防线。作为驾培行业的参与者，做好驾培行业的基础服务工作，牢记自己的使命与初衷，我们责无旁贷。

十年风雨路，木仓科技一直走在思考和探索的道路上。我们的梦想就是让每位获得驾照的学员都能够安全文明出行，并享受科技带来的美好生活。这条路注定了很漫长，很坎坷，木仓科技会拼尽全力，证明这一梦想是可以逐步实现的。近年来，在行业管理部门、中国交通运输协会驾驶培训分会以及驾培同仁的指导、支持和勉励下，木仓科技不断提升服务质量，满足学员的个性化学车需求，通过与驾校一同创新经营模式、完善管理体系，增强驾校的核心竞争力；同时，赋能传统驾校，推动驾校积极拥抱互联网科技，实现"智慧驾培"的落地，使头部驾培机构更好发挥转型升级的表率作用，从而带动整个驾培行业创新发展。

2021年，对于木仓科技自身也具有划时代的意义。7月，公司通过制定并推广驾考宝典智慧驾培战略计划，帮助更多的传统驾培机构向数字化、科技化、低碳化的智慧驾校转型升级；通过运用5G、AI、大数据、云计算等高新技术，以及自主研发的智能模拟器、智能教练、智能路考仪等硬件产品，打磨出了可为驾培机构提供定制化服务的驾校智慧管理PaaS平台，结合驾考宝典App，成功打造了"智能应用＋智能平台＋智能硬件"三"智"一体的运营体系。木仓科技创始人、董事长姜英豪认为，科技赋能是对传统驾校经营状态的优化和调整，这意味着驾校需要配备相应独立的训练场和工作人员，调整优化原有的教学计划、经营模式。目前，国内布局驾培智能硬件、赋能驾校业务的企业越来越多，希望从事这一行业的互联网平台及相关企业与驾校同仁一起努力，共同推动行业转型升级，让驾培行业越来越好！

基于多年发展的经验，木仓科技探索构建了"学车－看车－买车－用车－换车"的汽车消费全生态链。同时，借助庞大的用户量优势、良好的口碑基础，推动驾培市场融入汽车后消费市场。在数字经济时代，我们作为科技企业，求真向善，行稳致远，全力以现代科技力量促进驾培行业的可持续发展。

2022年是驾培行业相关规章制度落地的新一年。在多重因素影响下，驾培行业迎来高质量发展的机遇期和阵痛期。无论是行业协会、驾培机构，还是像木仓科技这样的创新型互联网科技企业，都应在市场和政策的引导之下，

不断调整优化，持续推进创新，通过加强合作实现服务质量的提升，在良性的竞争环境下收获更多的认可和信赖。

"聚千分热，发千分光"。憧憬未来，携手再赴新征程！木仓科技将不负重望，积极承担责任；坚持专业深化，努力开拓创新；以己之力、尽己所能，持续赋能驾培行业转型升级，加速推进我国驾培行业的高质量发展。

木仓科技智慧驾培和道路交通安全研究院

2022 年 4 月 26 日

社会科学文献出版社

皮 书

智库成果出版与传播平台

❖ 皮书定义 ❖

皮书是对中国与世界发展状况和热点问题进行年度监测，以专业的角度、专家的视野和实证研究方法，针对某一领域或区域现状与发展态势展开分析和预测，具备前沿性、原创性、实证性、连续性、时效性等特点的公开出版物，由一系列权威研究报告组成。

❖ 皮书作者 ❖

皮书系列报告作者以国内外一流研究机构、知名高校等重点智库的研究人员为主，多为相关领域一流专家学者，他们的观点代表了当下学界对中国与世界的现实和未来最高水平的解读与分析。截至2021年底，皮书研创机构逾千家，报告作者累计超过10万人。

❖ 皮书荣誉 ❖

皮书作为中国社会科学院基础理论研究与应用对策研究融合发展的代表性成果，不仅是哲学社会科学工作者服务中国特色社会主义现代化建设的重要成果，更是助力中国特色新型智库建设、构建中国特色哲学社会科学"三大体系"的重要平台。皮书系列先后被列入"十二五""十三五""十四五"时期国家重点出版物出版专项规划项目；2013~2022年，重点皮书列入中国社会科学院国家哲学社会科学创新工程项目。

皮书网

（网址：www.pishu.cn）

发布皮书研创资讯，传播皮书精彩内容
引领皮书出版潮流，打造皮书服务平台

栏目设置

◆ **关于皮书**

何谓皮书、皮书分类、皮书大事记、
皮书荣誉、皮书出版第一人、皮书编辑部

◆ **最新资讯**

通知公告、新闻动态、媒体聚焦、
网站专题、视频直播、下载专区

◆ **皮书研创**

皮书规范、皮书选题、皮书出版、
皮书研究、研创团队

◆ **皮书评奖评价**

指标体系、皮书评价、皮书评奖

◆ **皮书研究院理事会**

理事会章程、理事单位、个人理事、高级
研究员、理事会秘书处、入会指南

所获荣誉

◆ 2008 年、2011 年、2014 年，皮书网均
在全国新闻出版业网站荣誉评选中获得
"最具商业价值网站"称号；
◆ 2012 年，获得"出版业网站百强"称号。

网库合一

2014 年，皮书网与皮书数据库端口合
一，实现资源共享，搭建智库成果融合创
新平台。

皮书网

"皮书说"
微信公众号

皮书微博

权威报告·连续出版·独家资源

皮书数据库
ANNUAL REPORT(YEARBOOK)
DATABASE

分析解读当下中国发展变迁的高端智库平台

所获荣誉

- 2020年，入选全国新闻出版深度融合发展创新案例
- 2019年，入选国家新闻出版署数字出版精品遴选推荐计划
- 2016年，入选"十三五"国家重点电子出版物出版规划骨干工程
- 2013年，荣获"中国出版政府奖·网络出版物奖"提名奖
- 连续多年荣获中国数字出版博览会"数字出版·优秀品牌"奖

皮书数据库

"社科数托邦"
微信公众号

成为会员

　　登录网址www.pishu.com.cn访问皮书数据库网站或下载皮书数据库APP，通过手机号码验证或邮箱验证即可成为皮书数据库会员。

会员福利

- 已注册用户购书后可免费获赠100元皮书数据库充值卡。刮开充值卡涂层获取充值密码，登录并进入"会员中心"—"在线充值"—"充值卡充值"，充值成功即可购买和查看数据库内容。
- 会员福利最终解释权归社会科学文献出版社所有。

数据库服务热线：400-008-6695
数据库服务QQ：2475522410
数据库服务邮箱：database@ssap.cn
图书销售热线：010-59367070/7028
图书服务QQ：1265056568
图书服务邮箱：duzhe@ssap.cn

社会科学文献出版社　皮书系列
SOCIAL SCIENCES ACADEMIC PRESS (CHINA)

卡号：317479152398
密码：

中国社会发展数据库（下设 12 个专题子库）

　　紧扣人口、政治、外交、法律、教育、医疗卫生、资源环境等 12 个社会发展领域的前沿和热点，全面整合专业著作、智库报告、学术资讯、调研数据等类型资源，帮助用户追踪中国社会发展动态、研究社会发展战略与政策、了解社会热点问题、分析社会发展趋势。

中国经济发展数据库（下设 12 专题子库）

　　内容涵盖宏观经济、产业经济、工业经济、农业经济、财政金融、房地产经济、城市经济、商业贸易等 12 个重点经济领域，为把握经济运行态势、洞察经济发展规律、研判经济发展趋势、进行经济调控决策提供参考和依据。

中国行业发展数据库（下设 17 个专题子库）

　　以中国国民经济行业分类为依据，覆盖金融业、旅游业、交通运输业、能源矿产业、制造业等 100 多个行业，跟踪分析国民经济相关行业市场运行状况和政策导向，汇集行业发展前沿资讯，为投资、从业及各种经济决策提供理论支撑和实践指导。

中国区域发展数据库（下设 4 个专题子库）

　　对中国特定区域内的经济、社会、文化等领域现状与发展情况进行深度分析和预测，涉及省级行政区、城市群、城市、农村等不同维度，研究层级至县及县以下行政区，为学者研究地方经济社会宏观态势、经验模式、发展案例提供支撑，为地方政府决策提供参考。

中国文化传媒数据库（下设 18 个专题子库）

　　内容覆盖文化产业、新闻传播、电影娱乐、文学艺术、群众文化、图书情报等 18 个重点研究领域，聚焦文化传媒领域发展前沿、热点话题、行业实践，服务用户的教学科研、文化投资、企业规划等需要。

世界经济与国际关系数据库（下设 6 个专题子库）

　　整合世界经济、国际政治、世界文化与科技、全球性问题、国际组织与国际法、区域研究 6 大领域研究成果，对世界经济形势、国际形势进行连续性深度分析，对年度热点问题进行专题解读，为研判全球发展趋势提供事实和数据支持。

法律声明

"皮书系列"（含蓝皮书、绿皮书、黄皮书）之品牌由社会科学文献出版社最早使用并持续至今，现已被中国图书行业所熟知。"皮书系列"的相关商标已在国家商标管理部门商标局注册，包括但不限于LOGO（▨）、皮书、Pishu、经济蓝皮书、社会蓝皮书等。"皮书系列"图书的注册商标专用权及封面设计、版式设计的著作权均为社会科学文献出版社所有。未经社会科学文献出版社书面授权许可，任何使用与"皮书系列"图书注册商标、封面设计、版式设计相同或者近似的文字、图形或其组合的行为均系侵权行为。

经作者授权，本书的专有出版权及信息网络传播权等为社会科学文献出版社享有。未经社会科学文献出版社书面授权许可，任何就本书内容的复制、发行或以数字形式进行网络传播的行为均系侵权行为。

社会科学文献出版社将通过法律途径追究上述侵权行为的法律责任，维护自身合法权益。

欢迎社会各界人士对侵犯社会科学文献出版社上述权利的侵权行为进行举报。电话：010-59367121，电子邮箱：fawubu@ssap.cn。

社会科学文献出版社